손자병법에 비춰본 리더들의 기업가정신

기적의 한국경제 발전

조재호 지음

UUP.

기적의 한국경제 발전 - 손자병법에 비춰본 리더들의 기업가 정신

- 2025년 09월 25일 초판 **발행**
- **지은이** 조재호
- **펴낸이** 오연천
- **펴낸곳** UUP 44610 울산광역시 남구 대학로 93(무거동) 울산대학교 출판부
- **전화** (052)259-2488 팩스 (052)277-3011 ▪ **홈페이지** http://uup.ulsan.ac.kr
- **출판등록** 제370-1996-000001호(1996.3.13)
- ₩ 22,000

ISBN 979.11.6726.090.1(93320)

글을 시작하면서

'한 송이의 국화꽃을 피우기 위해 봄부터 소쩍새는 그렇게 울었나 보다'라는 미당 서정주 詩의 구절이 있다. 고통과 인내의 결과로 한 송이 꽃이 피어난다는 걸 노래한 것이리라. 1960년 이전 한국은 세계에서도 가난한 국가 중의 하나였다. 1900년부터 1960년 동안 한국의 1인당 소득의 평균 성장률은 0.71%로 당시 저개발국가 평균 성장률 1.2%에 못 미치는 낮은 수준이었다.

2025년 현재 한국은 세계 10권의 경제 대국이다. 단순히 부(富)의 규모만을 따진다면 선진국은 아니다. 국내총생산(GDP) 순위는 13위이지만, 1인당 소득은 세계 36위에 불과하다. 그런데도 한국 경제가 주목받는 이유는 한국이 맨주먹으로 시작하여 고도성장을 이룩하였고 이를 지속적으로 유지하고 있기 때문이다. 물론 고도성장 과정에서 민주주의와 인권의 억압, 소득과 부의 불평등, 계층과 지역 간 갈등, 전통의 해체나 가치관의 혼돈과 같은 부작용이 있기는 했지만, 빈곤 탈피나 경제성장의 성과를 가릴 만큼은 아니다.

한국은 세계에서 가장 가난한 나라에서 일약 근대 공업국으로 도약하며 이른바 '한강의 기적'을 만들어냈다. 이러한 경제 기적에는 60~70년대 정부 주도적 개발 전략이 주효했다. 조국 근대화에 동참하면서 창의력을 발휘하고 헌신적인 노력을 기울였던 기업가, 그 기업가와 뜻을 같이하는 근로자의 동참이 없었다면 '한강의 기적'은 결코 이루어질 수 없었을 것이다.

세계 경제는 끊임없이 변화하고 있다. 세계 경제와 깊숙이 연동된 한국경제는 1997년의 외환위기, 2009년의 글로벌 경제위기 그리고 2019년 코로나19를 겪으면서 일시적 경기침체를 경험하였고, 한국은 이를 극복하여 선진국으로 진입하였다.

세계 경제 위기 때마다 주저앉지 않고 다시 일어서는 저력은 기업가정신으로 무장한 창업 기업가들의 노력과 경제개발을 향한 정부의 집념이 한데 어우러져 세계화 시대에 걸맞은 튼튼한 산업들을 건설하였기에 가능한 것이었다.

이웃 나라 일본 오사카시(市) 상공회의소에는 '기업인의 박물관'이 있다. 전 세계 수많은 일반인, 기업인, 학생들이 이곳을 방문하여 오사카 지역 상공인들의 활동과 그들의 기업가정신을 연구하고 연수를 받고 있다. 또한 영국은 2004년부터 기업 주간(Enterprise Week)을 시행하여 학생들에게 창업을 독려하고 기업가정신을 홍보하고 있다. 그러나 우리 주위에는 아직도 왕성한 기업가정신이 발현되기 힘든 여건들이 여기저기 흩어져 있다.

기업만이 사회발전의 유일한 원동력은 아니다. 그러나 국가의 부(富)를 축적하고 치열한 글로벌 경쟁 속에서 경제의 선진화를 가져오기 위해서는 기업가정신이 원활하게 실현될 수 있는 사회적 여건이 조성되어야 한다는 것이 필자의 소신이다.

본 저서에서는 과거 기적적 경제발전을 이루며 우리나라 정부와 기업인들이 보여주었던 창의성, 통찰력, 모험심, 진취성 등 기업가정신이 한국경제 성장에 미친 영향을 서술한다.

손자병법은 중국 기원전 6세기경(춘추전국시대까지)부터 현재까지도 이름을 날리고 있는 최고의 병법서이다. 이 병법(兵法)에는 단순히 전쟁 승리의 기술뿐만 아니라 치열한 경쟁에서 리더들이 승리할 수 있는 전술과 전략이 인간애와 함께 담겨있다.

본 저서를 통하여 산업 발전을 주도한 정부의 기업가정신과 민간 창업자들 기업가정신의 가치를 손자병법 지혜로 비교 고찰해 보고자 한다. 이를 통해 한국경제를 더 쉽게 이해할 수 있고, 오늘날 전쟁 같은 치열한 국제경제에서 살아남을 수 있는 지혜와 통찰을 얻을 수 있기 때문이다.

창업 1세대 기업가들이 국가 발전이라는 원대한 목표를 달성하기 위해 정부와 긴밀한 관계를 유지하며 민간 분야에서 보여주었던 기업가정신은 우리의 민간 경쟁력이며 객관적으로 그 가치를 측정하기 힘든 무형문화재(intangible cultural heritage)와 같은 국가적 자산이다. 치열한 시대적 변화의 격랑 속에서 그 명맥을 유지해왔던 기업가정신이 무한 경쟁 시대인 21세기에 또다시 발현되어 국가 발전에 이바지하기를 희망한다.

본 저서의 구성은 다음과 같다. 제 I 부에서는 세계 경제와 한국경제의 발전 과정을 소개한다. 제도와 정책의 중요성을 설명하고,

정부와 민간의 기업가정신이 발현하는 과정을 이론과 사례를 구분하여 다룬다. 제 II 부에서는 남북한의 리더십 차이와 그 결과를 알아본다. 특히 60~70년대 박정희 대통령이 계획하고 추진한 한국 경제발전의 초석이 된 사업들을 정리한다. 시기별로 구분하여 베트남 파병, KIST 설립, 통일벼 개발, 산림 녹화사업, 경부고속도로 건설, 새마을운동, 중화학 공업 정책과 중동진출 그리고 100억 달러 수출 달성 등을 짚어본다. 제 III 부에서는 한국의 민간 기업가정신을 산업별로 구분하여 풀어본다. 철강, 조선, 자동차, 반도체산업을 중심으로 창업자들의 위기 극복과 집념 그리고 그 성과를 들여다본다. 제 IV 부에서는 한국경제 발전에 좋은 운(運)과 나쁜 운(運), 소득과 자산 불평등 원인과 대책, 외환위기의 특징과 종류, 부(富)의 창출을 위한 규칙들, 그리고 한국경제 성장의 원동력들을 서술한다.

본 저서를 집필하기 시작한 동기는 다음과 같다. 2000년 어느 날 정몽준 당시 울산대학교 이사장께서 '창업자의 기업가정신'을 주제로 글을 써보라고 직접 제안하셨다. 당시 창업자들의 기업가정신 관련 칼럼들이 단편적으로 나오던 시기였다. 집필 자료가 부족한 상황에서 다뤄야 할 내용이 너무 방대해서 몇 번의 착오를 겪었다. 코로나19 시절 모두가 집안에서 격리되는 시절이 있었다. 격리기간을 이용해서 그동안 모아온 자료를 정리해 '한국의 경제발전과 기업가정신(울산대학교 출판부, 2021)'을 출판했다. 주변 친지 교수들의 높은 평가와 더불어 필자도 모르는 사이 몽골 울란바토르 국제대학교의 교재로 선정돼 몽골어 번역이 되기도 했다. 저서를 이용하여 울산대 학생과 울란바토르 학생들을 대상으로 강의해 보니, 보다 더 쉽게 한국경제를 소개할 필요가 있다고 판단하였다. 기존 책을 대폭 보완하면서 60~70년대 박정희 대통령의 경제정책 업적과 민간 창업자들의 리더십을 손자병법으로 해석해 보았다. 필자의 초 · 중 · 고등학교 그리고 대학생 시절 모두 박정희 정부 시절과 시기적으로 일치된다. 당시 정부의 경제정책 시행 과정과 개인적인 체험도 저서에 일부 포함하였다.

참고로, 본 저서에는 필자가 일생 모아온 연구자료 및 공신력 있는 통계자료를 사용했다. 또한 최근 유튜브 채널의 한국경제 관련 특집 다큐멘터리에서도 유용한 자료라고 판단되면 메모해서 저서에서 활용하였다. 본 저서의 큰 줄기와는 무관하겠지만, 온라인 자료이다 보니 일부 잘못된 정보나 표기의 가능성을 염두에 두기를 바란다.

본 저서에 포함된 내용은 다음과 같다. 필자가 1986년부터 1992년까지 미국 The Johns Hopkins University 경제학과에서 Dr. Bela Balassa에게 Ph.D.논문 지도를 받았던 내용, 1983년부터 2024년까지 울산대학교에서 실시한 강의 내용, 1999년부터 2023년까지 일본 Fukuoka University 경제학과 강의 내용, 2000년과 2010년 미국 Harvard University 경제학과 초빙교수로서의 연구 활동 내용 및 2024년 몽골 울란바토르 국제대학교 강의 내용 등이 종합적으로 수록되어 있다.

필자는 한국경제를 보는 시각이 좌 · 우측 한쪽으로 치우치지 않았다고 자부한다. 이는 2024년 몽골 울란바토르 국제대학교에서 필자의 저서를 교재로 선정하여 몽골어로 번역한 것이 그것을 간접적으로 증명하고 있다.

최근 이재명 정부에서 반기업 정서를 부추기는 정책 등이 추진되면서 향후 한국경제 진로를 우려하는 인사들이 있다. 필자의 경험에 따르면, 과거 체제 변동 초기에 발생하는 이념적 갈등은 놀랍게도 쉽게 사라졌다. 다행스럽게도 한국경제 흐름에는 큰 영향이 없었다. 정치적 이념에 근거하여 추진하려는 새 정부의 경제정책들은 본 저서에서 논하지 않는다. 과거 실시되어 검증된 경제정책들과 그 결과에 초점을 맞췄다. 본 저서 내용은 전적으로 편향되지 않은 개인적 견해임을 다시 한번 밝힌다.

마지막으로, 본 저서를 출판하면서 저서 내용에 관한 아이디어를 주시고, 음으로 양으로 오랫동안 많은 도움을 주신 정몽준 아산재단 이사장님께 깊은 감사를 드린다. 그리고 본 저서를 마무리할 수 있게 도와준 인생 반려자인 이종애(처), 미국 University of Cincinnati 교수 조상용(아들), 미국 Greenwich Hospital 내과의사 조은나(딸)에게도 깊은 사랑을 보낸다.

2025년 9월 1일

목차

제 III 부 한국 창업자들의 기업가정신 / 183

제 IV 부 한국경제와 운(運) / 285

제 I 부
세계 경제와 한국경제

러시아 문호 톨스토이는 장편소설 '안나 카레니나'에서 가난한 가족과 행복한 가족의 특징을 구분하였다. 모든 행복한 가족들은 서로 닮은 데가 많다. 그러나 모든 불행한 가족은 그 자신의 독특한 방법으로 불행하다. 세계 경제를 살펴보면 톨스토이가 관찰한 바와 비슷하다. 가난한 국가들은 유형이 다양할지 몰라도, 부자 국가들의 패러다임은 하나다. 가난한 국가는 특유의 경제와 사회 여건을 벗어나지 못한 채 빈곤에서 허덕이고 있으며, 부자 국가는 자신들이 오랫동안 가꾸어 놓은 경제, 법, 정치제도 등을 활용하면서 부유한 생활을 영유하고 있다.

가난한 국가가 빈곤의 늪에서 벗어나기는 쉽지 않다. 짧은 시간 내에 가난한 국가가 부자 국가가 되려는 것은 부자 국가가 더 부자 국가가 되려는 것보다 훨씬 더 크게 불리한 여건에서의 승부이다.

제 I 부에서는 세계 경제와 경제성장 이론을 소개하고 과거 가난한 국가였던 한국이 기업가정신으로 온갖 국내외의 시련을 극복하고 부자 국가가 되어가는 과정을 소개한다. 정부와 민간의 기업가정신을 구분하고 이들이 발현하는 과정을 이론과 사례를 구분해서 서술한다.

제1장 세계 경제

세계 지도를 보면 부자 나라와 가난한 나라가 쉽게 구분되어 진다. 미국과 일본 그리고 서유럽 일부 국가는 부자 국가들이며, 아프리카 대부분의 국가는 가난한 국가들이다.

처음부터 부자 나라와 가난한 나라로 구분되어 있던 것은 아니다. 경제학자들은 18세기에 영국에서 일어난 산업혁명 이후 동서양의 소득 차이가 벌어졌다고 판단한다. 1776년 아담 스미스의 '국부론'이 출판되면서, 아담 스미스의 처방대로 국가의 부를 축적하기 위하여 자본주의를 채택한 국가들은 일찌감치 경제가 성장하여 선진국의 대열에 섰다. 오늘날 부자 국가들 소득의 90%가 1820년대 이후에 형성되었다고 한다. 이후, 후발 국가들이 자본주의를 도입하면서 경제성장을 도모하고 있지만, 19세기부터 벌어진 국가 간의 소득불평등은 근세기에 들어와서도 그 격차가 좁혀지기는커녕 오히려 지속적으로 악화하고 있다.

국가 간 소득불평등을 측정한 연구(Bourguignon & Morrison, 2002)에 따르면, 1820년부터 1992년까지 전 세계의 소득 지니계수(Gini coefficient)는 30% 증가하였다. 지니계수가 증가하였다는 것은 국가 간 부익부, 빈익빈이 심화하였다는 것을 의미한다. 최근 중국과 인도 경제가 성장하면서 전 세계 소득 불평등 지표가 개선되고 있지만, 빈곤이 집중된 아프리카 지역의 상대적인 소득불평등은 더욱 심화하고 있다. 소득불평등에 대해서는 제 IV 부에서 자세히 다룰 예정이다.

19세기 세계에서 가장 잘 사는 나라는 영국이었다. 당시 미국과 일본이 부자 나라는 아니었지만, 지금은 영국보다 더 잘 사는 나라가 되었다. 우리나라 역시 1960년대 초까지는 세계 최빈국 중 하나였다. 꾸준히 경제발전에 매진한 결과 지금은 선진국이 되었다.

국내총생산이란 일정 동안 그 나라에서 생산된 모든 재화와 서비스를 합한 것이다. <표 1-1>은 각국의 국내총생산(GDP)과 1인당 국내총생산(GDP per capita)의 순위를 나타낸다. 현재 세계에서 제일 부자 나라는 미국이다. 미국은 2025년 국내총생산이 약 30.5조 달러로 세계 1위이다. 미국의 GDP 규모는 영국, 독일, 러시아 및 몇몇 유럽 국가의 GDP를 합친 수준과 비슷하다. 세계 2위는 중국으로 약 19.2조 달러의 GDP를 갖고 있다. 우리나라의 GDP는 1.8조 달러로 세계 13위이다. 세계 5위인 일본 GDP는 4.2조 달러로 한국의 2.3배 수준이다. 일본의 토지 면적은 374,744㎢로서 남한의 토지면적(99,538㎢)의 3.76배이다. 일본은 여전히 부자 국가이다. 최근 일본의 GDP 위상이 2020년 세계 3위에서 2025년 세계 5위로 하락하였다. 엔화의 평가절하로 인한 일시적인 현상인지 아니면 경기침체로 인한 현상인지 추가적 관찰이 필요하다.

전 세계 193개 국가를 선진국과 개발도상국 등으로 구분하는 것은 쉬운 일은 아니다. 국민 소득수준도 중요하며 국가 운영 시스템과 국민 의식수준 등 고려해야 할 것이 많기 때문이다. 어느 나라 국민이 얼마만큼 잘 사는지를 알아보려면 국내총생산(GDP)을 전체 국민 수로 나누어 보면 된다. <표 1-1>과 같이 2025년 우리나라의 국민 1인당 국내총생산은 34,642달러(명목환율로 계산)로 세계 36위이다.

선진국을 1인당 GDP 3만 달러, 인구 4,000만 명 이상의 국가로 정의해 보자. 인구 4,000만 명 규모의 국가에서는 유능한 학자, 과학자, 스포츠인 등 다양한 인적자본을 확보할 수 있는 규모이다. 인구 4,000만 명의 국민이 3만 달러를 지속적으로 유지하기 위해서는 산업화는 물론이고 경제 사회시스템, 민주화된 성숙한 시민의식 등이 잘 갖춰져야만 가능하다.

2025년 기준 1인당 GDP 3만 달러 이상 인구 4,000만 명 이상의 국가들은 세계 총 9개 국가다. 미국, 일본, 독일, 프랑스, 이탈리아, 영국, 캐나다, 스페인 그리고 한국이다.[1] <표 1-1>에서 브라질과 러시아의 인구는 한국보다 많지만 1인당 GDP는 1만 5천 달러 미만 수준이다. 당분간 이들 국가가 1인당 GDP 3만 달러 이상의 선진국 그룹에 포함되기는 어려울 것 같다. 선진국 9개 국가 중에서 한국이 2차 세계 대전 이후 선진국에 진입한 유일한 국가이다.

한국 국민은 1910년 한일합방, 1950년 한국전쟁을 거치면서 혹독한 가난의 시절을 겪었다. 이후 한국경제 초기 발전 과정에서

---

1) 호주 인구는 약 2,700만 명이다. 선진국을 3만 달러 이상, 인구 4,000만 명 이상으로 정의하였기에 호주를 선진국에서 제외하였다.

북한과의 경쟁구조, 각종 대내외 경제 쇼크, 순탄치 않은 산업구도 고도화 작업 및 치열한 교육열을 몸소 겪었다. 세계 어느 국가도 가지 않은 길을 걸어 한국경제는 새로운 이정표를 세운 '한강의 기적'을 이룩하였다. 제 II 부 ~ 제 IV 부에서는 한국경제가 어떻게 짧은 시간에 선진국 진입이 가능했는지 그 과정을 자세히 소개한다.

〈표 1-1〉 GDP · 1인당 GDP 순위(2025)

GDP (Nominal) Ranking

Country/Economy	GDP (Nominal) (billions of $)						Growth (%)	GDP per capita (Nominal) ($)		Continent
	2024	Rank	2025	Rank	Share (%)	diff	2025	2025	Rank	
United States	29,184.90	1	30,507.22	1	26.8	-	1.83	89,105	7	North America
China	18,748.01	2	19,231.71	2	16.9	11,276	3.95	13,687	73	Asia
Germany	4,658.53	3	4,744.80	3	4.17	14,487	-0.05	55,911	19	Europe
India	3,909.10	5	4,187.02	4	3.68	558	6.20	2,878	142	Asia
Japan	4,026.21	4	4,186.43	5	3.68	0.59	0.55	33,956	38	Asia
United Kingdom	3,644.64	6	3,839.18	6	3.37	347	1.08	54,949	20	Europe
France	3,162.02	7	3,211.29	7	2.82	628	0.64	46,792	24	Europe
Italy	2,372.06	8	2,422.86	8	2.13	788	0.44	41,091	29	Europe
Canada	2,241.25	9	2,225.34	9	1.96	198	1.38	53,558	22	North America
Brazil	2,171.34	10	2,125.96	10	1.87	99.4	2.01	9,964	84	South America
Russia	2,161.21	11	2,076.40	11	1.82	49.6	1.46	14,258	71	Europe
Spain	1,722.23	15	1,799.51	12	1.58	277	2.50	36,192	33	Europe
Korea	1,869.71	12	1,790.32	13	1.57	9.19	1.03	34,642	36	Asia
Australia	1,796.81	14	1,771.68	14	1.56	18.6	1.63	64,547	12	Oceania

출처: IMF, World Economic Outlook Database(2025)

제2장 경제성장과 경제개발

개발도상국 중에는 경제를 성공적으로 부흥시켜 선진국의 길을 걷고 있는 나라가 있지만 아직도 빈곤의 악순환에서 헤어나지 못하는 국가들도 있다. 경제를 성공적으로 성장시켜 선진국 경제로 발전한 개발도상국은 한국이 유일하다. 경제성장에 실패한 국가들은 여전히 가난한 상태로 남아있다. 가난한 국가의 국민이 겪는 고통, 삶의 수준, 그리고 해결점에 관해 서술한다.

이론적으로 경제개발과 경제성장을 구분할 필요가 있다. 경제성장은 소득과 성장률 등 양적인 변화를 다룬다. 경제개발은 삶의 수준(standard of living)과 관계있는 조건의 변화를 다룬다. 주어진 여건에서 더 많이 생산하면, 즉 생산성이 높아지면 삶의 수준이 높아지기 때문에 경제성장은 생산성과 관련이 높다. 반면, 경제개발은 수준 높은 삶과 우수한 교육제도, 재화와 용역의 적절한 분배 등 양적인 변화보다 질적인 변화를 추구한다. 경제개발은 경제성장을 포함하는 폭 넓은 개념이다.

1. 빈곤과 질병

빈곤에서 해방되는 것은 중요한 과제이다. 세계은행은 2020년 기준 1일 생활비 1.9달러, 1년 생활비 700달러 이하를 버는 계층을 극빈층으로 분류한다. 세계은행은 코로나19 사태 발생 이전 2020년 말 기준으로 전 세계의 극빈층이 6억 1,500만 명에 달할 것으로 전망하였지만 코로나19 이후 전 세계의 극빈층은 7억 300만~7억 2,900만 명으로 확대 추산하고 있다. 이는 세계 인구의 최대 9.4%에 해당하는 수치다. 지난 20년간 전 세계의 극빈층이 계속 줄어들었지만, 코로나19 사태로 인하여 극빈층이 증대하여 2030년까지 빈곤을 종식하겠다는 유엔의 계획에 차질이 생기고 있다.

〈표 2-1〉 국가의 소득과 질병

단위: 명

백만 명 중의 사망자 수(1년간)		전 세계	후진국	선진국
질병	독감(respiratory infections)	3.96	2.90	0.34
	에이즈(HIV/AIDS)	2.78	2.14	0.02
	분만관련 사망(Perinatal deaths)	2.46	1.83	0.03
	설사병(Diarrheal disease)	1.80	1.50	0.00
	결핵(Tuberculosis)	1.57	1.09	0.01
	말라리아(Malaria)	1.27	1.24	0.00
사망률	0세~4세	18.4	30.2	0.9
	60세 이상	50.8	34.2	75.9

출처: Deaton(2006)

<표 2-1>은 후진국에서 발생빈도가 높은 질병을 정리한 것이다. 가난한 국가에서는 설사, 에이즈(HIV/AIDS) 등의 발생빈도가 높다. 또한 0세에서 4세에 이르는 '어린이 사망률'도 선진국은 백만 명당 0.9명인 반면, 후진국은 30.2명으로 상당히 높다.

Easterly(2001)의 분석에 따르면 소득이 10% 증가하면 유아사망률이 6% 감소한다고 한다. 2017년 한국의 유아사망률은 1,000명당 2.7명이며, 멕시코의 유아사망률은 1,000명당 12.5명이다. 멕시코의 부모들은 한국보다 더 큰 슬픔을 겪고 있다. <그림 2-1>은 중국과 인도의 소득 증가율과 유아사망률의 관계를 나타낸 것이다. 그림에서 1인당 소득이 늘어남에 따라 유아사망률은 급속히 하락하고 있다.

〈그림 2-1〉 1인당 GDP와 유아사망률(중국, 인도)

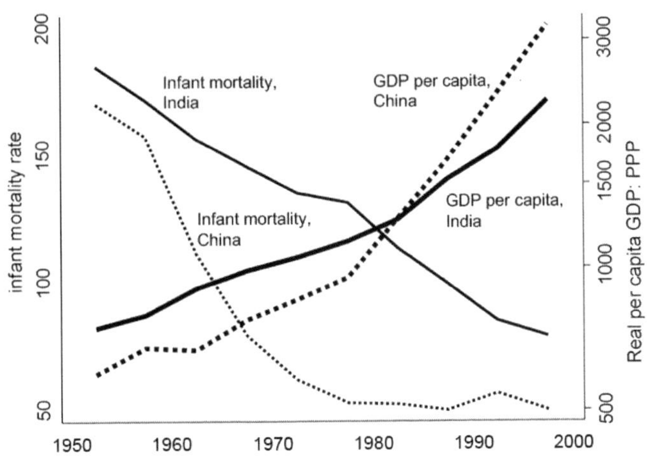

출처: Deaton(2006)

2. 평균수명과 국민소득

국민 건강 상태와 사회안전망은 평균수명과 관련이 깊다. 의료제도와 사회보장제도가 잘 갖춰진 나라의 평균수명은 대체로 높다. 국민 건강은 국가 경제에도 긍정적인 영향을 미친다. 경제개발 초기에는 평균수명이 높은 나라가 평균수명이 낮은 나라보다 일반적으로 더 높은 경제성장률을 기록한다.

세계보건기구(WHO)에 따르면 2000~2005년 경제협력개발기구(OECD) 회원국 국민의 평균수명은 78.8세였다. 평균수명은 해당연도에 태어난 아이가 앞으로 살 것으로 기대되는 연수를 뜻한다. 이는 1970~1975년보다 7년 이상 늘어난 수치로, 지난 세기에 비해 평균수명이 거의 30년 가까이 늘어났다. 반면, 아프리카 사하라 사막 남쪽의 가난한 나라 국민의 평균수명은 46.1세로, 1970년 이래 겨우 4개월 늘었을 뿐이다.

부자 국가들의 평균수명이 가난한 국가들의 평균수명보다 50% 이상 길다. 한국 인구의 평균수명은 1970년 62.3세에서 2023년 83.5세로 약 21년 늘어났다. 평균수명은 여자가 남자보다 길다. 2023년 현재 우리나라 여자의 평균수명은 86.4세로 남자의 80.6세에 비해 5.8년이나 길다. 한국인의 평균수명은 2010년을 전후로 80세까지 높아지면서 선진국 수준에 도달하였다. 최근 한국은 일본, 스위스 등에 이어 평균수명이 긴 나라에 속한다.

선진국의 주요한 사망원인은 암이나 심장병 관련 질병으로 주로 노년층에서 일어난다. 반면 개발도상국에서는 유아사망률이 상대적으로 높다. 소득 증가는 유아사망률을 크게 억제하여 평균수명이 연장된다. 평균수명과 1인당 소득의 크기를 나타내는 곡선(The Preston Curve)은 다음 그림과 같이 비선형으로 나타난다.

<그림 2-2>는 국가별 1인당 소득과 평균수명과의 관계를 연도별로 구분한 것이다. 10년 주기로 구분할 때 미국은 1960년대 이후 소득은 계속 증가하였지만, 평균수명은 70세 이상에서 거의 변동이 없었다. 반면 중국과 인도는 낮은 국민소득 수준에서 시작해서 소득 증가보다 평균수명의 증대가 더 빠르게 진행되고 있다.

〈그림 2-2〉 국가별 1인당 소득과 평균수명

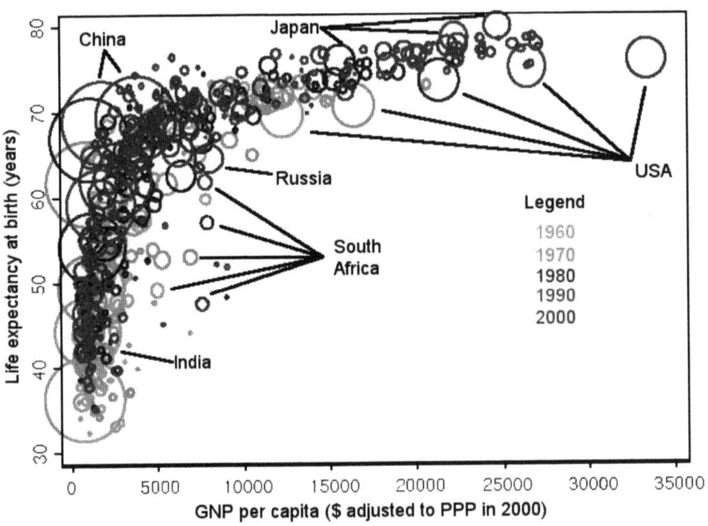

출처: http://www.google.co.kr

3. 삶의 만족도

삶의 만족도 조사는 인터뷰 형식으로 한다. <그림 2-3>에서 까맣게 색칠한 동그라미는 World Values Survey의 결과이다. World Values Survey에 따르면 국민소득이 낮은 상태에서는 삶의 만족도가 가파르게 증가한다. 한편, Gallop에서 조사한 World Poll에 따르면 소득이 증가하면서 삶의 만족도는 완만하게 증가하고 있다.

소득이 일정 수준을 넘어서면, 즉 10,000달러 이상의 소득수준에서는 소득과 만족도 간의 관계는 완만하게 증가하는 것으로 나타났다. 두 조사 결과에 따르면, 1인당 소득이 높으면 대체로 삶의 만족도도 높아진다.

〈그림 2-3〉 세계 삶의 만족도 조사

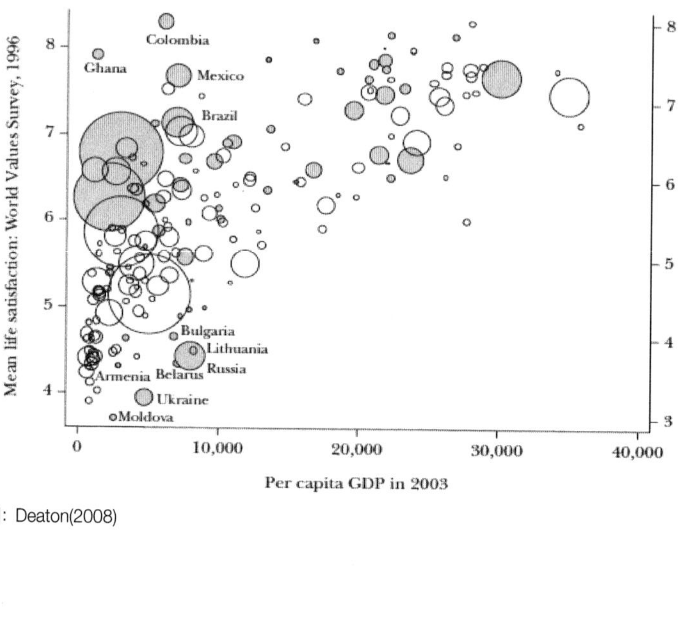

출처: Deaton(2008)

5. 기타 경제 및 사회지표

산업 비중을 보면 가난한 국가의 국내총생산(GDP)에서 농업이 차지하는 비중이 상대적으로 높다. 저개발 국가에서 농업이 차지하는 비중은 대략 30%, 중진국은 10%, 선진국은 2% 수준이다. 농업 비중이 높다 보니 소득은 강우량, 온도 등 자연조건에 따라 심하게 변동한다. 가난한 국가들은 자연히 천연재해에 노출되어 있다.

13개 국가(Cote d'Ivoire, Guatemala, India, Indonesia, Mexico, Nicaragua, Pakistan, Panama, Papua New Guinea, Peru, South Africa, Tanzania, Timor Leste(East Timor)) 조사에 근거한 자료에 따르면 가난한 국가의 국민은 소득의 대부분을 음식 구입에 사용한다. 소비에서 음식비가 차지하는 비중은 56~78%이다. 또한 소득이 증가해도 국민의 영양상태는 바로 호전되지 않는다. 인도의 경우 1995~2005년 사이 매년 경제가 5%씩 성장하였지만, 체중이 정상보다 낮은 어린이의 비율은 45% 수준으로 10년간 거의 일정하였다.

가난한 국가들의 소비 행태는 알코올, 담배, 종교의식과 여흥 관련 소비지출이 높은 것이 특징이다. 알코올과 담배 소비를 줄이면 음식 지출을 30% 정도까지 증대가 가능하다(Banerjee & Duflo, 2006).

가난한 국가는 TV, 라디오 같은 내구재를 소유하기가 힘들고, 의료제도가 발달하지 않아서 건강과 죽음에서 오는 스트레스가 많다. 소득에서 교육투자 비중이 작으며, 사회안전망과 같은 사회적 보호와 혜택의 제도가 제대로 갖춰져 있지 않다. 또한 가난한 국가들은 자원을 효율적으로 활용하지 못하고 있다. 경제학자들의 연구에 따르면 방글라데시, 에콰도르, 인도, 인도네시아, 페루, 우간다 등의 국가에서는 학교나 보건소를 사전 통지 없이 방문할 때 교사와 보건소 직원이 자리를 비운 경우는 각각 19%와 35%였다(Chaudhary et al., 2006).

세계 경제개발 자료를 보면 이처럼 가난한 국가 국민의 삶은 고달프고 각종 질병과 고통에 노출되어 있으며 선진국보다 덜 행복하다. 어떻게 해야 가난한 국가들에 도움이 될까? 경제학자들은 국가가 가난과 질병의 고통에서 벗어날 수 유일한 길은 지속적인 경제성장이라고 판단한다. 부자 국가들의 지원이나 협력은 일시적인 효과만 가질 뿐이다. 자국 스스로 경제성장 외에 빈곤을 해결할 수 있는 다른 근본적인 방법은 없다.

6. 국가 간 소득의 차이

국가 간 소득의 차이를 결정하는 요인은 무엇인가? 선행 연구(예: Hall & Jones, 1999; Bosworth & Collins 2003; Weil, 2007)에 따르면 국가 간 소득의 차이는 자본이나 인적 자원 같은 부존자원보다는 주로 생산성 차이에 기인한다. 부존자원으로는 국가 간 소득 차이를 34~39%밖에 설명할 수 없다(Caselli, 2005). 이는 국가 간 경제력의 격차가 부존자원의 차이보다는 생산성 차이에 더 기인한다는 것을 의미한다. 제6장에서 설명하겠지만, 생산성 차이는 국가에서 발전시킨 제도에 따라 다르게 나타난다.

풍부한 천연자원이나 지리적 이점을 제대로 활용하지 못한 국가들도 있다. 예를 들면, 베네수엘라는 세계적으로 거대한 원유와 천연가스 매장량을 보유하고 있다. 미국 에너지정보청(EIA, 2017)에 따르면 베네수엘라의 원유 채굴 가능 매장량은 3,008억 배럴로 전 세계 원유의 5분의 1 수준이다. 석유 매장량 2위는 사우디아라비아(2,664억 배럴)이며 캐나다(1,697억 배럴), 이란(1,584억 배럴)이 뒤를 잇는다. 다만 베네수엘라는 석유 수출이 줄면서 달러 수입이 감소한 데다, 불황과 인플레이션까지 겹쳐 어려움을 겪고 있다. 하물며 '21세기형 사회주의'를 표방하고 있는 사회주의 경제체제로 인해 경제 활력을 더 잃고 있다.

부존자원의 차이, 지리적 접근성이 비슷하면서 국민소득 차이가 큰 사례도 있다. 한국은행(2024)에 따르면 2023년 기준 북한의 국민총소득(명목 GNI)은 40조 9천억 원으로, 남한(2,443조 3,000억 원)의 약 60분의 1인 1.7%에 불과했다. 북한의 1인당 국민총소득은 158만 9천 원으로 4,724만 8천 원인 남한의 30분의 1(3.4%) 수준에 그쳤다. 북한의 인구(2,578만 명)는 남한(5,171만 명)의 절반 수준이며, 남북을 합한 총인구는 7,750만 명이다.

남한은 1960년대부터 수출주도형 경제정책을 추진하면서 정부와 민간 부문이 공조 체제를 구축해 빠르게 성장하는 나라가 되었다. 그러나 북한은 내부 지향 경제정책을 추진하면서 외국과의 무역 거래를 제한하고, '주체사상'으로 경제를 운영하면서 세계에서 가장 뒤처진 국가로 전락하게 되었다. 남북한 경제력 차이는 제 II 부에서 자세히 다룬다.

제3장 한국경제

본 장에서는 한국경제의 이해를 돕기 위하여 과거 한국경제가 겪었던 중요한 사건들을 요약하여 소개한다. 아울러 1962년 제1차 경제개발 5개년 경제정책을 실행하기 이전 초라했던 한국경제의 상황도 정리해 본다. 박정희 대통령의 지도력과 각종 경제정책은 제 II 부, 창업자들의 민간 기업가정신과 활약은 제 III 부, 국가의 운, 소득불평등 문제 등은 제 IV 부에서 차례대로 서술한다.

1. 한국경제의 이해(요약)

1960년대 한국경제의 초기조건은 열악하기 그지없었다. 전쟁으로 산업시설이 대부분 파괴되었고, 천연자원도 없으며, 있는 것이라고는 비숙련 인적 자원뿐이었다. 그동안 해외원조로 경제를 운영하다가, 이마저 끊어지고, 대부분의 국민이 빈곤 상태로 추락할 것이 자명한 시점이었다. 국가 부도도 시간문제였다.

1960년대 수립한 제3공화국은 빈곤으로부터 해방, 조국의 근대화라는 의지에서 체계적인 경제개발계획을 세웠다. 철도, 항만, 도로, 발전시설과 같은 사회간접 자본투자가 필요하였다. 오랫동안 외부 침략과 전쟁으로 인해 국내 자본이 축적될 기회가 없어 자금이 턱없이 부족하였다. 그러나 경제성장 계획을 포기할 수 없었다. 가발, 야생동물, 오줌까지도 수출해 보았으나, 곧 경공업 수출로는 3,000만 인구의 큰 경제를 운영하기 어렵다는 결론에 도달하였다. 선진국에 수출할 수 있는 상품을 개발하는 산업 발전을 구상하였다. 해외차관과 기술개발이 필요하였다.

세계에서 제일 가난한 국가이면서 전쟁 위험이 항시 존재하는 국가에 개발차관을 제공하는 서방 금융회사는 없었다. 해외차관을 얻을 수 없다면 경제개발 계획을 포기하든지 세계에서 가장 부유한 국가와 긴밀한 관계를 유지하면서 차관을 빌려 오는 수밖에 없었다. 때마침 그 부유한 국가는 외국에서 전쟁에 나서고 있었다.

기회가 온 것이다. 우리 정부는 파병 의사를 밝히고 경비, 원조 및 지원을 최대한 받도록 외교적 노력을 하였다. 파병에 따른 국제사회의 따가운 시선이 있었지만 국가 경제 발전을 위해서는 국가의 자존심이고 이데올로기도 필요 없었다. 그 부자 국가의 도움으로 수출은 증대되고 해외차관 도입도 원활해졌다. 또한 기술연구소도 설립되었다. 국가 지도자는 기업가를 동원해서 중화학 산업을 발전시켜야 한다고 생각하였다. 이미 획득한 자본으로 수립한 중화학 공업 정책에 몰두할 수 있었다. 몇몇 저력 있는 기업가에게 산업 발전을 제안하였다. 그들은 근로자들과 함께 외국의 기술을 습득하기 위하여 밤낮으로 동분서주하였다.

이것도 잠시, 석유파동이라는 암초를 만나게 되었다. 국가 경제에 필수적인 자원인 석유를 100% 전량 수입에 의존하는 국가에 산유국의 갑작스러운 석유가 인상은 또 다른 시련으로 다가왔다. 다시 국가가 부도 위기에 처하면서 해결 방안으로 석유를 생산하는 산유 국가들의 개발프로젝트에 참가하여 오일달러를 벌어 오는 수밖에 없었다.

중동 건설에 참여한 기업과 근로자의 노력으로 국가 경제는 다시 회생하고, 이 과정에서 참여한 기업들이 이윤을 창출하고 부를 축적하였다. 기업도 커지면서 규모의 경제를 실현할 수 있게 되었고 가격 경쟁력도 확보하게 되었다. 중동 인력수출을 통하여 기술과 자본이 축적되었다.

개발도상국에는 경제성장이 중요하다. 그러나 더 중요한 것은 경제성장을 지속적으로 높게 유지하는 것이다. 일정 수준 이상의 경제성장을 유지하기 위해서는 지속적인 제도 개혁이 필요하다. 당시 국가 지도자는 매월 개최되는 수출진흥 회의를 주재하면서 수출에 관한 제도적 장애를 하나둘 제거하였고, 이에 기업가들이 생산적 기업가정신을 발휘하게끔 제도가 정비되었다.

세계 경제는 불확실하고 변동이 심하다. 우리 국가는 외환위기(1997) 글로벌 위기(2008) 그리고 코로나19 팬데믹(2020) 등 위기들을 맞이하였다. 위기를 차례차례 극복했던 그 국가는 이전의 개발도상국이 아니었다. 비슷한 상황에 부닥쳤던 다른 국가들은 내부적 갈등 등으로 경제회복이 지체되었지만, 이 국가는 짧은 시간 내에 경제위기를 극복하였다. 정부, 기업, 근로자의 긴밀한 공조 체제를 유지하면서 경제위기를 기회로 전환했기 때문이다.

위기 극복을 통하여 지속적으로 경제체질이 개선되었다. 이전부터 시행한 전 산업의 수출화 전략과 수출시장의 다변화를 통하여 경제위기의 위험을 분산시킬 수 있었다. 최근에는 우크라이나와 러시아와 전쟁으로 방위산업의 수출이 증대되어 경제 활성화에도 보탬이 되고 있다. 또한 트럼프 정부의 관세정책에 대응해야 하는 어려운 과제도 남아있다. 세 번에 걸친 위기 극복과 각종 대외 변화에 적응하는 전략이 축적되면서 웬만한 경제위기는 쉽게 회복하는 저력을 갖게 되었다. 이것이 오늘날 한국경제이다.

2. 1960년대 이전의 한국경제

1960년대 이전 한국경제는 한마디로 비참하였다. 35년 만에 일본으로부터 해방되어 독립을 얻었으나, 곧이어 벌어진 한국전쟁으로 국내 생산력이 감소하고 빈곤의 악순환이 지속되고 있었다. UN, 미국 등의 원조로 겨우 경제의 명맥을 유지하였다. <표 3-1>과 같이 1960년 외국으로부터 받은 무상원조 규모는 2억 5천만 달러로 이 규모는 연평균 GNP의 6.4% 정도였다. 이 기간에 일반정부 수입의 최대 55% (1956) 정도가 원조로 충당되었으며 원자재 및 농수산물에 집중되었다.

〈표 3-1〉 1960년대 이전의 무상원조 규모, 정부 세원 및 비중

	1954	1955	1956	1957	1958	1959	1960
무상원조액 (천만달러)	15.3	23.7	32.7	38.3	32.1	22.2	24.9
GDP 대비 비중	4.2	10.3	10.8	9.8	7.8	5.1	6.4
일반정부 경상수입	7.25	12.24	23.52	31.51	34.51	38.01	48.69
무상원조 세입 (비중)	2.15 (30)	4.16 (34)	13.01 (55)	14.33 (45)	14.24 (41)	13.36 (35)	17.34 (36)
무상원조 구성							
원자재 및 농수산물	92.5	83.7	81.6	70.4	71.8	70.8	74.3
산업 및 경제 인프라	5.6	4.2	6.4	8.0	9.3	9.1	12.1
기술지원	0.0	0.1	0.4	0.9	1.4	1.4	1.6
기타	0.0	0.0	0.0	0.0	0.2	0.5	0.7
합계	100	100	100	100	100	100	100

출처: 한국은행 경제통계연보

가난한 국가였던 시절에 국민이 느끼는 국가나 개인의 운명은 가혹하였다. 가난과 질병 그리고 전쟁의 슬픔과 반목이 너무 깊어서 미래를 헤쳐 나갈 자신이 없을 정도로 한국에는 절망감이 팽배하였다.1)

1) 시인 金素雲(1955)은 수필집 '三誤堂雜筆'의 서문에 '나는 왜 한국에 태어났는가?', '왜 처자식을 배부르게 먹일 수 있는 장사꾼 같은 직업을 갖지 못했는가', '왜 좀 더 일찍 병들어 죽지 못했는가'라고, 자신의 별호이기도 한 三誤(세 가지 잘못)를 개탄하는 비통한 한 줄을 붙여 '삼오당'의 뜻풀이를 했다(출처: http://www.snua.or.kr/ver2/alumni/). 또한 필자 경험에 따르면 50년대 후반 길거리에는 영양실조로 코를 흘리는 어린이들과 일자리 없는 청년들이 골목에서 동전 치기 하는 모습을 어렵지 않게 볼 수 있었다. 굶어서 죽는 사람, 나병환자, 상이군인들이 길거리에서 절규하는 모습들을 어렵지 않게 접할 수 있었다.

3. 경제개발 초기조건

경제개발 초기조건이 양호한 국가는 그렇지 못한 국가보다 경제를 더 발전시킬 잠재력이 존재한다. 초기 단계에서 지진이나 전쟁으로 경제 기반 시설이 파괴되었다면 경제개발은 실패할 확률이 높아진다. 또한 경제개발이 진행되면서 사회주의 지도자가 권력을 잡으면, 자연스럽게 산업의 국유화 및 사회보장제도 및 공공지출의 증대가 추구되면서 초기 경제개발 에너지의 탄력이 격감하게 된다.

한국은 사회주의를 주장하는 세력들이 6·25전쟁을 통하여 북한으로 월북하면서 전쟁 이후 상당 기간 시장경제에 입각한 경제성장 정책에 큰 비판이 없었다. 반면 남한에서는 이승만 대통령이 자유민주주의 시장경제의 초석을 닦았다. 1948년 대한민국의 최초 헌법이 탄생하였다. 이 헌법을 통해 새로 수립된 대한민국은 군주제가 아닌 주권이 국민에게 있는 민주공화국의 성격을 지니게 되었다. 국민은 대부분의 근대 국가가 보호하고 있는 기본적인 권리인 자유, 평등, 재산, 교육권 등을 누릴 수 있게 되었다. 이승만 대통령이 농지개혁으로 소작농을 자작농으로 전환함으로써 농업의 생산성을 끌어올릴 수 있었다. 농업 생산성 향상은 농촌지역에서의 유휴 인력과 잠재실업자를 도시 노동자로 전환할 수 있는 산업예비군을 만들어 내었다. 이 산업예비군들은 1970년대 한국경제의 산업 발전에 큰 역할을 담당했다. 이에 대해서는 제 II부에서 다룬다.

1960년대 초 경제환경은 한국전쟁을 통하여 산업시설이 대부분 파괴되었고 경제가 침체하면서 경제개발의 기반을 형성할 처지가 못 되었다. 당시 한국경제는 원조에 의지하는 농업 국가였다. 원조 물품이 유입되던 시기였으므로 자연히 삼백산업(三白産業), 즉 방직업, 제분업, 제당업이 발전하였다.

삼백산업은 특성상 타 산업 분야와 연관이 적다. 당시 기업가들은 산업기반이 없는 상태에서 해외 진출로 시장을 개척하여 새로운 상품 생산에 도전하기보다는 정부로부터 원조 물품을 할당받아 이윤을 추구하는 것이 훨씬 유리하였다. 제도, 기술과 인적 자원을 충분히 확보하지 않은 상태에서 섣불리 비전통적 산업에 투자하면 수익률을 보장받을 수 없기 때문이다. 이러한 상태에서는 생산적인 기업가정신을 기대할 수도 없었다.

하버드대학교 Rodrik 교수가 만든 <표 3-2>를 보면, 한국경제가 힘차게 도약했던 시기는 1962년 이후였다. 뒤에서 서술하겠지만, 1965년 베트남 파병 이후 한국경제는 중요한 전환점(turning point)을 맞이하였다. 참고로 다른 신흥 개발도상국인 대만은 1961년, 중국은 1978년, 인도는 1982년부터 경제가 도약하였다.

〈표 3-2〉 개발도상국가의 도약 연도 및 경제성장률

	도약 연도	도약 이전의 경제성장률(B)	도약 이후 경제성장률(A)	차이 (A-B)
한국	1962	3.9	8.5	4.6
대만	1961	3.3	7.1	3.8
중국	1978	1.7	6.7	5.1
인도	1982	1.5	3.9	2.4

출처: Rodrik(2010)

<표 3-3>은 1960년대 한국과 다른 개발도상국들과의 경제 여건을 보여준다. 개발 초기 한국의 1인당 GDP는 아프리카 가나공화국과 비슷한 수준이었으며 다른 아프리카 국가보다 낮았다.

〈표 3-3〉 한국과 초기조건이 비슷한 국가들의 경제성장 비교

국가	1960년 1인당 GDP (1985년 달러 기준)	1989년 1인당 GDP (1985년 달러 기준)	1인당 GDP 성장률 1960~1989(%)
한국(Korea)	883	6,206	6.82
대만(Taiwan)	1,359	8,207	6.17
가나(Ghana)	873	815	-0.54
세네갈(Senegal)	1,017	1,082	0.16
모잠비크(Mozambique)	1,128	756	-2.29
브라질(Brazil)	1,745	4,138	3.58
멕시코(Mexico)	2,798	5,163	2.36
아르헨티나(Argentina)	3,294	3,608	0.63

출처: Pen World Table 5.5.

4. 경제개발과 농업

농업이 산업 근대화에 미치는 영향은 국가의 부존자원 조건에 따라 달라진다. 토지가 넓고 농업 생산성이 큰 국가들은 농업 발전이 경제성장에 긍정적인 영향을 준다. 농업 부문의 생산성 증대는 농업 분야에서 남아도는 잉여 노동자를 인력이 필요한 산업화 부문으로 전환 시킬 수 있으며, 도시 근로자들에게 저렴한 농산물을 제공한다. 농업인들의 소득 향상은 제조업 생산품의 안정적 수요를 보장해 주며 농업 부문의 저축은 금융산업 발전에 기여하여

산업화에 도움을 주게 된다(Matsuyama, 1992).[2)]

토지가 협소하고 농업 생산성이 낮은 국가는 다른 방식으로 산업화를 추진한다. 국가가 성공적으로 제조업 부문을 발전시켜 값싼 공산품을 외국에 수출할 때, 농촌의 값싼 노동력이 제조업 분야로 전환되어 제조업 발전에 기여하게 된다. 농업 부문의 저렴한 노동력이 산업화에 투입되면 생산 단가가 떨어지고 인플레이션이 진정되어 실질환율도 평가절하된다. 결국 수출 상품의 가격 경쟁력이 향상되면서 빠른 속도로 산업화가 가능하다. 한국은 후자에 포함된다.

1960년대 이전의 한국은 경제발전을 위한 기반 설비나 자금이 없는 가난한 농업 국가였다. 1960년도 수출은 3,283만 달러, 수입은 3억 4,353만 달러였으며, 수입품의 대부분 생필품이었다. 수출 상품은 오징어, 돼지, 다람쥐, 합판, 철광석 등 1차 상품이었다. 한때 오징어가 수출 상품 5위를 차지했다. 1964년에 총인구의 55.6%가 농업에 종사하고, 국민총생산의 42.4%를 차지하였다. 당시 공업이 차지하는 비율은 전체 산업의 10.3%였다. 경제발전에 필요한 자금을 여유롭지 못한 농촌으로부터 동원할 수 없는 실정이었다.

산업화 초기에는 농업 및 1차 산업이 별다른 역할을 하지 못하

---

2) 개발도상국에서 농업 부문의 생산성 향상은 산업화를 지연시킬 수도 있다. 농업 부문의 생산성 향상은 자원을 농업 부문에 집중시키면서 상대적으로 신규 산업화 투자를 소홀히 하게 된다. 이러한 현상을 'Dutch disease'라고 한다. 1960년대 천연가스가 발견돼 경제의 호황을 꿈꿨던 네덜란드가 신규산업화 투자 경시로 오히려 경제적 고통을 겪었던 역사적 경험에서 유래되었다.

였다. 가장 큰 이유는 무상원조 때문이었다. 앞 <표 3-1>에서 보듯이 무상원조의 70% 이상이 잉여농산물로 구성되어 있다. 무상원조로 인하여 국내 곡물값이 폭락하고, 이에 따라 농업생산을 늘릴 유인이 약해져 농업생산이 부진하니 원조에 더욱 의존하는 경향이 나타났다.

한국의 농업침체는 아이러니하게도 산업화를 급속도로 달성시키는 계기가 되었다. 농업 부문의 낮은 생산성은 풍부한 해외원조로 보완될 수 있었고, 농지개혁 덕분에 농촌사회가 보수화되고 정치적으로 안정될 수 있었다(박복영외 4인, 2007). 농촌에 근거한 안정된 정치 기반으로 정부는 일정 기간 경제발전의 계획을 차근차근 실행에 옮길 수 있었다. 1960년대 들어 미국으로부터 원조도 줄어들었다.

한국은 1964년부터 베트남에 파병하게 되었다. 한국은 이러한 기회를 빨리 활용하였다. 베트남전 특수에 힘을 얻은 한국은 곧바로 수출 지향적 산업으로 전환할 수 있었으며 정치적으로 안정된 농촌에는 잠재 노동력이 풍부하여 저임금의 산업화 인력을 공급받을 수 있었다. 베트남 전쟁이 한국경제에 미친 효과는 제 II 부에서 자세히 서술한다.

한국의 산업화 초기 단계에 필요한 자금 확보는 정부, 기업인들이 노력하여 외화획득이나 해외자금을 유치하면서 이뤄졌다. 수출과 산업화의 성공으로 여유자금이 생기면서 새마을운동 및 산림 녹화사업 등 농촌 사업 지원도 가능하게 되었다.

정부는 통일벼 개발 및 추곡수매제도를 통하여 농민들의 소득 증대를 시도하였다. 1965년부터 정부의 쌀 수매가 시행되었으며, 1970년 새마을운동을 시행하여 농촌의 기본 설비가 개선되었다. 1972년에는 농민이 내다 팔 수 있는 쌀은 얼마든지 정부가 사 줄 수 있는 고곡가제도를 운영하기도 하였다. 1965~1975년간 정부 수매가격 인상률은 연평균 24.8%였다. 1969~1973년 연평균 도매물가 상승률과 소비자물가 상승률은 각각 9.1%와 11.3%로 물가 상승률을 크게 앞섰다. 이 조치로 농민들의 생활 수준은 크게 좋아졌으며, 한때 농가소득이 근로자의 소득보다 높아지기도 했다(오원철, 2006, pp.442). 통일벼 개발과 새마을운동에 대해서는 제 II 부에서 자세히 서술한다.

60년대 산업화 초기 단계에서는 단순 노동집약적 제품을 생산하고 수출하는 것이 일자리를 창출하는 데 기여하였다. 창출된 일자리는 농촌의 저임금 노동력을 흡수하고 농촌의 빈곤을 감소시켰다. 당시 산림 녹화사업도 진행되었다. 녹화사업 덕택에 현재 한국은 60년대의 민둥산이 없어지고 모든 산에 수목이 울창하다. 산림 녹화사업에 대해서는 제 II 부에서 자세히 설명한다.

5. 경제발전과 교육

양질의 인적 자원은 경제성장에 중요한 요인이다. 인적 자원이 풍부한 한국은 경제성장 동안 지속적으로 값싼 노동력을 공급받았다. 1946년 초등교육을 의무화하였고, 해방 당시 78%에 달했던 문맹률이 1960년에는 28%로 떨어졌다. 교육환경도 크게 향상됐다.

1956년 당시 초등학교 교원 1명이 책임져야 할 학생은 58.9명에 달했을 정도로 열악했다. 초등, 고등교육이 점차 확대되면서 2009년에는 교사당 학생 수가 19.8명으로 감소하였다. OECD 자료에 따르면 2018년 기준, 우리나라 교사 1인당 학생 수는 초등학교 16.5명, 중학교 13.5명, 고등학교 12.2명으로 크게 개선되었다. 그러나 최근 취학아동의 급격한 감소로 초등, 고등교육이 크게 위협받고 있다.

개발도상국의 교육투자 경험에 따르면 교육지표나 교육환경 개선은 경제발전에 크게 기여하지 못했다. 세계은행과 국제기구들이 개발도상국에 많은 교육투자를 하였음에도 불구하고 교육투자와 경제성장과의 밀접한 관계를 발견하지 못하였다(Easterly, 2001, pp.73).

한국의 경우는 다르다. 교육투자는 기업가의 활동과 관련이 깊다. 60~70년대 민간 창업자들의 기업가정신이 왕성하던 시절, 한국경제는 신규 투자가 급증하였다. 새로운 투자는 교육받은 인력을 필요로 하였다. 고등교육의 중요성과 교육투자 수익률이 높아지면 학생들은 더욱 열심히 공부하고, 부모들은 교육의 질에 관심을 두고, 교사들은 좋은 학습 자료를 마련하게 된다. 교육의 질적인 향상은 생산성, 노동의 이동, 기업가 능력, 기술혁신 등에 영향을 미치게 되어 경제성장에 긍정적으로 기여한다.

기업가정신이 부족한 국가는 교육투자를 위한 인센티브도 부족하다. 아무리 세계은행 등에서 양질의 교육투자를 제공하여도 국민은 매력이나 필요성을 실감할 수 없으므로 질 좋은 교육을 위한 정부, 기업, 교육계의 코디네이션이 이뤄지지 않는다.

과학기술의 사업화는 기본적으로 정부, 자본가, 기업가에 의해 주도적으로 이루어지게 된다. 기술 관련 지식과 이해가 뛰어나고 시장 수요를 적시에 반영할 수 있는 국가 지도자가 있고, 자본가와 기업가가 많을수록 사업화의 성공 확률은 높아지게 되며, 과학기술의 성과는 경제성장에 실질적인 영향을 미치게 되는 것이다.

개발 초기 한국은 선진국 수준의 기초 원천기술의 개발과 축적을 기다릴 시간과 능력이 부족하였다. 미국 및 일본으로부터 산업·응용 기술을 도입하였으며, 이를 기반으로 세계시장에서 경쟁할 수 있는 수출 제품의 생산 및 혁신을 추진하였다. 경제가 성장 탄력을 받으면서 정부와 민간은 선진 과학기술 따라잡기를 추진하였다. 정부는 과학기술 발전을 위해서 1966년에 한국과학기술소(현재의 한국과학기술원 즉 KIST) 등을 설립하였으며, 기업체들은 자체 연구소를 통하여 기술혁신을 주도해 나갔다. 축적된 인적자본과 과학기술은 철강, 자동차, 조선, 전기 전자, 반도체 분야에서 제품 및 기술경쟁력을 지닌 공업 국가로 발돋움할 수 있는 밑거름이 되었다. KIST 설립에 대해서는 제 II 부에서 자세히 설명한다.

국가의 부는 물적인 부와 인적인 부로 구분된다. 한국은 인적자원이 풍부한 국가이다. 세계은행은 인적 자원이 세계 여러 나라의 국부 중에서 차지하는 비율을 계산하였다. <표 3-4>에 나타난 바와 같이 한국은 인적 자원의 상대적 비중이 가장 높은 나라 중 하나이다.

〈표 3-4〉 한국 및 주요 국가의 국부 구성

	1인당(천달러)	인적 자원(%)	자연자본(%)	생산된 자본(%)	합계(%)
한국	168.0	82	2	16	100
미국	401.0	77	4	19	100
일본	304.0	68	1	31	100
독일	281.0	75	1	23	100
중국	37.0	77	7	16	100
인도	20.0	58	20	22	100
탄자니아	8.0	21	27	52	100

출처: 송병락, 한국경제의 길, 2006.

한국의 풍부한 인적 자원을 활용하기 위해서는 교육환경 개선 등 행정적인 지표의 개선보다는 교육 내용과 교사 자질을 내실화 시켜 학생들의 학력을 향상하는 것이 중요하다. 전교조를 둘러싼 갈등, 평준화 정책, 무료 급식 관련 논란 등 이데올로기 문제로 진통을 겪은 경험이 있고 아직도 그 흔적이 남아있는 것이 한국 교육계의 현실이다. 이러한 상태에서는 최선의 인적자본 향상을 위한 교육정책 개발이 어렵다. 그나마 한국의 교육투자가 사장(死藏)되지 않고 빛을 발할 수 있었던 것은 1960년대부터 이어져 온 정부와 기업들의 꾸준한 교육투자에 기인한다. 한국의 교육 발전은 교육계의 역할도 중요하다. 그러나 정부와 기업가의 역할도 무엇보다 컸다.

6. 수출입국(輸出立國)

정부는 1962년부터 시작된 경제개발 5개년계획을 통하여 경제개발에 강한 집념을 보였다. 제1차 경제개발 5개년계획(1962~1966)의 목표성장률은 평균 7.1%였다. 평균 7%의 성장률을 지속적으로 유지하면 10년 후에는 국내생산량(GDP)의 2배를 기대할 수 있는 높은 성장률이다. 당시 야심 찬 경제개발 계획은 추진과 함께 바로 난관에 부닥치게 되었다. 국내시장의 협소성, 산업 간의 구조적 연관 부족과 자금조달의 실패로 제1차 경제 5개년계획을 실시한 3년 후 목표를 5.0%로 하향 조정하였다.

당초 목표를 축소할 수밖에 없었던 제일 큰 이유는 자금조달 실패였다. 당시 계획에 따르면 총투자액 규모는 24억 7,300만 달러로 국내 자본 17억 8,900만 달러(72.4%), 외자 6억 8,370만 달러(27.6%)였다.

정부는 국내 자본을 확보하기 위해서 1961년에 일반은행을 국유화하고 1962년 6월에 통화개혁을 실시하였다. 워낙 가난한 경제이다 보니 은행을 국유화하고 통화개혁을 추진한다 해도 숨어 있는 돈이 나올 턱이 없었다. 결국 이러한 조치는 인플레이션을 발생시키고, 유통기구의 혼란을 초래했다.

국내 자본 확보에 실패한 정부는 외자를 유치하기 위하여 노력하였다. 그러나 차관은 계획대로 도입되지 않았다. 1962년도 계획은 5,000만 달러였으나, 실제 도입액은 목표액의 12%인 600만 달러에 불과하였다. 1963년에는 차관 계획의 절반 정도가 도입되었다. 이는 7.1%의 성장률과 그에 상응하는 투자 수준이 한국경제의 능력에 비춰볼 때 지나치게 의욕적인 목표라고 생각한 미국 정부가 차관 공여를 거절함에 따라 차관 도입 실적도 저조하게 나타난 것이다. 차관이 계획대로 도입되지 않은 것은 경제개발 계획의 실패를 의미하는 것이었다(강광하 외 2인, 2008, pp.165).

당시 정부는 외환을 벌어들이는 활동을 가장 중요한 일로 판단하고 노동력에 기반을 둔 수출주도형 경공업 제품의 수출을 촉진했다. 천연자원이 부족한 우리나라로서는 값싼 노동력을 활용해서 경공업 제품을 생산, 수출하는 길밖에 없었다. 결국 수출이 국력이 된다고 믿기 시작했다.

당시 우리나라 노임은 달러로 환산했을 때 국제경쟁력이 없었다. 1964년 초반 시간당 노임은 일본은 미화 56센트, 한국이 약 16센트였다. 당시 경쟁상대국 대만은 시간 당 19센트로 우리나라와 거의 같았다. 인건비가 똑같은 조건에서, 우리나라보다 한발 앞서 가고 있는 대만과는 도저히 경쟁할 수 없었다. 정부는 수출용 원자재 및 중간재의 수입에 대해 조세 혜택을 부여하고 원화의 공정환율을 1964년 5월엔 달러당 130원에서 256.5원으로 인상(평가절하)하는 등 조세 · 외환 · 금융지원을 강화하였다. 이로써 우리나라 인력의 시간당 평균 노임은 미화 약 10센트가 되었다. 비로소 대만이나 태국, 필리핀보다 저렴해져 국제경쟁력을 갖게 됐다. 이러한 값싼 인력이 우리나라 공업의 국가적 전략을 추진하는 데 있어서 유일무이한 자원이 되었다(오원철, 2006).

해외시장 개척을 위해 1964년 대한무역진흥공사(KOTRA)를 설립하였다. 이러한 상황에서 정부는 정책적으로 큰 변화를 시도하였다. 1964년에 제1차 경제개발 5개년계획을 수정하면서 '수출제일주의'를 국가 지상 목표로 설정했다(오원철, 1995, 강광하 외 2인,

2008). 이는 수출이 국가 자원배분에서 최우선으로 배정시켜 수출로 국가를 세운다는 수출입국(輸出立國)을 의미한다. 또한 정부의 수출 정책 방향 설정, 제도 확충 그리고 목표 달성을 위한 공조 체제를 구축하는 회의가 도입되었다. 이것이 1965년 2월 처음 도입된 수출진흥 확대회의이다. 이에 대해서는 제5장에서 자세히 서술한다.

수출진흥을 위한 정책과 제도가 정비되고 있었지만, 외국자본의 부족으로 자본재 및 중간재의 수입이 제한되면서 정부의 수출 지원 정책은 효력을 발휘하지 못하였다. 수출 규모도 적었고, 경제발전에 필요한 해외차관 유치도 실패하였다. 기존의 구식 기계 설비로 상품을 생산하여 수출하다 보니 자연히 수출이 지연되면서 무역수지가 악화하였다.

베트남 파병이 본격적으로 이루어지기 전인 1964년도의 수출액은 1억 2,000만 달러, 수입액은 3억 6,500만 달러였다. 누적된 만성적인 무역수지 적자와 해외원조가 감소하면서 외환보유고가 급격하게 하락하였다. 1962년 2월의 외환보유고는 2억 1,400만 달러였으나 같은 해 8월에는 1억 7,900만 달러로 줄어들었고, 이런 감소세는 1965년 말까지 계속 이어졌다.

외화 부족 사태를 해결하기 위한 정부의 비용탐색(cost discoveries)이 동시에 시작되었다. 정부는 미국으로부터 경제발전 자금 지원을 받는 데 실패하였지만, 독일은 한국을 포함한 후진국에 장기 개발차관(1억 5,000만 마르크)을 제공하고 있었다. 한국은 광부와 간호사를 독일에 파견하였지만, 이러한 노력에 불과하고 1965년 말 외환보유고는 1억 3,800만 달러로 당시 무역수지 적자액인 2억 8,800만 달러에도 훨씬 미치지 못하고 있었다. 외환 위기설까지 나돌았다. 이런 상황에서 정부는 경제개발계획의 지속적인 실행과 성공을 위해 보다 적극적인 돌파구를 마련할 필요가 있었다. 한국군의 베트남 파병은 이미 정부의 비용탐색 과정에서 추진되고 있었다. 베트남 파병에 대해서는 제 II 부에서 자세히 다룬다.

제4장 경제성장 이론

경제성장 이론은 일반적으로 신(新)고전학파의 경제성장 이론(솔로우 모형)과 신(新)경제성장 이론(내생적 경제성장이론)으로 크게 구분한다. 신고전학파 경제성장 이론(솔로우 모형)에 따르면 자본, 노동, 기술 등의 생산요소가 증가하면 경제 규모가 확대된다. 그러나 시간이 흘러서 생산 규모가 체감하면서 경제성장률은 감소한다고 주장한다. 반면 신경제성장 이론(내생적 경제성장이론)은 생산요소가 증가하면서 경제성장률은 체감하지 않고 지속적으로 높은 경제성장률이 유지된다고 주장한다.

<그림 4-1>은 두 형태의 생산함수 곡선이다. 왼쪽 그림은 신고전학파 생산함수(솔로우 모형)로 시간이 지남에 따라 생산 규모가 체감되는 형태이다. 오른쪽 그림은 신경제성장 이론(내생적 경제성장 이론)이 주장하는 생산함수로 시간이 지남에 따라 생산 규모가 일정하게 확대되는 형태이다.

<그림 4-2>는 경제사학자인 Angus Maddison이 만든 장기적인 통계자료를 이용하여 1인당 국민소득으로 추정한 생산함수이다.

그림에 따르면 한국은 1970년대 이후, 미국과 일본은 1950년대 이후 급속한 경제성장을 기록하고 있다. 그림 우측에 있는 숫자를 보면 대륙 간 1인당 국민소득의 차이도 크게 나타나고 있다. 아프리카의 1인당 소득은 1,780달러로(1990년 구매력평가기준) 세계 1인당 평균소득 7,614달러의 20% 수준이다.

신고전학파 생산함수(솔로우 모형)에 따르면 생산요소인 자본, 노동, 그리고 수출 투입은 국내총생산을 확대하고, 기술혁신은 생산성을 향상한다. 생산성의 향상이 다시 국내총생산 증가로 이어진다. 결국 경제성장이란 생산성 확대를 통해 국내총생산이 증가하는 과정이다. 기술혁신은 외생적인 것으로 간주하면서 결정요인을 구체적으로 설명하지 않았다.

신경제성장 이론(내생적 경제성장이론)은 경제성장의 주요 동력을 경제시스템 내부에서 찾는 이론이다. 생산함수에는 자본, 노동, 수출, 기술 수준의 생산요소 이외에 경제체제 내에서 결정되는 인적자본(human capital), 경제정책, 제도, R&D 지출, 기업가정신 등이 존재한다. 이들 생산요소는 투자지출과 영향을 주면서 신제품 개발과 대량생산 체재에 기반하여 생산성이 가속하는 현상으로 나타난다. 이 과정에서 생산 규모가 확대된다.

<그림 4-1>과 <그림 4-2>를 비교하면서 한국경제의 생산함수를 상상해 본다. <그림 4-1>의 왼쪽 생산함수는 1960년대와 70년대 우리 경제를 나타낸다. 1964년 베트남 파병 이후 수출주도형 경제정책과 경제개발 5개년계획으로 투자와 수출이 집중적으로 투입되던 시절이다. 이 시절 한국경제는 제1의 도약을 맞이하였으며,

〈그림 4-1〉 경제성장 이론

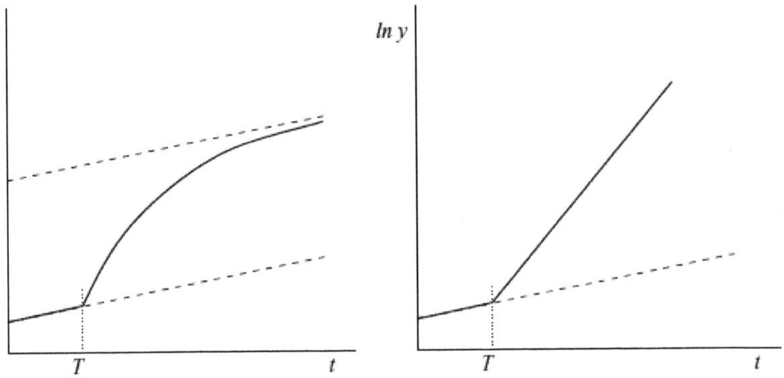

신고전학파 경제성장이론

신경제성장이론(내생적 경제성장이론)

〈그림 4-2〉 1인당 국민소득의 장기 패턴

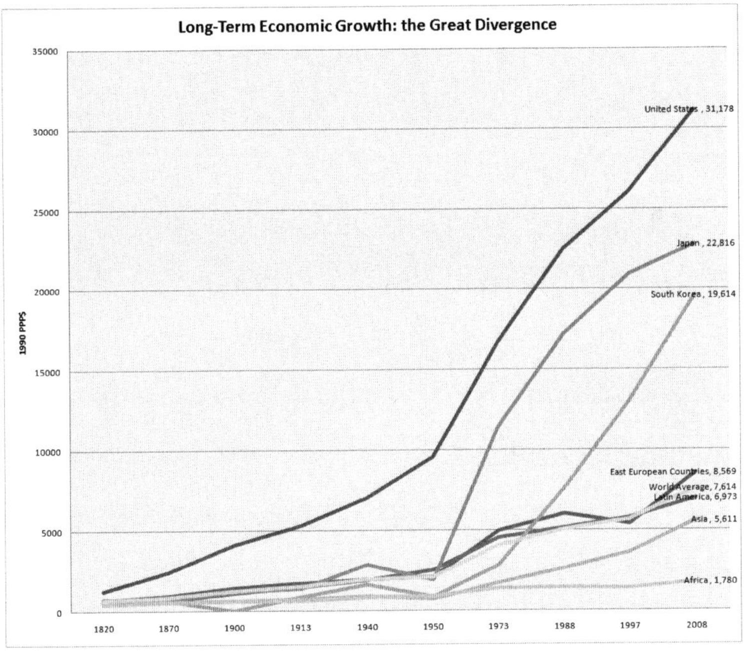

당시 한국경제의 상태를 신고전학파 성장 이론(솔로우 모형)의 생산함수로 해석한다.

<그림 4-1>의 오른쪽 생산함수는 생산 규모가 확대하는 그림이다. 뒤에서도 설명하겠지만, 1980년대는 3저 현상 시절에 중화학공업이 비약적으로 성장하였다. 당시 민간 창업자들이 기업가정신으로 창업한 반도체산업을 포함한 철강, 조선 및 자동차산업들에서 기술혁신 등이 나타났고 이 과정에서 한국경제는 제2의 도약을 맞이하였다. 한국경제는 1980년대 이후 인적자본, 기업가정신, 운(運) 등의 내생적 생산요소들이 투입되면서 비약적으로 성장하였다. 이를 신경제성장 이론(내생적 경제성장 이론)의 생산함수로 해석한다. 결론적으로 말하면, <그림 4-1>에 있는 두 그림이 절묘하게 결합한 형태가 장기 경제 데이터로 추정한 <그림 4-2>가 되었다고 판단한다.

본 장에서는 신경제성장 이론(내생적 경제성장 이론)을 설명하지 않고 대신 경제체제 내부에서 결정되는 내생적 생산요소들의 의미를 소개한다. 본 장에서는 인적자본을 간단히 소개하고 경제정책의 선택은 제5장, 제도는 제6장, 기업가정신은 제7장에서 설명한다. 창업자들의 기업가정신과 운(運)에 대해서는 제 III 부와 제 IV 부에서 별도로 설명한다.

인적자본은 교육 수준의 향상과 R&D(Research and Development) 투자 등을 통해 축적된다. 사람들의 지적 능력을 높이는 것 자체가 공장과 기계설비 등의 자본 투자와 마찬가지로 소득수준을 높이고 경제성장 효과가 있다. 양질의 교육을 통해 축적된 인적자본은 기술개발에 도움이 되며, 경쟁력 있는 기술과 지식은 궁극적으로 국가 경제 발전에 기여하게 된다. 그러나 인적자본이 축적되었다고 반드시 높은 경제성장을 이룩한다는 보장은 없다.

1930년대 우루과이 등 몇몇 남미국가는 인적자본이 충분히 축적되었음에도 높은 경제성장을 이룩하지 못했다. 민간투자가 활발하지 못했던 남미국가들은 축적된 인적자본을 잘 활용할 수가 없었기 때문이었다. 민간투자의 동기(incentive)가 활발하지 않은 상태에서는 교육투자는 인적자본의 질적인 향상으로 연결되지 않는다.

본 저서에서는 생산함수 틀을 이용하여 주요 줄거리를 구성하였다. 앞에서 소개한 경제 변수들을 이용하여 생산함수의 구성을 수식과 그림으로 요약해 본다. 총체적 생산함수는 다음과 같이 표현한다. $Y = AF(K, L, h) = AF(K, hL)$, 여기서 Y, K, L, h는 국내총생산(GDP), 자본량, 노동량, 1인당 인적자본을 나타내며, hL은 인적자본 부가적(human capital-augmented) 노동량을 나타낸다. A는 총요소생산성으로 기술 수준을 나타낸다. 생산함수가 수확 불변이라면 1인당 GDP는 다음과 같이 정의한다.

$$Y/L = AF(K/L, h)$$

생산함수 식을 1인당으로 표시하고, 이를 소문자로 나타내면 생산함수는 다음과 같이 노동 생산성(GDP/노동량)은 총요소생산성(A)과 부존자원(k, h)으로 구성된다.

$$y = AF(k, h)$$

경제성장에 영향을 주는 외생변수로는 지리적 여건, 문화, 운 등이 있다. 이들 변수는 직접적으로 노동 생산성 및 부존자원 (k, h)에 영향을 준다. 간접적으로 정책, 제도에도 영향을 미치고 이것이 생산성에 영향을 미친다. 한편, 제도와 경제정책은 기업가정신에 영향을 주고 생산성 향상과 부존자원 확대를 통하여 경제성장에 영향을 주게 된다.

이와 같은 인과관계를 <그림 4-3>으로 표시하였다. 그림 가운데에는 기업가정신이 포함되어 있다. 생산함수에 포함되는 부존자원인 자본, 인적자본, 교육, 투자, 연구개발 투자 등 생산요소는 일시적으로 경제성장을 증대시키게 된다. 그러나 이들 생산요소가 기업가정신과 반응할 때 드디어 지속적으로 생산성이 증대되어 경제성장을 일으키게 된다. 다양한 분야에서 기업가정신이 끊임없이 발생할 때 사회 전반적인 생산성이 향상되어 지속적인 경제성장이 가능하게 된다. 이러한 과정이 <그림 4-3>에 함축되어 있다.

〈그림 4-3〉 그림으로 보는 경제성장 경로

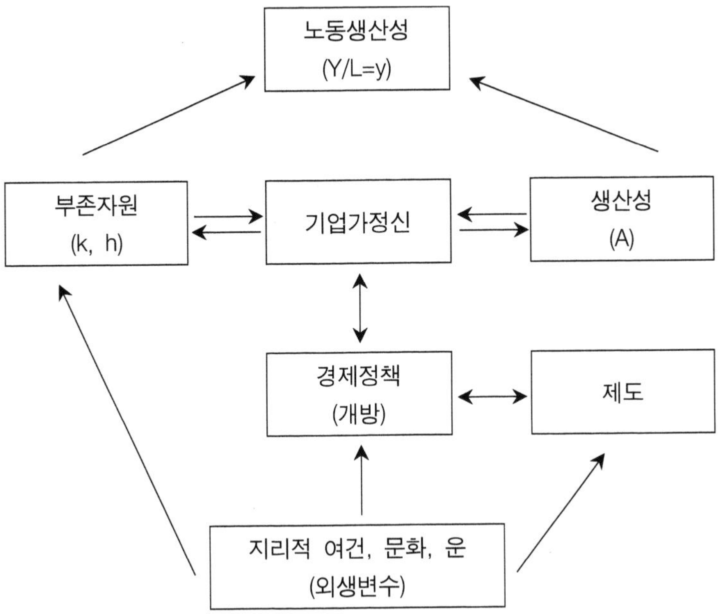

제5장 정책의 선택

제2차 세계대전 이후 국제무역이론은 두 가지로 양분되었다. 국제무역 활성화로 자본과 노동의 국내 시장가격이 세계 시장가격과 균등화된다는 이론(Paul Samuelson)과 국제무역은 부자 국가와 가난한 국가의 소득 차이를 더 넓힐 뿐이라고 주장하는 이론(Gunnar Myrdal)이다. 이후 경제정책도 양분되었다. 개방을 통해서 경제성장을 추진하는 수출주도형 경제정책(outward-looking 또는 export-oriented growth)과 국내 산업을 보호하면서 경제성장을 추진하는 내부지향 경제정책(inward-looking 또는 import-substitution growth)으로 구분되었다.

정책의 선택은 국가 미래를 결정한다. 제2차 세계대전 이후 대부분의 개발도상국은 어느 정책이 자국의 현실에 적합한지 이론적 분석도 미흡한 상태에서 선택해야만 했다. 1970년대에서야 경제학이 발전하면서 수출주도형 경제정책과 내부지향 경제정책의 장단점을 명확하게 구분할 수 있었다.

수출주도형 경제정책은 기업인에게 협소한 국내시장보다는 방대한 세계시장을 제공한다. 시장개방은 기업의 처지에서 보면 부의 창출을 위한 도전(challenge)이 되기도 하고 시련(discipline)이 되기도 한다. 시장개방 하에서는 기업가는 끊임없는 기술혁신, 첨단기술 도입 등을 통해 가격 경쟁력을 확보하고자 노력한다. 독자적인 생산 모델을 개발하고, 가격 경쟁력을 확보하기 위해서 규모의 경제와 효율적인 생산능력도 요구된다. 경쟁력을 지닌 기업만이 생존하고 비효율적 기업은 자연 도태되어 자원이 효율적인 방향으로 배분된다.

60년대에 한국 정부는 수출 활동에 참여하는 기업을 일정 기간 보호하고 지원하였다. 기업이 성장하고 새로운 기업들이 시장에 진입하게 되면 정부의 과보호가 어려워지고 한 기업이 국내시장을 독점하는 현상이 억제된다. 수출기업이 성장하여 국제경쟁력을 가진 제품이 완성되면 자국 산업을 위하여 별도로 보호무역을 실시할 필요가 없다. 자국 제품의 국내 수요가 늘어나 자동으로 수입이 제한되는 효과가 발생하기 때문이다.

세계화를 통하여 선진국과의 접촉이 많아진다는 점도 수출지향형 정책의 장점이다. 최신 기술의 도입이 쉬워지고, 선진국 자본이나 자본재를 저렴한 가격으로 수입할 수도 있다. 기업가들은 선진 공업국 자원의 운용 실태를 파악하면서, 비용탐색(cost discovery)을 통해 새로운 창업 동기를 갖게 된다.

수출주도형 경제개발 정책 초기 단계에서는 상품을 생산하여 수출하기 위해서 선진 기계와 원재료들이 수입된다. 짧은 시간에 개발도상국이 가격 경쟁력을 갖춘 상품을 수출한다는 것은 선진국이 새로운 상품을 세계시장에 수출하는 것보다 훨씬 불리한 여건에서의 승부이다. 따라서 선진국보다 더 큰 노력과 인내가 필요하다. 이 고난의 기간 동안 개발도상국은 자연히 만성적인 경상수지 적자의 늪에 빠질 우려가 있다. 경상수지 적자의 누적은 외채부담으로 나타나고 이것이 국가 부도를 유발하기도 한다. 한국도 경제개발 단계에서 몇 차례의 외환위기를 겪었다. 외환위기에 대해서는 제 IV 부에서 자세히 서술한다.

수출을 통해 외화가 안정적으로 공급되는 시점까지 국민과 기업 그리고 정부의 통합된 노력이 필요하다. 민간은 소비를 축소하고 저축을 늘리며, 정부는 재정수지를 양호하게 유지하여 인플레이션을 최대한 억제한다. 또한 환율을 절하시키고 제도적 장치도 확보해서 가격경쟁력을 확보 노력해야 한다. 기업인은 기술혁신으로 수출시장을 지속적으로 개척해야 한다. 결국 민간과 정부의 공조협력(coordination)이 없이는 수출주도형 경제정책은 성공하기 쉽지 않다.

다음 사례들을 소개한다. 사례 1은 한국 정부에서 실시한 수출진흥확대회의이다. 이 회의를 통해 수출주도형 경제정책 계획 수립부터 관련 제도가 완성되었다. 사례 2는 한국에서 완성된 제도가 방글라데시에 수출된 사례이다. 사례 3은 내부지향 경제정책의 폐해로 경제적 어려움을 겪었던 아프리카 가나공화국의 사례이다.

‖ 사례 1 ‖ 한국의 수출진흥확대회의

1962년부터 시작된 제1차 경제개발 5개년계획(1962~1966)은 먹고 입을 것을 스스로 해결하는 자립경제가 목표였다. 1차 연도 경제성장률은 2.2%로 실적 부진을 확인하였다. 자본, 석유, 식량, 공업 원료 등을 수입해서 자립경제를 하자니 외환 적자만 늘어나는 힘든 상황이었다. 경제성장 전략 전환이 필요하였다. 수출해야 투자할 자금이 생긴다고 판단하고, 경제 중심의 축을 자립경제에서 수출 경제로 수정했다.

정부가 세운 수출 경제 목표를 달성하기 위해서는 국민적 에너지를 한곳으로 모으는 제도화 작업이 필요하다. 제도는 그 사회의 생산적인 활동을 촉진하고 나라 전체의 에너지를 생산성이 뛰어난 곳으로 집중시킬 수 있도록 유인할 수 있기 때문이다.

현실적으로 제도를 완비하고 경제정책을 추진하는 개발도상국은 없다. 한국경제는 완벽하지는 않지만, 대통령과 여러 전문가가 참여하고 장기간에 걸쳐 이뤄졌다. 기획, 예산 기능을 담당하는 경제기획원을 만들고, 전문적인 경제학자들로 하여금 경제기획원 조직을 운영하도록 재량권을 주었다.

수출 목표를 달성하기 위해서 정부와 민간이 함께 참여하는 수출진흥확대회의를 실시하였다. 박정희 대통령은 수출진흥확대회의를 직접 주재하였다.[1)] 이 회의는 정부의 수출 정책 방향 설정, 제도 확충 그리고 목표 달성을 위한 공조 체제를 구축하는 회의였

1) 1965년 1월 상공부는 대통령 연두순시 업무보고 석상에서 수출진흥위원회 회의를 박정희 대통령이 직접 주재해 줄 것을 건의하였다.

다.[2)]

수출 관련 부서 장관과 기업인이 참가하는 회의로 초기에는 20여 명이 참가하였는데, 이후 250명까지 늘었다. 회의가 거듭될수록 각계각층 전문가들의 참여가 늘어나니 정부로서는 적극적으로 수출 활동에 협력할 수밖에 없었다. 또한 회의 자체가 전문가 회의가 되면서 박정희 대통령은 어떤 실무 담당자보다도 수출과 경제 상황에 조예가 깊어질 수밖에 없었다(오원철, 2006, 강광하 외 2인, 2008).

수출진흥확대회의에서 수출 현장의 문제점들에 대한 즉시 해결과 지원책도 마련되었다. 수출 관련 모든 것이 즉석에서 결정되는 유례없는 독특한 시스템이었다. 회의 최대의 핵심은 소통이었다. 매월 경제관료, 대통령, 기업 등 현장의 목소리를 청취하고 결정하면서 한국경제 산업 체질이 바뀌면서 수출증대를 위한 제도가 확립되고 있었다.

절대 권력을 지닌 지도자가 직접 기업가와 접촉, 수출 활동을 주도하면서 관료들도 수출업자들에게 갖가지 혜택을 부여하기 시작했다. 일반대출 이자율이 25%였던 68년의 당시 수출 기업인에게 이자율은 6%였다. 수출용 원자재 수입에는 세금을 전액 면제했다. 또 수출 소득에 대해서는 80%까지 소득세를 감면해 주었다. 그 당시 엄격히 규제하던 해외여행도 수출업자에게는 예외였다.

---

2) 강광하 외 2인(2008, pp.188)에 따르면 '수출진흥확대회의'가 개최된 1965년부터 1979년까지 박 대통령은 1967년 4월, 5월, 10월의 회의 3차례와 1972년 4월, 1976년 4월회의 등 2차례를 합해 총 5차례를 제외하고 매월 열리는 확대회의에 꼭 참석하였다. 대통령이 회의에 불참하면 국무총리가 회의를 주재하였다.

정부는 수출업자에게 기본적으로 자유무역을 허락하였고 국내 소비를 위한 소비재의 수입은 제한하였다. 생산에 참여하지 않고 투기로 이익을 추구하는 기업가들을 허락하지 않았으며, 수출 확대에 공헌한 사람에게는 애국적 활동이라며 칭송하였다. 수출의 날을 제정하고 수출 공로자에게는 훈장을 수여하는 포상 정책까지 동원되었다. 국가의 자원을 총동원해 수출 활동에 집중시키는 인센티브 시스템으로 수출주도형 제도가 구축되었다.

제도화를 통해 '낮은데 달린 과일'(low hanging fruit)을 수확하는 것 같이, 후발주자인 한국경제는 선두 주자들이 경험한 여러 정책을 적절히 혼합하여 새롭게 적용함으로써 매우 빠르게 성장할 수 있었다. 우리나라 제조업도 low hanging fruit 전략으로 선두 주자의 사례를 더욱 발전시키면서 제조업 강국으로 탄생할 수 있었다. 그 과정을 제 III 부에서 자세히 설명한다.

국민의 에너지를 한곳으로 모으는 제도화 작업 덕분에 1964년 1억 달러 수출을 달성하고 3년 만인 1967년 3억 달러를 돌파했다. 우리나라 최초 수출산업단지인 구로동 수출산업단지(1967)를 세우고, 제1회 한국무역박람회(1968) 등도 개최하면서 수출입국(輸出立國)으로 뿌리내리는 작업이 진행되었다.

다음 소개하는 사례 2는 한국의 대우실업(Daewoo)이 방글라데시의 섬유산업을 일으키는 과정을 소개한다. 수출주도형 경제정책 하에서 개발된 한국의 섬유 관련 각종 지식과 기술이 다시금 개발도상국에 수출되었다. 다른 개발도상국에 한국의 low hanging fruit 전략이 수출되어 성공한 흥미로운 사례이다.

‖ 사례 2 ‖ 대우실업(Daewoo)과 방글라데시 섬유산업 발전

대우는 1967년도에 설립된 한국의 대표적인 섬유 수출기업이다. 정부의 수출주도형 경제정책에 힘입어 섬유제품을 수출하면서 대기업으로 성장하였다. 급성장한 대우는 제1차 석유파동 이후인 1974년부터 선진국들의 섬유 수출 쿼터 규제를 받게 되었다. 대우는 선진국 섬유규제를 받지 않고 노동력이 풍부한 개발도상국을 생산기지로 선정하는 전략을 추진하였다. 이 과정에서 방글라데시의 전직 관리였던 Noorul Quader와 접촉되었고, 그는 1978년에 'Desh Garment Company'를 설립하고 대우와 합작 생산 계약을 맺었다.

계약에 따르면 대우는 5년간 Desh 회사에서 생산된 의류의 공장도 가격의 3%를 로열티로, 해외 판매에 5%의 수수료를 받기로 하였다. 대우는 Desh 회사를 위해 공장의 제조 설비 공급과 라인 구축을 책임지는 한편, Desh 회사 노동자들을 부산 공장에서 1979년 4월 1일부터 7개월간 교육했다. 총 130명의 연수생은 관리자(4명)와 생산 감독(97명), 생산직(29명)으로 구성되었다. 이후 대우는 방글라데시 현지 생산을 위하여 15명의 선임 대우그룹 엔지니어를 투입해 품질관리를 지도하였다.

개발도상국의 노동력을 집중적으로 선발하여 교육하고 생산에 투입한 사례는 당시에는 대우가 유일할 것이다. 의류 수출로 기업을 확장한 대우는 해외 마케팅, 인사관리, 노무관리, 심지어는 신용장 개설 방법까지 충분한 경험이 있었다. 의류 제조, 해외 마케팅 등에 대해 아무런 경험이 없던 방글라데시에 대우는 Desh 회사를 통해 섬유제품 생산, 수출, 판매 기술 등을 제공하였다.

무역에는 다양한 금융제도의 지원이 필요하며 이 사례에서도 그랬다. 1960년대 이후 한국에서 시도된 신용장을 이용하는 금융 기법 및 보세 가공제도 등이 소개되었고, Desh 회사의 창업자는 전직 고위 관료로서 영향력을 발휘해 방글라데시 정부가 이 제도를 도입하도록 로비하였다.

Desh 회사는 1년 반 만에 국제경쟁력을 갖췄다고 판단되자 대우와의 계약을 파기하였다. 대우와의 기술협력이 중단되었음에도 Desh 회사는 이후 6년 동안 매년 90%의 성장률을 보였다. 또한 대우와 계약이 파기되면서 한국 연수를 왔던 간부 대부분(130명 중 115명)은 독립하거나 Desh 회사를 모방하려는 신생기업으로 전직했다. 대우로부터 전수된 지식이 Desh 회사에서 근무했던 퇴직자들을 통해 전파되어 방글라데시의 섬유 산업계가 형성된 것이다.

대우와 합작을 시작하였던 1979년 이전에는 방글라데시에는 근대적인 섬유산업이 존재하지 않았다. Desh 회사가 1979~1980년도에 처음으로 기성복 43,000벌($56,000)을 수출하였다. 2006년 방글라데시 전체 수출액은 106억 달러이며 총수출의 75%인 79억 달러가 의류제품이었다. 섬유공장의 수는 1977년 7개에서 2006년 4,250개로 늘어났으며 현재는 세계 5대 의류 수출 국가가 되었다. 현재 200만 명이 섬유산업에 종사하고 있다. 초기 130명의 섬유 관계 기술자들이 30년 만에 200만 명의 고용 창출을 이룩한 것이다(Salim & Mohammed, 2007).

방글라데시 섬유산업의 성공은 다음과 같은 부수적인 효과를 본다. 첫째, 여성 취업 기회의 확대이다. 방글라데시 섬유산업 종사자의 90%가 여성이다. 여성 취업 기회의 확대는 자녀 교육 기회의 확대로 직접 연결된다. 여성이 취업하여 가계 소득이 늘어나면 남녀 구분 없이 자녀들의 교육지수가 높아지며, 남성만이 취업할 때는 자녀의 교육지수가 낮아지는 경향이 있다.

방글라데시 여성 소득의 증가는 자녀 교육의 확대뿐 아니라, 이후 경제발전이 이루어지면서 후진국이 겪는 내전이나 종교전쟁에서 벗어나는 효과를 가져다주었다. 대조적인 사례는 이웃 나라인 아프가니스탄에서 확인된다. 소련군이 1979년 아프가니스탄을 무력 점령하였지만, 아프가니스탄 반군의 노력으로 10년 뒤인 1989년 소련군이 철수하였다. 또한 미국도 주둔하였지만, 아프가니스탄은 소련군과 미군 철수 이후 현재까지도 내전과 빈곤으로 시달리고 있다. 전후 방글라데시와 같은 경제발전 사례가 있었다면 내전으로 시달리지는 않았을 것이다. 둘째, 방글라데시의 사례를 보면 경제성장 이론에서 사용하는 생산요소인 기술은 과학기술만을 의미하지 않는다. 경영 및 금융 기법 등 경제와 밀접한 관련이 있는 기술도 중요하다. 셋째, 섬유산업으로 성장하는 방글라데시의 수도인 다카(Dhaka)가 가공하고 남은 폐섬유 자재를 제대로 처리하지 못해서 도시 전체가 공해로 시달리고 있다. 공해 처리에도 추가 비용이 든다. 그 비용을 감당하지 못해서 미래 세대에게 공해 해결 숙제를 남기게 되었다.

지금부터는 내부지향 경제정책에 관해서 서술한다. 이 정책은 수출주도형 정책과 대립하는 것은 아니다. 경제발전을 향한 목표는 같다. 단, 국내 자원을 동원하는 방법에 차이가 있다. 국내 산업이 발전 안 된 상태에서 시장을 개방하게 되면 환율과 해외수요의 잦은 변동에 따라 국내경제의 불확실성이 증대되어 효율적인 경제정책을 수행하기가 어렵다. 이를 방지하기 위해서 자국 내 산업이 어느 정도 국제경쟁력을 갖출 때까지 보호 육성하는 정책을 내부지향 경제정책이라고 한다.

내부지향 경제정책 하에서 기업가는 세계의 유수 기업과 제품을 경쟁할 필요가 없으므로 제품 혁신과 외국기술 습득보다는 각종 특혜를 받으려고 노력할 것이다. 국내 경쟁기업의 탄생을 막기 위한 정경유착도 제도화된다. 일자리 창출이나 생산적인 기업가 정신이 발생할 수 없고 부동산 및 주식투자 그리고 이윤만 추구하는 기업가정신이 만연되면서 경제는 탄력을 잃게 된다. 내부지향 경제정책의 폐해를 살펴보기 위하여 아프리카 가나공화국의 사례를 소개한다. 가나공화국은 1960년대 아프리카 대륙에서는 부유한 국가였다. 가나공화국 사례를 보면서 잘못된 경제정책 선택이 국민경제에 얼마나 나쁜 영향을 주는지 확인된다. 내부지향 경제정책을 채택한 북한 사례는 제 II 부에서 자세히 다룬다.

‖ 사례 3 ‖ 가나공화국의 내부지향 경제정책

아프리카 가나공화국은 황금 해안에 자리 잡고 있다. 면적(23만 8,533㎢)은 한반도(22만1,336㎢)와 비슷하다. 인구는 3,014만 명 정도(2019년)이고 인구밀도는 101.5명/㎢이다. 동쪽은 토고, 북쪽은 부르키나파소, 서쪽은 코트디부아르와 국경을 접하고 있으며, 해안선은 약 1,000km, 국토는 장방형에 가까운 모양으로, 남북으로 길다. 가나공화국은 아프리카 국가 중에서 유일하게 경제 관련 자료가 풍부하며 비교적 많은 경제적 분석이 이뤄졌다.

개발 초기에 가나 경제는 우리와 경제 규모와 비슷하였다. 1960년도 가나의 1인당 국민소득은 873달러(1985년 달러 기준), 한국은 883달러이다. 가나는 영국의 식민지에서 보호령에 편입되었다가 1957년 3월 6일에 독립하였다. 당시 가나는 세계 코코아의 2/3를 공급하고 있었고, 세계 금 생산의 10%를 차지하고 있었다. 많은 해외 자산과 함께 다른 아프리카 국가들보다 인적자본이 풍부해 교육받은 사람들과 기술자도 많았다(Fieldhouse, 1986). 1955년 해외 보유 자산은 5.32억 달러로서 1인당 83.1달러를 보유했던 가나는 사하라 사막 남쪽의 아프리카 국가 중에서 가장 부유한 국가였다(Werlin, 1991).

영국으로부터 1957년에 독립한 가나의 초대 대통령 Nkrumah는 내부지향 경제정책을 실시하였다. 1960~1965년 주요 수출품인 코코아의 가격이 하락하였음에도 불구하고 사회복지와 국영회사 지원을 늘리면서 정부의 예산을 2배로 늘렸다(Fieldhouse,

1986). 늘어나는 정부 적자를 충당하기 위하여 화폐를 남발하면서 1970~1982년 동안 매년 35%의 높은 인플레이션을 기록하였다.

인플레이션을 진정시키기 위하여 높은 환율정책을 실시하였는데, 1982년에는 816% 정도로 자국 화폐가 과대 평가되었다. 환율의 과대평가는 수출과 생산 의욕을 감소시킨다. 1970년부터 1980년까지 금 수출은 매년 7%, 원목 수출은 14% 감소하였다. 고환율 정책으로 수입 상품 가격이 상승하면서 인프라의 부품공급이 원활하지 못해, 철도와 수송 부분을 비롯한 산업체 전반이 침체하였다. 부족한 정부 재정을 확보하고 외환보유고를 유지하기 위하여 높은 관세와 수출세 및 수입 규제를 광범위하게 시행하였다. 결국 높은 인플레이션율과 함께 가격통제로 시장 기능이 취약해지고 암시장이 활발해지면서 1983년에는 시장이 거의 제 역할을 하지 못하였다.

가나 정부는 주요 수출품인 코코아에 더 많은 세금을 부과하였지만, 수출의 실질 가치가 줄어들면서, 정부의 조세수입이 감소하였다. 정부로부터의 교육과 보건 지출도 감소하면서 경제는 극심한 침체를 겪게 되었다. 1960년에 가나와 한국의 1인당 국민소득은 비슷하였지만, 2025년 가나공화국은 1인당 국민소득이 2,591달러(세계 145위)로 세계 최하위권이다.

제6장 제도

서론에서 "왜 어떤 나라는 부유하고 어떤 나라는 가난한가?"라는 질문을 던졌다. 오늘날 세계에서 가장 부유한 미국의 2019년 1인당 국민소득은 65,850달러이고 가장 가난한 국가인 아이티의 1인당 국민소득은 1,330달러이다. 부자나라의 소득이 가장 가난한 나라의 50배에 달한다. 물론 일부 가난한 나라들도 점차 부유해지고 있다. 그러나 부유한 국가와 가난한 국가 사이의 격차는 상상을 초월한다.

부유한 나라는 왜 더 부유해지고 가난한 나라는 따라잡지 못하는가? 이 주제 연구로 대런 아세모글루(Daron Acemoglu) 미국 MIT 경제학과 교수와 사이먼 존슨(Simon Johnson) MIT 슬론경영대학원 교수, 제임스 로빈슨(James A. Robinson) 시카고대 정치학과 교수가 2024 노벨경제학상 수상자로 선정됐다.

아세모글루, 존슨, 로빈슨의 연구는 국가 간 부(富)의 격차를 제도적 차이에서 찾았다. 단순히 부유한 나라는 제도가 좋고, 가난한 나라는 제도가 나쁘다고 말하는 것이 아니라, 이들이 연구를 통해 식민지 시대에 형성된 제도가 오늘날까지 영향을 미친다는 점을 강조했다.

가난한 국가는 특유의 경제 여건과 사회 여건을 벗어나지 못한 채 빈곤에서 허덕이고 있으며, 부자 국가는 자신들이 오랫동안 가꾸어 놓은 경제, 법, 정치제도 등을 활용하면서 부유한 생활을 영유하고 있다고 주장하였다.

제도란 사회의 공식적, 비공식적 규칙을 말하며 개인의 인센티브를 결정한다. Douglas North(1981)는 제도를 사회에서 게임의 규칙(rule)이라고 정의하였다. 경제에서 게임의 규칙(rule)은 재산권(property rights)과 거래제도(contracting institutions)에서 나타나고, 정치에서 게임의 규칙(rule)은 민주주의 체제와 독재체제, 선거제도 등으로 나타난다. 따라서 제도는 시장 작동 방식, 기회, 재산권, 관습이나 도덕, 법률 따위의 규범이나 정부 체제 및 사회구조 등을 포함하는 폭 넓은 의미의 생산요소이다.

노벨경제학상 수상자들은 국가의 번영을 결정하는 제도를 두 가지 용어로 정의했다. '포용적 제도(inclusive institutions)'는 법치와 정치적 자유를 존중하며, 다수에게 경제적 기회를 제공해 장기적인 경제성장을 이끈다. 반면 '착취적 제도(extractive institutions)'는 소수가 권력과 부를 독점하고, 다수의 기회를 억압하며 국가의 장기적인 번영을 저해하는 체계다.

포용적 제도란 개인의 권리와 재산권을 보호하고 경쟁과 혁신을 촉진하는 제도다. 따라서 시장과 재산권이 잘 기능하도록 만든다. 또한 공공사업, 교육제도, 도로 등 시장이 기능하도록 정부가 제공하는 서비스도 포용적 제도에 포함된다. 이러한 제도들을 바탕으로 시장경제가 돌아간다. 시장경제의 유명한 개념인 '보이지 않는 손'에 따르면 시장 참가자들의 이기적인 행동이 시장 전체의 이익을 증진하게 한다.

착취적 제도는 소수의 엘리트가 권력과 자원 대부분을 독점하는 구조이며 이 제도 하에서는 인센티브나 기회를 만들어 내지 못한다. 결국 경제적 발전은 단순히 자원의 풍부함이나 기술의 도입만으로는 이루어지지 않으며, 법적 · 정치적 구조가 어떻게 설계되고 운영되는지에 따라 국가의 운명이 달라진다고 역설한다.

노벨상 수상자들은 경제 번영의 대표 사례로 남북한을 언급했다. 아세모글루 MIT 교수는 "남북한은 제도의 역할을 훌륭하게 보여주는 사례"라면서 "남한과 북한은 분단되기 이전 비슷한 수준이었지만 서로 다른 제도 속에 시간이 지나면서 경제 격차가 열 배 이상으로 벌어졌다."라고 설명했다. 한국은 사유재산이 보장되고 법치주의가 적용되며, 자유로운 직업 선택이 보장되는 포용적 경제제도를 선택한 결과 경제적 번영을 누렸지만, 북한은 소수가 더 큰 이익을 챙기는 착취적 경제제도를 도입했고, 그 결과 빈곤에 처하게 되었다.

아세모글루는 국가 경제가 번영하려면 포용적 제도와 착취적 제도가 균형을 이뤄야 한다고 주장했다. 중국처럼 중앙집권적 권력이 지나치거나 유럽의 일부 국가처럼 포퓰리즘에 빠져 있다면 경제발전이라는 목표를 달성하지 못한다는 것이다. 중앙집권적 제도와 민주주의 제도가 균형을 갖춘 나라는 지속적인 경제성장이 가능하다.

1. 제도와 정치

노벨경제학자들의 주장대로 제도가 경제발전의 중요한 역할을 한다. 제도는 짧은 기간 내에 확립되는 것이 아니다. 이해 계층 사이의 갈등과 이해가 조정되면서 서서히 완성되어 나간다. 그러면 누가 어떻게 국가 경제의 번영을 만드는 제도를 만들고 보전해야 하는가?

지도자의 비전, 행정가와 기술자들의 열정 그리고 국민과 긴밀한 소통으로 목표에 접근해야 제도가 확립된다. 훌륭한 제도 확립은 마치 오케스트라와 같이 작곡가 역할을 하는 지도자가 비전을 제시하고, 지휘자 역할을 하는 전문 기술관료(테크노크라트), 기술자와 창업자가 경제활동을 발휘하고, 국민이 호응하는 공감대가 있어야 한다.

현실적으로 볼 때 제도를 먼저 완비하고 이후 경제정책을 추진하는 개발도상국은 없다. 개발도상국은 단기간에 부패 방지, 자유방임주의, 지적 소유권 확보 등의 제도를 선진국 수준으로 발전시킬 수 있는 역량이 없다. 개발도상국은 자국 내 전통적인 제도를 그대로 유지하면서 글로벌 경제에 필요한 새로운 제도를 디자인하고 발전시키는 차선책(second best solution)이 필요하다. 차선책은 자국 내 노동시장과 정치 상황을 고려하여 선택한다. 차선책으로 채택한 제도 하에서 경제가 성장하기 시작하면 비로소 제도 개혁을 통하여 지속적인 경제성장이 가능해진다.

수출주도형 경제정책을 지원하는 최선의 제도(first best solution)는 수출과 수입을 동시에 자유화하는 것이다. 그러나 생산성이 낮은 개발도상국에게는 가격 경쟁력이 있는 외국 상품들이 국내시장을 선점하면 국내의 유치기업들은 불리한 처지에 놓인다. 개발도상국들은 자연히 최선의 제도를 수립하지 못하고 일정 기간 전략산업을 보호하는 차선책을 시행하게 된다.

한국은 경제개발을 추진하면서 최선의 정책보다는 차선책을 선택하여 경제성장의 지름길을 모색하였다. 수출주도형 경제정책을 도입하면서 수입을 규제하였고 중화학 공업을 육성하면서 다른 기업들의 시장진입을 억제하였다. 금융산업을 질적으로 발전시켜 나가기보다는 기업에 개발자금을 지원하는 중개 기관으로 활용하였다.[1]

경제성장에 좋은 제도는 이미 선진국에서 장기간에 걸쳐 구축된 제도이다. 이 제도는 효율적인 재산권제도와 상거래제도를 포함한다. 안정적인 거시경제정책과 국제경제와 긴밀한 연계, 기술혁신과 생산적인 분산화, 금융기관의 효율적인 규제와 정치적 안정성 등이 포함되어 있다.

경제발전을 위해서 어떤 정치제도가 좋은가? 민주주의 체제에서 경제발전이 이루어지는 것이 바람직하다. 그러나 경제성장은

---

1) 비슷한 사례로서 대만은 조세와 수출보조금을 지원하는 제도로 수출주도형 경제정책을 추진하였으며, 중국은 특별자유경제구역(Special Economy Zone) 형태로 경제를 성장시켜 이후 경제성장에 알맞은 경제제도를 지속적으로 구축하였다.

민주주의 또는 독재 체제 하에서 모두 가능하다. 한국은 독재정권 하에서 경제가 성장하였지만, 세계 경제개발 과정을 보면 반드시 강력한 정권이나 독재정권만이 경제를 성장시킬 수 있는 것은 아니다. 일본, 핀란드, 스웨덴 등은 완벽하지 않지만, 민주주의를 하면서 국민 합의를 통해 경제성장을 하였다.

민주주의는 지식수준이 높은 국가에서 먼저 발달하였으며(Papaioannou & Siourounis, 2007), 건전한 민주 체제가 완성되고 유지되기 위해서는 국민의 높은 지식수준이 뒷받침되어야 한다. 가난한 국가도 민주주의를 실현할 수 있지만 실패할 가능성이 높다. 돈이나 뇌물로 유권자가 매수되고 또한 이웃 나라의 정치적 이해에 따라 선거 결과가 왜곡될 수 있기 때문이다. 한편, 소득수준이 높은 나라에서 민주주의가 더 잘 시행되고 있다는 사실은 경제가 민주주의의 발전에 기여하고 있다는 것을 시사한다.

정치제도가 불안정한 개발도상국들은 내전 등으로 고통을 받고 있기 때문에 경제발전에 전념할 수 없다. 내전이 일어날 확률은 소득수준과 반비례한다. 1인당 국민소득이 250달러 이하인 국가는 5년 이내 내전이 발생할 확률이 15%, 국민소득이 600달러인 국가는 내전이 일어날 확률이 절반으로 줄어들고, 국민소득이 1,250달러인 경우는 4% 수준으로 떨어진다. 소득이 5,000달러 이상인 국가들은 내전 확률이 1% 이내로 격감한다. 1980년대와 1990년대 사하라 사막 남쪽의 43개 국가 중에서 29개 국가들이 각종 내전으로 시달렸다(Rodrick & Pande, 2010).

최근 민주주의의 수명(壽命)을 조사한 연구(Zakaria, 2003)에 따르면, 1950년부터 1990년 동안 1인당 국민소득이 1,500달러 이하인 나라에서는 민주주의 정권의 수명이 8년이고, 1,500달러에서 3,000달러에 이르는 나라에서는 수명이 18년이었다. 6,000달러 이상인 국가에서 민주정권이 붕괴할 가능성은 1/500이었고, 대략 9,000달러 이상인 국가들은 민주정권이 붕괴된 사례가 없다. 반면, 세계 가난한 69개 국가의 56%인 39개국에서는 민주주의 정부가 결국 실패하고 말았다.

2002 UN Human Development Report에 따르면 1980년대 및 90년대에 전 세계적으로 정치적 자유가 확대되면서 전 세계 200개 국가 중에 81개 국가가 민주주의 체제를 도입하는 등 정치적 자유화에 상당한 진전을 보였으며 특히 140개 국가가 양당 정치제도(multi-party election)를 채택하고 있다.

한국의 고도 경제성장도 민주주의에 기여하였다. 1980년대까지만 해도 정치적 자유가 제한되었지만, 현재는 아시아 국가 중에서 일본 다음으로 정치적 자유가 보장되고 있다. 그러나 지역 간 및 계층 간 소득불평등과 자산불평등의 악화로 정치적 불안이 존재하고 있다. 이에 대해서는 제 IV 부에서 서술한다.

제도를 세우는 과정은 역동적이며 상황이 계속 바뀌기 때문에 어떠한 국가도 완벽한 제도를 완비할 수 없다. 시간이 지나면서 제도가 발전하고 무너질 수 있음을 이해해야 한다. 남미 베네수엘라 경제가 침몰하기 시작한 건 좌파 포퓰리즘 정부 탄생 때문이었다. 1998년 빈민층의 지지를 받아 대통령에 당선된 차베스는 빈부격차 해소와 사회주의 혁명을 목표로 하였다. 차베스 정권은 기존의 경제 제도를 무너뜨리고 석유 국유화를 본격화하였다. 포퓰리즘 정책을 채택하고 유가도 하락하면서 실업률과 물가가 폭등하여 베네수엘라 경제는 위기에 빠지게 되었다. 소득불평등 악화로 국민이 선거를 통해 포퓰리즘 정권을 창출시키고, 이것이 기존 제도를 붕괴시키면서 결국은 베네수엘라 경제가 침몰한 것이다. 석유매장량 세계 1위 국가인 베네수엘라는 아이러니하게도 2017년 해외부채를 갚지 못하고 채무불이행(디폴트)을 선언했다. 자원 부국이 어이없는 선택으로 가난한 국가로 전락하고 말았다.

베네수엘라 사례와 같이 소득불평등에 시달린 일반 국민이 포퓰리즘 정권을 지지하고 탄생시킨다면 과거부터 어렵게 확립된 제도를 쉽게 파괴할 가능성이 존재한다. 역사적으로 볼 때 이런 사례는 많았다. 이를 방지하기 위해서는 우선 지도자는 독단을 피하고 현명해야 한다. 국민도 기본 지식을 갖춘 지식인으로 단단히 무장되어 있어 정치적 판단 실수를 피하고 올바른 정책을 선택해야 한다. 천년왕국은 없다.

2. 제도와 정책

제도와 정책은 경제성장에서 필수 조건이다. 경제성장에 실패한 국가들은 제도와 정책의 두 가지 조건을 모두 충족시키지 못하였다. 예를 들면, 내부지향 경제정책 하에서는 해외무역과 외국인의 투자 및 선진기술 수입이 억제되며, 정부가 정치적으로 소수 계층에게 이권을 부여하면 효율적인 제도 확립도 불가능해진다.

비효율적인 제도 하에서는 건전한 재정 정책 및 금융정책을 기대할 수 없다.

국가 역량이 부족하여 두 가지 조건을 모두 충족시키지 못하는 경우, 제도 확립이 우선인가 아니면 개방정책이 우선인가? 중남미 16개 국가 연구(Hausmann & Rodik, 2003)에 따르면, 이들 국가의 정부 제도 개혁 지수(정부가 무역, 재정, 조세, 공공기관에 간섭을 줄이는 정도)는 1980년대보다 1990년대에 대폭 개선되었다. 그러나 경제성장 실적은 저조하였다. 1인당 국민소득을 미국 수준으로 볼 때 1985년도 22.9%에서 1999년도 17.7%로 5.2% 감소하였다. 반면 제도가 확립되지 않았지만 비교적 자유로운 경제활동이 보장되었던 1960년대 경제성장 실적은 제도가 엄격해진 1990년대에 비하여 훨씬 더 좋았다.

남북한 사례에서도 비슷하다. 남한과 북한은 1960년대 각자 1인 독재체제 아래에서 경제발전을 위한 제도가 확립되지 않았다. 60년대 후반 이후 남북한 경제력의 차이는 크게 벌어졌다. 남한은 자유주의 경제체제에서 수출주도형 경제정책을, 북한은 내부지향 경제정책을 채택하였다. 한국은 1960년대 수출주도형 경제정책을 실시하면서 민간투자의 불확실성을 정부가 수출지원, 금융지원, 세제지원 등으로 제거하였다. 경제정책이 친기업적으로 전환되고 민간 부문에 인센티브가 제공되면서 경제는 급성장을 이루었다. 그러나 강한 독재체제를 유지하며 자유로운 경제활동을 억제하였던 북한 경제는 지난 40~50년간 큰 변화가 없었다. 정도의 차이는 있지만 전 세계적으로 대부분 국가의 경제가 성장하는 추세를 띠고 있다는 사실에 비추어 볼 때 북한 경제는 과거보다 오히려 더 침체하였다고 판단된다.

이상 두 사례를 보면 개발도상국의 경제발전에 있어 제도보다는 정책이 더 중요하다. 그러나 다음 소개하는 중국과 소련 사례는 기존 제도가 뒷받침되지 않으면 좋은 정책도 성공할 수 없다는 것을 시사해 준다. 결론은 제도와 정책 선택의 우선순위가 있는 것이 아니며 서로 보완하면서 발전해야 한다.

중국은 기존의 제도를 유지하면서 사회주의 체제를 시장경제(자본주의) 체제로 바꾸면서 경제가 급성장하였다. 한편, 소련은 시장경제를 도입하였지만 기존 제도의 뒷받침 부족으로 체제가 붕괴하였다. 1990년대 급성장하였던 중국의 사례와 빠른 몰락을 경험한 소련의 사례를 차례로 소개한다.

‖ 사례 4 ‖ 중국의 급성장 배경

중국의 자본주의 도입은 1978년부터 시작되었다. 자본주의란 개인이나 기업이 생산수단(공장, 토지, 기계 등)을 사유할 수 있고, 이윤을 목적으로 자유롭게 경제활동을 할 수 있는 경제 체제이다. 공산혁명으로 통치자가 된 마오쩌둥은 인민공사를 통하여 인민들에게 토지를 무상으로 배분하였다. 이 제도는 농민들에게 지지를 받았지만, 사용권만 인정되는 미완성된 제도였다. 예를 들면 집, 공장이나 상가의 사용기간을 각각 70년, 50년, 40년으로 제한하면서 소유권을 명시하지 않았다. 따라서 정부가 필요하면 농민의 토지를 적당한 보상으로 수용할 수 있었는데 이것이 정부와 농민 간의 분쟁으로 자주 나타났다. 결과적으로 중국의 토지제도는 언젠가는 해결되어야 하는 한시적인 정책이었다.

마오쩌둥이 사망하고 덩샤오핑(등소평)이 집권하게 되며 새로운 변화의 바람이 일기 시작하였다. 철저하게 공산주의적이었던 마오쩌둥에서 벗어나 시장 논리가 중국에 스며들기 시작하였다. 실용주의를 추구했던 덩샤오핑은 '실사구시' 구호를 내걸며, 사회주의 시장경제로 이끌어 갔다. 중국 경제와 기업들이 성장할 수 있었던 개혁 · 개방의 출발점은 바로 이 실사구시였다. 이 시점이 바로 1978년이다.

이때 중국 남동부 안휘성 펑양현에 있는 샤오강촌이라는 한 작은 마을은 새로운 제도를 비밀리에 운영하고 있었다. 이곳 농민들이 농가별로 토지를 서로 나누어 책임지고 경작하는 '다바오간(大包干)'을 실행하였다. 다바오간을 결의한 18가구 대표들은 일정 농지를 분할 해 생산을 책임진 뒤 국가 납부량을 제외한 잉여분은 각자 처분할 수 있도록 하는 비밀계약을 맺은 것이다. 사실상 자본주의 이윤 개념을 도입한 제도이다.

이 비밀제도가 시행된 후 이들은 대풍작을 거뒀다. 당시 이런 사실을 보고받은 중국 지도자 덩샤오핑은 1980년 5월 담화를 통해 샤오강촌의 혁명을 긍정적으로 평가하고 모든 농촌에서 다바오간을 실시하도록 공식 통보했다. 헌법에 사유재산을 보호하는 조항도 1982년에 명시하였다.

1979년 1월(샤오강촌 공론화 이전)에는 덩샤오핑이 미국을 방문하고, 이듬해인 1980년 광동성의 선전, 주하이, 산터우 그리고 푸젠성 샤먼, 이 4곳을 경제특구로 지정해 대외무역을 추진했다. 이후의 중국은 1978년부터 40년간 연평균 9.5%의 경이로운 성장률을 보였다. 80년대에는 천안문 사태, 베를린 장벽, 소련 해체 아래에서도 중국은 개방을 가속했다. 1990년대부터는 각종 세금 제도 개혁과 중앙, 상업 은행 분리가 이루어졌다. 2001년에는 세계무역기구인 WTO에 가입하게 되고, 2004년에는 드디어 사유재산권을 법적으로 보호하게 되었다.

완전히 새로운 제도가 도입된 것이다. 새로 만들어진 법에 따르면 건물 사용권 기간이 지나면 자동으로 연장되고 상속과 매매와 같은 재산권의 행사도 가능했다. 따라서 부동산 시장이 생기고, 주택 소유 붐이 일어나게 되었다. 새로운 제도 하에서 농민들은 땅의 소유권을 인정받아 대규모 영농을 시도하고, 생산성을 높일 수 있게 되었다. 기업 역시 자신이 소유한 재산에 대해 법적 보호를 받게 되어 안정적인 경영이 가능해졌다.

새로운 제도를 채택한 중국은 지난 30년간 괄목할 만한 성취를 이뤘다. 개혁개방을 시작한 1978년 당시 중국의 대외무역액은 206억 4천만 달러였고 빈곤층이 3억 명이나 됐다. 그러던 중국이 2020년에는 일본의 경제규모를 제치고 세계 2위의 경제 대국이 되었다. 중국은 미국 정부 채권을 일본 다음으로 많이 보유한 국가로서 국제자본시장을 좌지우지할 수 있는 엄청난 경제대국으로 발전하였다.

‖ 사례 5 ‖ 소련의 붕괴

소련의 대변혁은 1985년 고르바초프의 등장과 함께 시작되었다. 그는 경제 침체와 외교적 고립이라는 난제를 해결하기 위해, 대내적으로 페레스트로이카(개혁), 대외적으로는 글라스노스트(개방)라는 실용적인 정책을 펼쳤다. 국내 경제발전을 위해 국가 통제 체제를 완화하고 기업과 지방의 자율권을 확대하는 동시에, 시장경제 제도 도입과 무역 확대를 추진하였다. 또한 관료주의의 축소, 권력의 지방분산, 인민 대표회의 창설, 대통령제 도입 등 정치개혁을 실시하였다.

1989년 최초로 다당제 선거를 시행하고, 1990년 고르바초프가 초대 대통령으로 선출되었다. 한편, 국내 개혁을 효율적으로 추진하기 위해 외교적 부담을 줄일 필요가 있었다. 그리하여 아프가니스탄에서의 철수, 군축회담, 동유럽 민주화에 대한 불개입, 미·소 정상회담 등을 통해 새로운 데탕트를 형성하였다. 그의 개혁 정책은 외교적 측면에서 큰 성과를 얻었지만, 국내 정치 및 경제에서는 별다른 성과를 얻지 못했다. 오히려 소련 내 누적됐던 경제적, 사회적, 민족적 문제들이 터져 나오는 계기가 되었고, 그에 따라 경제 혼란과 연방 내 공화국 간의 갈등이 심화하였다. 제도화를 통하여 국유화와 중앙경제를 없애고 사유화하면서 그 반작용으로 소련경제가 붕괴되었다.

소련경제의 붕괴 과정을 더 구체적으로 설명해 보자. 고르바초프는 생필품의 생산을 늘리기 위해 국영기업들의 경영을 자율화

했다. 그러나 국영기업들은 경영 자율화를 기회 삼아 생산되는 상품의 생산량을 늘리기보다는 몇 배의 가격으로 시장에 비싸게 판매하였다. 국영상점에 납품되는 물건 수가 줄어드는 바람에 소비자들은 더 긴 줄을 서야 했다. 재정수입도 감소하면서 결국 소련 당국에서 화폐를 더 찍어내야 했기 때문에 물가가 오르는 결과를 낳았다.

고르바초프 시절의 임금 상승률은 총 50%를 기록하면서 구매력은 폭발적으로 증가했지만, 막상 이 구매력을 뒷받침하지 못하는 상품생산량으로 인해 암시장의 팽창과 물자 부족 현상은 더욱 심화하였다. 서구 소비재화의 수입이 늘어나면서 무역 역조 현상을 심화시켰다. 마침, 허용된 언론과 표현의 자유는 그동안 억눌렸던 대중적인 분노에 불을 붙였다. 국제적으로도 소련의 영향력은 동유럽을 비롯한 전 세계에서 놀라운 속도로 사라져갔고 마침내 1990년 동독이 서독에 흡수 통일되었다.

중앙정부의 통제 하에 유지되던 질서가 무너지면서 각지에서 폭동과 민란이 일어났고 지방 행정단체의 수장들은 권력을 이용해 무너져 가는 경제 속에서 식량과 무기를 비축하는 데 전력을 기울였다. 결과론적으로 볼 때 고르바초프는 급증하는 혼돈 속에서 그 자신이 닻을 올렸던 '민주적 공산주의'를 성공적으로 완주시키기에는 정치적 역량이 부족했다.

사회주의 체제에서 자본주의 체제로 이전하면서 중국은 경제성장을 이룩하였지만, 소련은 체제 자체가 붕괴되었다. 이 상반된 두 사례는 정부가 일정 동안 가격을 통제할 제도적 능력을 갖춰야만 자본주의가 안착한다는 것을 보여준다(Lau, Quian, & Roland, 2000).

그 경제적 논리는 다음과 같다. 경제제도의 전환 초기에는 필연적으로 시장가격과 통제가격이 병존하는 이중가격제도가 형성된다. 이 와중에 중국 정부와 같이 정부가 체제 전환으로 손실을 보는 그룹에 적당한 보상을 제도적으로 제공할 때 체제 전환에 따른 혼돈을 최소화할 수 있다. 그러나 소련 정부와 같이 자유화 물결에 따라 통제가격이 시장가격으로 흡수된다면 정부의 재정수입(시장가격과 통제가격 차이에 생산량을 곱한 수입을 정의함)이 없어짐으로써 정부의 역할이 사라지는 무정부 상태가 된다.

소련의 사례를 보면서 경제학에서 사용하는 분석 도구인 생산자 및 소비자잉여를 이용하여 설명하면 다음과 같다. 시장균형 생산량과 가격에서 도출되는 총수입(A)과 통제된 생산량과 가격에서 도출되는 총수입(B)의 차이는 정부 재정수입(A-B)으로 귀속된다고 가정한다. 중국 정부와 같이 이중가격제도가 강력하게 추진되는 상황에서는 생산자는 정부에서 할당된 생산량을 정부에 제공하고, 나머지 생산의 잉여분을 시장에서 통제가격보다 높은 시장가격으로 판매할 수 있어 생산자 잉여가 늘어난다. 한편, 소비자는 배급된 상품 이외의 부족한 상품을 시장에서 더 많이 사들여 소비할 수 있기 때문에 소비자잉여도 늘어나게 된다. 이는 중국 농민들이 '다바오간(大包干)'을 비밀리 실시한 지역에서 관찰되었다. 결국 정부의 재정수입을 일정하게 유지하면서 소비자 및 생산자 잉여가 모두 증대되면서 이 체제는 유지된다.[2)]

---

2) 현재와 같이 남북한 정치 경제체제가 다르고, 소득 차이가 큰 상태에서는 통일의 기회가 반드시 온다. 이론적으로 북한도 중국과 같이 자본주의 체제를

2중 가격제도가 느슨하게 운영되는 상황에서는 정부가 생산량을 통제할 수 있는 기능이 사라질 수 있다. 생산자는 정부의 통제가격을 피해서 높은 시장가격으로 시장에 판매하려는 유혹을 강하게 받게 된다. 결국 사회적으로 혼란한 틈 속에서 통제된 가격이 시장가격으로 흡수된다. 정부에 할당된 생산량이 사라지고, 개혁 이전 시장가격과 통제가격 차이에서 얻어지는 정부의 재정수입은 사라지게 된다. 재정수입 감소는 시장경제로 인하여 손해 보는 계층에게 적절한 지원을 할 수 없게 되어 이 체제는 소련의 사례와 같이 붕괴한다(Lau, Qian, & Roland, 2000). 중국과 소련의 체제 전환 사례를 비교하면 중국식 개발독재가 더 흥미롭다. 그러나 착취적 제도 하에서 성장했던 중국의 경제성장은 한계점이 존재한다.

국가가 지속적인 경제성장을 위하여 착취적 제도와 포용적 제도를 균형 있게 발전시키는 힘든 과정이 필요하다. 지도자 역량과 국민의 현명한 지지를 통해 착취적 제도와 포용적 제도의 균형적 발전이 가능해질 것이다. 결국 지도자나 국민이 현명하면 할수록 경제는 안정적으로 성장하고, 국민은 더 행복해지게 된다.

도입하면서 이중가격 제도를 유지한 사례를 남북한 통일에 적용할 수도 있다.

제7장 민간의 기업가정신

올바른 제도와 정책이 채택되었다고 해서 반드시 경제가 성장한다는 보장은 없다. 민간이 강력한 이윤 창출의 인센티브를 가지고 있어야 경제가 성장한다. 국가의 부를 축적하는 주역은 기업인이다. 앞 장에서 설명한 인적자본, 제도 또는 경제정책 등의 생산요소 축적 자체가 경제성장을 일으키지 않는다. 이들 요소가 기업가정신과 화학적으로 반응할 때 비로소 경제성장을 일으키게 된다. 마치 빵을 만들 때 밀가루를 발효시키는 효모(이스트) 역할과 같이 경제성장에서 이스트 역할을 하는 것이 기업가정신이다. 국가 간 소득의 차이는 기업가정신이 발휘되는 정도에 따라서 발생한다. 기업가정신은 경제성장의 원동력이다.

1. 기업가정신의 정의

기업가정신의 정의는 다양하다. Knight(1921)는 기업가들이 직관과 잠재의식(intuitive and subconscious)으로 창업하여 성공하면 이윤이 창출된다고 주장하였다. 그는 기업가들이 불확실성을 무릅쓰고 도전하는 정신을 기업가정신으로 정의하였다.

Schumpeter(1942, 1949)는 기업가들은 기업가정신을 발휘하여 오래된 기술들을 새로운 혁신으로 지속 대체하는 창조적 파괴(creative destruction)를 통하여 경제발전에 기여한다고 주장하였다. 기술혁신(innovation)은 주로 경제시스템 외적인 요인인 수요의 창출에서 발생한다. 기업가는 발명과 기술의 사업화를 통하여 창출된 수요를 충족시키며 모방 기업가(imitator)가 시장 진입할 때까지 독점적 이윤을 얻는다.

Kirzner(1972, 1979)는 Knight, Schumpeter의 기업관을 더욱더 발전시키면서 기업가정신이 시장의 새로운 균형을 유도한다고 주장하였다. 시장에는 가격과 수량의 차이, 소비자 기호와 기술의 변화가 존재한다. 새로운 기술이 도입된다 해도 그 기술은 이전에 개발된 기술에서 발전된 것이고, 그 기술들은 기존의 기술과 질적으로 큰 차이가 없다. 이때 기업가정신이 충만한 기업가들은 남보다 한발 앞서서 가격, 기호, 기술의 차이 등을 파악하고 기존의 기술과는 다른 새로운 기술을 혁신적으로 도입하여 이윤 창출의 기회를 선점한다. 이러한 정보 차이를 활용하는 민첩함을 기업가정신으로 정의하였다.

기업가에 관해서 Schumpeter와 Kirzner의 시각의 차이는 크다. Schumpeter는 기업가는 창조적 파괴를 통하여 새로운 균형을 유도한다고 주장한다. 그러나 Kirzner는 기업가는 지속적으로 새로운 균형을 창조한다고 주장한다. Schumpeter는 기업가정신이 풍부한 대범한 사업가들이 장기적으로 역사까지도 변동시킬 능력이 있다고 보았다. 반면, Kirzner는 시장에서의 가격경쟁자, 기술혁신 모방자(imitator)들도 기업가에게 포함하고 단기적으로도 이들 기업가가 시장균형 달성에 중요한 역할을 한다고 주장하였다.

Knight, Schumpeter와 Kirzner 각각의 기업가정신에 관한 주장을 정리하면 다음과 같다. 기업가정신은 불확실한 상황에 도전하여 남보다 한발 앞서서 이윤 창출의 기회를 감지하고 새로운 혁신을 통하여 창조적 파괴를 하는 순발력과 추진력이 갖춰진 정신으로 정의한다.

기업가가 불확실성에 도전하고 새로운 기술혁신을 통하여 이윤을 추구하는 과정에서 경제가 성장한다. 한 기업가가 이윤 창출을 감지하고 생산을 시작하면 다른 기업가들도 그 영향을 받아 새로운 이윤 창출을 기회를 추구하게 된다. 이 과정에서 혁신(innovation)이 이루어지며 경제는 지속적으로 성장하게 된다. 따라서 기업가의 이윤 창출을 보장해 준다는 제도가 확립되면 기업가는 경제발전의 주역이 되는 것이다.

생산적인 기업가는 시장 규모가 확대되고 부와 명예가 주어지는 환경에서 탄생한다. 앞에서 설명한 내부지향 경제정책 하에서는 기업가들이 국내시장에서 독점적인 이익만 챙기는 일에 열중하게 된다. 반면 수출지향형 경제정책 하에서는 국제시장이 개방됨에 따라 기업가들이 생산적 기업가정신을 발휘할 기회를 갖는다. 세계시장을 상대로 기술을 혁신하고, 새로운 기술의 신속한 도입(speeding up learning processes)에 관심을 기울이게 된다.

기업가는 어떤 문화나 역사에서도 존재한다. 그렇지만 생산적인 기업가정신은 모든 사회에서 똑같이 발생하지 않는다. 산업혁명은 17세기 영국에서 시작했다. 당시 유럽에는 스페인, 포르투갈, 프랑스 등의 부자 국가들도 있지만, 영국에서만 유일하게 산업혁명이 일어났다. 영국에서는 무역이 증대되면서 왕권의 힘을 조절할 수 있는 시민계급들이 등장하였고, 그들은 무역 확대에 따른 재산권 확보 등 새로운 제도를 확립하여 자신들의 이익을 보기 위해서 노력하였다. 결국 기업가들이 새로운 국제 무역질서에 능동적으로 적응하면서 기업가정신이 발현된 것이다. 한편, 스페인은 왕실에서 무역을 관장하면서 귀족들에게 무역 이익이 귀속하게 되었다. 민간의 무역 참여는 제한되었으며, 민간 기업가의 행동은 위축되어 기업가정신이 발현되지 못하였다(Acemoglu et al., 2005).

2. 생산적인 기업가정신

기업가들이 생산적인 경제활동을 하느냐 아니면 범죄나 부동산투기 등 비생산적 활동을 하느냐는 전적으로 개인의 선택이다. 제도, 문화, 그리고 시장의 크기에 따라 자신의 활동을 결정한다. 경제발전을 위해서는 생산적인 기업가정신이 중요하다. 그러나 부동산투기 등의 지대이윤 추구도 인간의 이윤 추구 동기이다. 지대이윤 추구 기업가는 이미 축적된 사회의 부의 일부를 취득하려고 노력한다. 특히 부동산투기로 막대한 부를 축적했다면, 축적된 부를 부동산에 습관적으로 재투자를 하면서 생산적 분야의 투자 기회를 놓치게 된다.

생산적인 기업가는 부동산투기보다는 신산업에 투자를 하면서 시장점유 확대를 통하여 부를 축적한다. 기업활동에 따른 부의 축적은 노동조합 충돌, 산업재해 발생, 갑질문화 발생 등의 역효과도 있지만 협력사와 동반성장, 안정적 고용 창출, 중산층 형성에 기여한다. 긍정적인 효과가 부정적 효과보다 훨씬 크다. 앞으로 설명하겠지만 개발도상국에게는 창업자의 기업가정신이 신산업 및 일자리 창출 등 국가 경제성장에서 매우 중요하다.

Baumol(1990)은 기업가정신을 경제발전에 도움이 되는 생산적인 기업가정신과 경제발전에 해악을 주는 비생산적인 기업가정신으로 구분하였다. 그는 Schumpeter의 기업가 행태의 5가지 형태－새로운 상품 소개, 새로운 생산방법 소개, 새로운 시장 개척, 원자재 및 중간재 새로운 공급원 발견, 산업의 새로운 조직 운영－에 지대추구 기업가를 추가하였다. 지대 이윤 추구 즉 주식이나 임대료, 수임료 등을 목표로 하는 기업가정신은 사회적으로 유익하지 못하다는 것을 로마, 중국, 유럽 중세 등의 역사적 사례를 소개하면서 주장하였다.

Baumol에 의하면, 과거 중국에서 근대적 의미의 기업 활동이 활발하지 않았다. 이윤을 추구하는 상인그룹에 명예가 주어지지 않고 중앙관리들에게 명예가 집중되어 기업가정신이 사장되었기 때문이라고 주장했다. 당시 중국의 사회 문화적 제도 하에서는 상인에게 기업가정신을 실현하도록 제도적 배려를 할 수 없는 체제였다.

비슷한 문화권인 한국도 마찬가지였다. 한국은 금속활자를 세계 최초로 발명하였고, 세계적으로 자랑하는 문화유산인 도자기 기술도 이미 고려시대부터 꽃피웠다. 훌륭했던 과거의 인쇄술과 도자기 기술은 현재는 세계적이지 못하고 경제발전에도 기여하지도 못하고 있다. 그 이유는 간단하다. 당시 이윤을 추구하는 상인들을 천민 취급하였기 때문에 그들의 활동에 부와 명예가 주어지지 않았고, 기술 발전에 기업가정신을 발휘할 수 없었기 때문이다. 다음은 한국의 금속활자와 도자기에 관한 역사적인 사례를 소개한다.

‖ 사례 6 ‖ 한국의 금속활자와 도자기

외국 학생들에게 세계를 빛낸 10인의 발명가를 선정하라고 하면 항상 1위로 활판 인쇄술을 발명한 독일의 요한 구텐베르크(1400~1468)를 뽑는다. 구텐베르크는 1450년 무렵 금속활자를 개발해 '42행 성서'를 인쇄하였다. 그러나 현존하는 가장 오래된 금속활자는 파리 국립도서관에 있는 고려시대 '직지심체요절'이다.[1] 이 책은 '42행 성서'보다 78년 앞선 금속활자본이다.

1995년 당시 미국 부통령 앨 고어는 한 국제회의의 기조연설에서 한국인들은 세계 최초로 금속활자 인쇄술을 발명했으나, 유럽에서와 달리 '한국문화를 발전시키는 데에는 실패했다'라고 지적

1) '직지심체요절'은 선(禪)에 관한 고승들의 어록을 요약한 것으로 초대 주한 프랑스 공사가 19세기 말 입수해 프랑스로 가져간 것이다.

했다. 그 이유는 한국의 금속활자가 서적의 대중화 내지는 사업화를 이루어 내지 못했기 때문이다. 한국에서 금속활자로 만든 서적은 구텐베르크의 것과는 달리 이용 대상이 불교계나 이후 사대부 등으로 제한되었다.

서양 구텐베르크의 인쇄술은 일반 대중을 위한 것이었고, 한국의 인쇄술은 소수 계층을 위한 것이었다. 구텐베르크는 보이지 않는 잠재적 이익을 추구하는 기업가정신으로 금속활자를 이용하여 당시 종교 개혁가들의 주장이 담긴 팸플릿과 성경을 아주 싼값에 대량으로 인쇄해[2) 경제적으로도 막대한 성공을 거두었다. 한 서양 자본가가 발명한 금속활자 인쇄술이 다시 유럽의 '인쇄술 혁명'으로 이어졌다.

한국의 도자기 사례도 비슷하다. 일본 도자기 산업은 임진왜란부터 조선에서 건너간 도공들에 의해 시작됐다. 당시 지구상에서는 중국과 조선만이 도자기를 생산할 수 있었다. 임진왜란 이후 1640년대 후반부터 일본은 자신들이 만든 도자기를 유럽 시장에 수출하기 시작했다. 반면 조선백자는 특정 계층이 사용하는 국내용 도자기에 그치고 말았다. 해외시장을 개척하지 못했다. 왜 이런 일이 일어났던 것일까. 그것은 조선의 제도적 환경에 기인한다. 조선에서 도공 신분은 천민이었다. 반면 일본에서는 좋은 도자기를 만드는 기술자들은 신분 상승이나 부를 축적할 기회를 얻을 수 있었다.[3)

---

2) 구텐베르크는 모두 180부의 성경을 인쇄하였다고 한다.

3) 조선 도공에게 제공된 대우를 소개한다. "팔산은 임진왜란 중 구로다 나가마사의 포로로 일본에 잡혀 온 도공이다. 그런데 이 구로다는 팔산에게 연봉 백미 350석(2억원 상당)의 파격적 대우를 제안한다. 이것은 지금으로

일본은 임진왜란 중 일본에 잡혀 온 조선의 도공에게 파격적 대우를 하였으며, 특히 규슈 사가현에 끌려온 조선 도공 이삼평은 아리타에서 백자의 원료가 되는 흙을 발견하고 일본에서 처음으로 자기(磁器)를 만들어 냈다. 일본은 도자기 산업 클러스터를 만들고 '아리타 자기'가 자국 전역과 유럽으로 수출되면서 세계적인 명성을 얻게 되었다. 당시 일본과 무역을 하던 네덜란드, 포르투갈 등을 통해 '자기(磁器)의 세계화'를 실현했다. 도자기 교역으로 막대한 부를 축적하여 훗날 명치유신의 자금 원동력이 됐다. 명치유신으로 부자 나라가 된 일본은 1910년 한국을 강제 합병하게 되었으니, 역사의 아이러니가 아닐 수 없다.

말하면 반도체나 생명공학과 같은 첨단 도자기 기술자에 제공된 파격적 대우였다."(CHIEF EXECUTIVE, 2000)

제8장 정부의 기업가정신

기업가정신을 단순히 인물적인 의미로만 한정 짓기는 한계가 있다. 정부도 불확실성에 도전하면서 국가 위기를 극복하고 경제 발전을 이루기 위해서는 기업가정신을 발휘해야 한다.

정부의 기업가정신의 핵심은 지도자의 리더십이다. 지도자는 시대에 따라 역할이 달라진다. 역사적으로 볼 때 미래지향적 비전을 제시하고 위기를 관리할 능력을 갖춘 탁월한 리더십의 지도자가 있으면 그 국가는 번창하게 된다. 경제성장을 위하여 훌륭한 제도를 만들고 올바른 경제정책을 시행하는 것도 지도자 리더십에서 발생한다.

1. 지도자의 리더십

한 국가의 지도자는 대외적으로는 국가의 위상을 높이면서 대내적으로 경제를 발전시켜 자국민을 경제적으로 윤택하게 해야 하고 자긍심도 높여야 한다. 그리고 자국민들에게 공정한 경쟁의 기회를 제공하고 정부로부터 직접적인 지원을 받지 않고도 개별적으로 경제활동을 할 수 있는 건전한 경제 환경을 조성하도록 노력해야 한다.

지도자의 리더십은 아마추어 리더십과 프로 리더십으로 구분된다. 아마추어 리더십은 자신이 국가정책 결정에 직접 관여하는 경향이 있다. 자신이 항상 옳다고 주장하고, 정치적으로는 편 가르기를 하고 긴장과 불안을 조성한다. 경제정책이 실패하면 그 원인을 이전 지도자나 외부 세력에게 전가하는 경향이 있다. 그 피해는 모든 국민이 감수해야 한다. 아마추어 리더십이 권력을 잡은 국가는 끊임없이 시끄럽다.

프로 리더십은 철학, 전략, 전술, 정책, 실천이 일관되게 흐르고 입체적으로 짜인 아름다운 건축물과 같은 조화를 이룬다. 프로 리더십은 항상 배우고 국내외 상황에 맞는 일관성 있는 정책으로 목표를 세운다. 목표를 달성하기 위하여 국민에게 동기를 제공하며, 국민의 에너지를 한곳에 모으는 데 전력한다. 프로 리더십은 실용성과 합리성이 있는 전략을 구상하고 실천을 한다. 항상 자신감이 있으며 상대적으로 국가를 조용하게 운영한다.

정부의 역할에 대해 하이에크는 노벨경제학상 수상 연설에서 "장인이 작품을 만들 듯하기보다는 정원사가 화초를 대하듯 경제에 가장 적합한 성장환경을 만들어 주는 것이다"라고 역설하였다. 하이에크 주장대로 정부가 제공하는 경제적 여건 조성은 경제발전에 중요하다.

개발도상국의 리더십은 경제적 여건 조성 이외 추가로 경제개발 목표설정과 그에 따른 전략과 전술도 필요하다. 경제개발을 창조해야 하는 개발도상국의 리더십은 선진국보다 더 큰 노력과 희생이 필요하다. 개발도상국에서 종종 발견되는 성숙하지 않은 아마추어 리더십은 국가 경제를 혼란 속으로 빠져들게 한다. 아프리카 가나공화국에서 발생한 종족 갈등과 경제 운영 리더십 부재의 결과를 소개한다.

‖ 사례 7 ‖ 가나공화국의 아마추어 리더십

가나공화국의 코코아 생산은 오래전부터 Ashanti 종족이 살고 있는 지역에서 재배되었다. Ashanti 종족은 가나공화국 전체 인구의 13%를 차지하는 소수 종족이다. 코코아 생산으로 부를 축적한 Ashanti 종족은 다른 종족으로부터 미움을 샀다. Ashanti 종족은 코코아 산업을 보호하기 위하여 식민지 독립을 반대하기도 했다.

1957년 식민지 독립 후 권력을 잡은 Nkrumah는 Akan 종족이다. 그는 정적인 Ashanti 종족에게 징벌로 코코아에 대해 무거운 세금을 부과하였다. 코코아 Marketing Board를 통해 코코아를 싼값으로 사들여서 높은 가격으로 외국에 수출하였다. 외환시장에서는 과대평가 된 공정환율(중앙은행이 결정하는 공식 환율)을 운영하였다. 이 제도는 수출업자에게 대단히 불리하였다. 수출업자는 수출대금을 공정환율로 환전해야 했고 필요한 외화 자금은 비싼 암시장의 환율로 사야만 했다.

과대평가 된 공정환율은 암시장에서 달러의 프리미엄을 발생시킨다. 가나의 암시장 프리미엄은 1982년도가 최고조였는데, 당시 암시장 환율은 공정환율보다 22배 높았다. 가격의 왜곡 현상으로 코코아 생산업자의 손실이 점차 증대하였다. 1949년 가나의 코코아 생산자는 세계시장 가격의 89%를 받았으나 1983년도에는 세계시장 가격의 6%를 받았다. 가나의 코코아 생산은 격감하였다. 1955년 코코아 수출은 가나공화국 GDP의 19%를 차지하였지만, 계속 감소하여 2017년에는 1.6%를 기록했다. 종족 간의 갈등과 정부의 부패가 가나 경제에서 '황금알을 낳는 거위'를 죽게 했다.

2. 공유자원의 비극

개발도상국의 아마추어 리더십은 종종 공유자원의 비극을 일으키게 되면서 국민에게 고통을 준다. 공유자원이란 자원의 소유자가 정해져 있지 않으나 전체적인 양이 한정되어 있어 자원을 얻기 위해 개인들이 경쟁하게 되는 자원을 말한다. 예를 들어, 바닷속의 물고기들은 내가 잡는다고 해서 다른 사람이 못 잡는 것은 아니다. 특별히 임자가 없다. 그런데 양은 한정되어 있다. 먼저 잡는 사람이 임자이다. 이렇게 배제성은 없는데 경합성이 있는 재화를 공유자원(common resource)이라 한다.

사적 소유물이라면 자기 것이므로 그 물건을 최대한 잘 활용하려고 노력한다. 또한 태양, 공기처럼 무한하게 제공되고 소유권이 없는 것이라면 특별히 더 욕심을 내려 하지 않는다. 그런데 공유자원은 내 것이 아니기 때문에 특별히 아끼려 하지도 않을 뿐만 아니라, 경합적인 성격을 띠고 있어 다른 사람이 먼저 가져가면 내게 손해가 되므로 마구 쓰게 된다. 공유자원은 심각한 자원 낭비 문제를 초래한다.

앞에서 설명한 아프리카 가나공화국의 코코아 산업 붕괴는 리더십의 부재에 따른 공유자원의 비극으로 설명한다. 코코아 산업과 관련된 사례를 체계적으로 분석하기 위해 다음 세 그룹의 이익단체들을 가정해 보자(Easterly, 2001). 이들 이익단체의 개별적인 행동이 국가 경제에 어떠한 영향을 미치는지 경제학적으로 분석한다.

각자의 이익만을 추구하는 이익단체 그룹 상황을 가정해 보자. 제1그룹은 공정환율을 결정하는 외환시장이고, 제2그룹은 정부지출과 화폐 발행을 결정하는 정부이며, 제3그룹은 이자율을 결정하는 금융시장이다.

코코아를 해외시장에 수출하면 달러가 국내에 유입된다. 제1그룹이 수출업자에게 수출대금을 외환시장에서 공정환율로 환전해준다. 만일 공정환율보다 암달러 시장의 환율이 높으면 코코아 수출업자는 수출 자금을 해외로 은닉하려는 유혹이 커진다. 수출업자가 외국은행에 수출 자금을 은닉함에 따라 수출대금의 국내 반입이 적어지면 제1그룹의 이익이 감소한다. 제1그룹은 손실을 보전하기 위하여 공정환율과 암달러 시세의 차이를 더 크게 만든다.

수출 자금 유입이 감소하면서 정부 수입이 감소한다. 정부지출을 증대시키기 위하여 통화량을 남발한다. 통화량 남발은 인플레이션을 증대시켜 민간의 실질적인 조세 부담도 줄어든다. 즉 정부는 상대적으로 가난해진다.

인플레이션이 증대되면 실질금리가 떨어지고 국내 은행에 저축하기보다는 이자율이 상대적으로 높은 외국은행에 예금하고자 하는 유혹이 커진다. 제3그룹은 자금 유입을 유도하기 위하여 금리를 인상한다. 그러나 인플레이션 급상승으로 국내외 실질금리 차이가 더 벌어지게 되고 국내 자금이 해외로 유출된다. 국내 예금은 상대적으로 줄어들고 해외예금이 증대하게 되며 제3그룹의 이익도 감소한다. 이상 각 그룹이 마치 이익단체와 같이 각자의 이익만 추구한다면 외환시장의 불균형, 높은 정부 부채와 인플레이션, 국내외 이자율 차이 등이 발생한다.

혹시 독재정권이 나타나서 각 그룹 이익에 반대하는 정책으로 낮은 공정환율, 낮은 인플레이션, 적정한 이자율 정책을 선택한다고 가정할 수도 있다. 이 경우 3개 그룹이 각자 이익을 추구하는 경우보다는 경제 상황이 호전될 수도 있다. 이러한 점에서 볼 때 시장을 자유롭게 놔두는 아마추어 정부보다 국가의 계획경제를 주도하는 독재정권이 좋을 수도 있다. 그러나 반드시 독재정권이 민주적인 정권보다 좋다는 것은 아니다. 독재정권은 각 이익단체와 야합하는 경향이 높고, 이때 국가의 상황은 더 악화하기 때문이다.

경제개발은 독재 또는 민주주의 정권 하에서 모두 가능하다. 경제개발에 있어서 중요한 것은 정부 체제의 성격이 아니다. 리더십이 이익단체를 대변하는 것인가 아니면 국가 전체의 이익을 대변하는 리더십인가 하는 것이 중요하다. 일부 이익단체를 대변하는 아마추어 리더십은 아프리카의 가나공화국과 같이 '황금알을 낳는 거위'인 국가 산업을 몰락시킬 수도 있다.

한국은 독재체제에서 경제발전을 하였다. 정부는 이익단체의 사리사욕을 철저히 배제하였고, 기업인들의 해외 부동산투자까지 엄격한 경제윤리를 요구하였다. 앞으로 서술하겠지만 포항제철소는 대일청구권자금으로 지어진 제철소다. 당시 많은 이익단체가 창업자 박태준에게 공사대금에서 일부 협찬금을 요구하게 되었는데, 박정희 대통령이 중간에 나서서 '종이 마패'를 주면서 모든 협찬 행위를 방지하였다고 한다. 한국 정부의 리더십은 개발도상국들이 흔히 겪는 공유자원의 비극을 사전에 방지하도록 노력한 것이다.

3. 개발도상국 정부의 기업가정신

산업을 일으켜서 경제발전을 도모하고자 하는 개발도상국의 지도자는 끊임없이 난관에 부딪히게 된다. 초기 개발 자금의 확보, 전략 산업의 선정과 투자 등 해결해야 하는 과제들이 흩어져 있다. 이 과정에서 정부의 기업가정신이 필요하다.

국내 자본이 충분하여 축적된 자본으로 경제개발을 시도하는 개발도상국은 그리 흔치 않다. 부족한 개발 자금을 충당하기 위해서 해외차관이나 자국 내 축적된 자본을 활용한다.

제2차 세계대전 이후 많은 개발도상국은 산업화를 위해 농업 등 1차 산업에 과세하면서 개발 자금을 확보하였다. 개발 부담으로 1차 산업의 생산은 위축되고 확보된 개발 자금은 단기에는 국제경쟁력 확보가 힘든 제조업 투자를 하게 된다. 그런 상태에서 운(運) 없이 1차 산업의 교역조건이 나빠지면 국제수지가 악화하고 경상수지 적자가 누적되면서 외환위기로 나타나게 된다.

산업화 자금을 확보하기 위하여 세금 부과 대신 해외직접투자나 해외차관에 의지하게 된다. 이 분야에 대해서는 다음 장에서 설명하겠지만, 해외직접투자는 높은 로열티와 경영권을 요구하는 단점이 있다. 해외차관은 이자 지급 때문에 경제적으로 추가 부담이 있으며, 국내경제 여건이 취약하면 해외 금융기관들이 차관 제공을 거부하기도 한다.

개발도상국 지도자는 개발 자금 확보를 위해 전 세계 정치 및 경제 흐름을 보면서 비용탐색(cost discovery)을 한다. 제 II 부에서 설명하겠지만, 한국은 베트남 파병과 중동 인력 진출로 인하여 개발 자금을 확보할 수 있었다. 경제개발 자금이 확보되면 정부는 경제발전에 필요한 인프라에 투자하고 민간에게 신산업의 육성과 개척을 맡긴다. 여기에서 정부의 고민이 생긴다. 어떤 산업을 집중적으로 육성할 것이지, 누구에게 그 임무를 부여할 것인지 방향을 설정해야 한다. 신산업 육성에는 다음 세 가지 전략이 있다. 모두 배타적인 것이 아닌 상호 의존적 개념이다.

첫째, 학습효과(learning by doing)가 큰 산업을 선정하여 전략적으로 발전시킨다. 개발도상국들은 경제발전을 위하여 모든 산업을 육성할 수 없으므로 선택과 집중을 통하여 산업별 선도 산업을 선정하여 집중적으로 육성해야 한다. 부족한 부품이나 기술은 해외시장에서 수입하면 된다. 발전 초기 단계에서는 정부의 정책적 지원이 필수적이다. 정부는 비용과 편익(cost and benefit)을 계산하면서 개별적인 산업의 개발 지원보다는 산업별 주도 산업을 집중하여 육성하는 것이 더 중요하다(Murphy, Shleifer & Vishny, 1989).

둘째, 민간 창업자가 탐색 과정에서 선택한 산업을 육성 · 발전시킨다. 창업자가 기업가정신으로 구축한 산업이 경제적 성공을 거둔다면 그 산업이 국가의 대표적인 산업이 될 수도 있다. 대표적 산업에서 생산된 제품이 세계시장에서 큰 히트를 하면 그 개발도상국은 큰 부(富)를 축적하게 된다.

셋째, 전통산업과 신산업 사이에 발생할 수 있는 부작용을 코디네이션으로 최소화한다. 코디네이션(coordination)이란 두 종류 이상의 것을 통합하고 조화시키는 것을 의미한다. 전통적인 산업은 비교적 투자가 안정적인 데 반해, 신산업 투자는 투자위험과 수익의 불확실성이 따른다. 제도, 기술, 인적 자원 등이 충분히 확보하지 않은 상태에서 섣불리 신산업에 투자하면 적절한 수익률을 보장받을 수 없다. 전통산업으로 경제발전을 이끌면서 인프라 투자와 중간재 생산 산업구조가 확립될 때 새로운 산업에 투자하는 것이 투자의 불확실성을 줄이게 된다.

개발도상국은 이상 제시한 산업발전 전략을 동시에 실시할 수도 있고 순차적으로 실시할 수도 있다. 선택은 정부 리더십에 달려있다. 정부가 선도 산업을 설정하였다면 어떤 식으로 창업가를 지원하는 것이 합리적인가? 세 가지 방안이 있다.

첫째, 정부가 가장 신뢰하는 사람이나 기업에게 자금을 지원하여 창업의 기회를 제공하는 것이다. 한국의 경우, 포항제철의 창업자 박태준이 대표적인 성공 사례이다. 그러나 창업자의 도덕적 해이를 방지하지 못하면 엄청난 기회비용을 치러야 한다.

둘째, 정부가 계획을 수립하여 저력 있는 기업가에게 사업을 제안하는 것이다. 제안받은 기업가가 성공하면 큰 부와 명예가 주어지고, 실패하면 개인적으로 큰 손해를 입게 된다. 한국의 경우 자동차와 조선산업을 일으킨 창업자 정주영이 좋은 예이다.

셋째, 민간에 의해서 창업하는 것이다. 정부는 간접적으로 지원하고 창업자가 모든 투자와 기술개발을 추진하여 경쟁력을 확보하는 방법이다. 삼성전자의 창업자 이병철이 성공 사례이다.

제9장 개발도상국 창업자의 특징

민간 창업자의 기업가정신은 선진국과 개발도상국에서 다른 형태로 나타난다. 선진국에서는 개인이나 기업이 개발한 새로운 기술은 일정 기간 지적 소유권 또는 특허권으로 보호되며, 신기술은 생산의 확대와 이윤 추구에 활용된다. 개발된 신기술은 일정 시간이 지나면 다른 기업에 전파된다. 이러한 외부효과를 통해 미국 경제학자 슘페터의 기업가정신이 경제발전에 실현되는 것이다.[1)]

선진국에서는 창업자에게 일정 기간 독점권을 부여하여 부의

1) 일반 기업가(벤처 사업가 또는 자영업자 포함)들의 기업가정신은 본 저서에서는 다루지 않는다. 2010년 봄 학기 미국 Harvard대학교 경영대학원에서는 일반 기업가들의 기업가정신에 관한 강의(Theoretical and Empirical Perspectives on Entrepreneurship)가 개설되었다. 강의는 크게 4단계로 구분되었다. 첫째, 기업가정신의 발생(The Source of Entrepreneurship) 둘째, 기업가정신과 산업의 진화(Entrepreneurship and Firm Dynamics), 셋째, 기업가정신과 금융(Entrepreneurship Finance), 넷째, 기업가정신의 실질효과(The Real Effects of Entrepreneurship) 등이다. 이 강의에서는 개발도상국의 창업자들의 기업가정신에 대해서 강의가 이루어지지 않았다. 그 이유는 창업자의 기업가가정신이 선진국과 개발도상국에서 서로 다르게 나타나기 때문이라고 판단된다.

창출을 제도적으로 보장하고 있기 때문에 기업가정신이 지속적으로 발휘된다. 그러나 법과 제도적 보장이 미흡한 개발도상국에서는 기업가정신이 지속적으로 발현되는 것이 쉽지 않다. 본 장에서는 개발도상국 기업가정신의 특성을 서술한다.

1. 개발도상국의 창업자

선진국의 기업가와 다르게 개발도상국의 기업가는 다른 의미의 기술혁신을 해야 한다. 선진국에서 개발한 새로운 기술을 도입하는 개발도상국의 창업가는 주어진 경제 여건을 생각하여 비용탐색(cost discovery)을 해야 한다. 선발주자로서 투자 위험성이 항상 존재한다. 그러나 기술도입에 성공하면 그에 따른 전시효과(demonstration effect)도 누리게 된다.

개발도상국의 창업가는 비용탐색 기간에 다음 세 가지를 검토하게 된다. 첫째, 자국의 경제 상황을 보고 어떤 산업이 유리한지 다양한 검토를 하게 된다. 기업가의 본능적 감각으로 자국의 유리한 조건을 파악하고 자국 경제 상황에 맞는 사업을 구상한다.

둘째, 도입되는 선진기술의 어려움을 파악하고 자국 내에서 그 기술을 충분히 이해하고, 습득하여 새로운 기술로 발전시킬 가능성이 있는지 판단한다. 또한 선진기술을 습득한 후 국내 산업의 효율적인 자원의 배분을 위해서 기업화하는 것이 유리한지 장래 사업 비전도 계획하게 된다.

셋째로 자신이 세우는 기업의 성공과 실패의 확률을 자세히 계산한다. 자신이 습득한 기술이 국내 경쟁기업에서 쉽게 복사될 것인지 또한 자신이 세운 기업이 성공할 때 어느 정도 이익을 얻을 가능성도 검토한다.

창업 기업가들이 극복해야 하는 장애도 선진국과 개발도상국에서 다르다. 법과 제도가 잘 구축된 선진국에서는 기업의 시장진입이 비교적 자유롭다. 새로운 기술을 개발한 기업가는 법과 제도의 보호를 받으면서 일정 기간 이윤을 창출할 기회를 얻는다. 차츰 새로운 경쟁자가 시장에 진입하면서 대체재가 개발되는 등 창업자의 독점이윤은 곧 사라지게 된다.

지적 소유권 등의 제도가 확립되어 있지 않은 개발도상국에서는 짧은 시간에 국내외 다른 경쟁기업가들에게 복사되어 개발이익이 사라지게 된다. 최근 이러한 현상은 인터넷과 교통 통신의 발달로 더욱 심각하게 발생하고 있다. 이미 한국에서 개발된 신제품이 특허 비용을 지급하여 사용되거나 불법으로 사용함으로써 빠른 시간에 기술 전파가 이루어진다. 또한 개발도상국들은 개발된 기술을 완전히 획득하기 전까지는 기술력의 차이를 상대적으로 싼 임금에 기반을 둔 저렴한 생산가격으로 보완하기도 한다. 이 경우 기업가정신의 효과는 쉽게 사라지게 되어 창업 기업가들에게 불이익이 생길 여지가 많다. 따라서 개발도상국의 정부는 창업 기업가를 선정하고, 보호하는 것이 중요하다.

기업이 시장에 자유롭게 진입할 수 있게 하는 자유방임주의(laissez-faire)는 결국 창업 기업가의 출현을 억제하기 때문에 기업가정신이 지속적으로 발현되기 힘들다. 기업가정신이 발현되기 어려운 상황도 있다. 사회 여건이 성숙하지 않아 새로운 사업을 시도하기 힘든 경우이다. 인적 자원도 부족하고, 능력 있는 기업가들도 없으며, 정부도 부패하고, 재산권 보호를 위한 제도도 수립되어 있지 않은 경우이다. 또한 새로운 사업의 기회비용을 탐색하는 창업자는 자신이 느끼는 수익률이 사회적 수익률에 비해 훨씬 낮다는 것을 판단할 경우, 새로운 사업에 투자하기보다는 국내 전통산업에 투자하게 된다. 이러한 여건 하에서는 기업가정신이 발휘되지 않기 때문에 경제가 향상되기를 기대하기 어렵다.

창업자가 개발한 기술을 일정 기간 보호할 수 있는 제도적 장치가 부족한 개발도상국에서는 새로운 기술이 쉽게 모방되기 때문에 정부가 시장에 개입하여 일정 기간 창업자들을 보호해야 한다. 그렇지만 특정 기업을 보호하는 시책은 균등한 정보 접근 기회를 가로막음으로써 다른 기업의 사업 의지를 위축시키고 도덕적 해이를 조장하는 부작용을 수반하게 된다. 따라서 정부가 채찍(구조조정)과 당근(지원정책) 정책을 적절히 병행하면서 기업가에게 부의 축적 기회를 허용하고, 명예를 부여한다면 기업가들로부터 기업가정신이 발생하기 시작한다.

각종 산업이 발전된 선진국에서, 기업가들은 연구개발을 통하여 기술혁신과 새 상품을 출시하곤 한다. 그러나 개발도상국에는 전통산업과 새로운 산업 간의 공조가 힘들어서 창업자가 직접 비용탐색(cost discovery)에 참여하면서 자국 현실에 적합한 산업을 선택하게 된다. 비용탐색은 창업자의 주관적인 판단과 체험으로 이루어지기 때문에 어떤 산업이 선정되는지는 예측할 수 없다. 한국의 사례와 같이 창업자가 선정한 산업이 성공하여 국가의 중추적인 산업이 될 수도 있다.

정부는 기업 활동을 독려하기 위해 부패를 근절하고 지적 소유권을 제도화할 수도 있다. 그러나 제도적인 확충보다는 창업자에게 일정 기간 특혜를 주는 것이 더 효과적이다. 또한 금융제도가 정착되지 않은 개발도상국에서는 투자자금 부족으로 인해 창업자의 사업 의지가 위축될 수도 있다. 금융 산업의 발전을 경험하지 않은 개발도상국에서는 금융시장의 개방화와 활성화를 시도해도 역선택과 도적적 해이(모럴헤저드) 발생을 억제할 제도적 장치가 부족하므로 자금 분배의 왜곡이 나타나게 된다. 따라서 개발도상국에는 차선책으로 금융기관을 일정 기간 통제하면서 투자자금을 공급하거나, 기업가에게 투자자금의 해외유치를 제한된 범위 내에서 인정하는 제도를 시행할 수도 있다. 사업 의지를 독려하기 위해서는 자금을 확보해 주는 것도 중요하다. 그러나 창업자에게 이윤 동기를 부여하는 것이 더 효과적이다.[2)]

2. 개발도상국 정부와 창업자

기업 활동을 적극 보호하는 체제에서는 기업가정신이 살아나고 반면 기업가의 이윤 추구를 경시하는 체제에서는 기업가정신이 위축된다. 따라서 기업가정신을 활성화하기 위해서는 정부 역할이

2) 미국에서 사업 활동하고 있는 기업가들 사례 연구에서도 기업가의 생산의욕을 감퇴시키는 요인으로 투자금융 제한보다 지적 소유권 보호 등의 제도 미확립이 더 큰 요인으로 작용하고 있음을 밝혔다(Johnson, McMillan & Woodruff, 2002).

매우 중요하다.

기업가들이 처음 산업을 시작할 때 많은 시행착오를 겪게 되고, 그 과정에서 큰 비용과 파산 위험이 따르게 된다. 반면, 후발주자는 선행자가 거쳤던 생산과정과 기술을 답습하면 되므로 시행착오를 겪을 필요가 없고, 그에 따른 비용도 발생하지 않는다. 따라서 이 사실을 아는 사람들은 선구자를 기다릴 뿐 새로운 산업의 시작을 꺼리게 된다. 이처럼 불확실성과 탐색비용 때문에 기업가들이 새로운 시장을 개척하거나 산업의 시작을 망설일 때 정부의 개입이 필요하다.

창업자를 위한 개발도상국 정부의 지원은 두 가지 방법이 있다. 첫째, 실적 또는 수출이 증대된 기업에만 수출보조금을 주는 제도와 사전에 정부가 사업을 보장해 주는 방법이다. 수출실적이 있는 기업들에만 수출 특혜 금융지원, 세무조사 면제, 기업의 부동산투자 및 보조금을 지원하는 제도는 60~70년대에 한국과 대만에 의해 실시되었다. 이 제도의 장점은 시장에서 살아남는 기업과 실적이 저조한 기업의 구분이 가능하다는 것이다. 정부로부터 지원을 받은 기업은 세계시장에서 유수의 기업들과 경쟁해야 하고 그 과정에서 각종 시련을 이겨내야 한다.

한국의 산업정책이 특정 기업에 독점적 특혜를 주었다면 산업화는 실패했을 것이다. 한국은 독점적 특혜를 제공하지 않았다. 예를 들면 1955년도 100대 기업 중 2005년도 100대 기업에 포함된 기업은 7개에 불과하다(자료: 한국기업 성장 50년의 재조명, CEO information, 삼성경제연구소, 2005). 예를 들면, 80, 90년대 활동했던 전자산업은 럭키금성그룹, 삼성전자, 아남전자, 대한전선, 대우전자, 삼보컴퓨터 등이다. 2024 포춘 글로벌 500 잡지에는 삼성전자 31위, SK 100위, LG 200위로 등록돼 있다. 단지 3개 전자 회사만이 글로벌 시장에서 명성을 유지하고 있다. 나머지 회사들은 국제경쟁력을 확보하는 데 실패했다. 이러한 현상은 섬유산업, 자동차산업, 종합상사에서도 나타나고 있다. 이와 같이 정부는 선발된 소수의 기업 간에도 치열한 경쟁을 통해 적자생존을 시켰으며, 이를 통해 국제경쟁력이 확보되었다.

둘째, 정부가 사전에 사업을 보장해 주는 제도로 위험성이 높은 사업을 지원하고 보조하는 방법이다. 지원받은 기업이 사업에 성공하면 지원금을 회수하고, 실패하면 파산시키는 것이다. 이 제도는 다른 기업의 진입을 막고 경쟁을 제한하기 때문에 시장의 치열한 경쟁과 시련을 겪어내면서 기업 스스로 자생의 능력을 갖추게 하자는 정책이다. 이는 한국과 대만 정부의 정책방향과 다소 거리가 있으며, 남미국가들에서 시행된 사례가 많다.

정부에서 지원하는 사업이 모두 성공한다는 보장은 없다. 또한 개발도상국에서는 정보의 비대칭성으로 역선택이나 도덕적 해이가 흔히 발생한다. 따라서 남미국가들이 펼친 정책보다는 한국과 대만이 실시한 '당근과 채찍' 정책이 더 효율적이다. '당근'은 창업자의 효율성을 확보하기 위해서는 사전에 새로운 투자를 적극 지원하는 것이다. '채찍'은 사후적으로 비효율적인 기업을 정리하는 것이고 후발주자에게는 정책 지원이 제한된다.

제10장 국제무역이론과 기업가정신

최근 개발도상국들이 추진하는 산업정책이 기존의 국제무역이론과 배치되는 사례가 늘고 있다. 무역이론에 따르면 비교우위를 가진 상품 생산을 특화하여 자유무역을 할 때 참여국이 무역이익을 본다는 전통적인 비교우위설(comparative theory)이 있다. 노동력이 풍부한 국가는 노동집약적 상품을 특화하고, 자본이 풍부한 국가는 자본집약적 상품을 특화 생산하여 교역한다면 상대국 모두에게 경제적 이익이 발생한다는 것이다. 현실은 반드시 그렇지 않다. 최근 정보통신과 교통이 발달하면서 개발도상국들이 자국의 부존자원 조건과 상관없는 상품을 생산하여 수출하는 사례가 늘고 있다.

개발도상국들이 생산하여 성공한 수출 상품을 몇 가지 소개한다. 이들 상품은 개발도상국이 겪는 부존자원의 제약을 넘어서 전문화(specialization)와 세계화를 이룬 것이 특징이다. 이는 비교우위설로 설명 못 하는 기업가정신에 근거한 창업자의 도전과 집념이 있기 때문이다. 만일 생산된 상품이 국제시장에서 히트하면 국가의 부를 축적하고 또한 자국 내 주요한 산업으로 발전하기도 한다.

불확실성에 도전하는 개발도상국의 창업가는 비용탐색 기간을 거쳐 새로운 산업에 도전하기 때문에 어떤 산업이 채택되는지 예측할 수 없다. 창업가가 비용탐색을 통해 선정하고, 생산 및 수출하는 재화의 범위는 통상적인 경제의 기초적인 여건(fundamental)에 기초한 것이 아니다. 따라서 전통 국제무역이론에서 자주 거론되는 비교우위설로 설명할 수 있는 근거가 사라진다.

1. 해외 창업 사례들

인도는 농업국가로서 노동력이 풍부하다. 그럼에도 노동집약적 산업이 아닌 지식산업인 정보통신산업이 1980년대부터 발달하여 인도 경제에 중요한 역할을 하고 있다. Infosys & Wipo의 창업자인 Narayana Murthy는 미국과 인도 간의 시간적 차이를 이용하여 실험 삼아 시도한 소프트웨어 IT 사업에 성공하였다. 이 회사의 기술이 다른 기업에 전수되고 소프트웨어 관련 산업이 전문화되면서 인도의 중요한 수출자원이 되고 있다. 2018년 인도 IT산업의 GDP 기여도는 7.9%이며, 전 세계 IT 외부 용역 시장의 약 55%를 차지하고 있다. 2019년도에는 1,370억 달러의 소프트웨어를 외국에 수출하였다. 미국에 비해 5~6배 저렴한 인건비와 영어를 할 수 있는 우수한 기술인재 풀 보유 등을 이유로 인도는 세계 IT 외부 용역 강자의 자리를 지속 이어갈 전망이다(KOTRA, 2019). 인도 소프트웨어 산업의 성장은 산업 발전 초기에 정부의 정책적 지원이 없고, 숙련 노동력이 공급되지 않은 상태에서 이룬 경제적 성과이다.

콜롬비아는 미국인 기업가 Thomas Kehler가 꽃 산업(flower industry)을 일으켜 Floramerica를 설립하여 세계적인 기업으로 성장시켰다. 이후 콜롬비아에서는 Floramerica이 기술을 전수하여 1990년까지 250개의 수출업자가 생겨났다. 2016년 미국 시장에서 콜롬비아 꽃 수출 점유율은 77.9%를 차지하였으며, 콜롬비아 꽃 총수출은 13억 1,200만 달러로 전 세계 꽃 수출국 중에서 2위를 차지하고 있다(Kotra, 2019).

칠레의 연어 양식사업(salmon farming industry)은 정부의 비영리 벤처사업(Fundacion Chile)으로 시작되었다. 칠레는 지리적으로 연어가 회귀하지 않는다. 정부의 연어 양식 벤처사업에 많은 민간기업이 참여하면서 칠레는 세계 2위의 연어 생산국이 되었다. 연어 양식업의 선구자인 노르웨이와 칠레 간 기후와 지리적 환경의 유사성이 성공의 요인이었다. 칠레는 2016년 전 세계에서 소비되는 연어의 23.6%를 키우고 있다. 생산량의 2/3는 수출되는데 주요 수출지는 미국과 일본, 브라질이다(http://www.ilemonde.com, 2016). 이외에도 앞서 소개한 방글라데시 'Desh' 회사 성공으로 섬유산업이 국가 주요 국가산업이 된 사례도 있다.

2. 기업가정신과 외국인직접투자(FDI)

경제개발 초기 자금이 부족한 개발도상국들은 외국인직접투자

(Foreign Direct Investment: FDI)에 의지하곤 한다. 국제무역 이론에서도 외국인 직접투자를 통하여 우수한 기술과 자본이 유입되면서 경제성장이 시작된다고 주장한다. 그러나 경제개발 초기 단계에서 한국기업들이 외국인 직접투자를 구축(驅逐)시킨 사례가 있다. 아래에 서술하였지만, 한국 주요 기업들은 외국인직접투자에 의지하지 않고 자체 생산과 디자인으로 세계적인 기업으로 성장하였다. 이는 한국 기업가들이 발휘한 강력한 기업가정신이 국제무역이론에서 주장하는 외국인 투자의 긍정적인 효과를 압도한 것으로 판단된다.

일반적으로 자본과 기술이 부족한 개발도상국들에서 창업자들은 새로운 사업을 시작하면서 차관이나 외국인직접투자를 유치한다. 외국의 자본유입은 고용창출과 국내총생산 증대로 이어지고 첨단기술 도입은 외부경제효과를 통하여 생산성이 증대된다. 이러한 이유로 많은 개발도상국 국가가 경쟁적으로 FDI를 유치하고 있다. 그러나 한국에서는 1970년대에 이미 FDI보다 경영권을 요구하지 않는 상업차관이 더 유리하다는 인식이 있었다.

한국경제는 1970년대 중화학공업육성정책을 시행하면서 산업자본 확보 수단으로 FDI보다는 차관을 더 선호하였다. 당시 정부는 자립경제를 위하여 FDI를 장려하되 50%로 제한한다는 원칙을 세웠고 이를 일관성 있게 유지하였다. 1973년 제1차 석유파동을 겪으면서 정부의 적극적인 투자 자유화 조치에도 불구하고 선진국의 투자 부진, 국내의 정치 불안에 따른 투자유인의 부족으로 총 외자 도입액 중 7%에도 미치지 못하는 부진한 실적을 보였다.

당시 해외 합작 투자의 불확실성과 경영권 문제에 대한 갈등이 있었다. 한국이 지급해야 하는 비용 즉, 직접투자의 로열티를 포함한 FDI 수익률(그해의 이익송금액/평균잔존투자액)이 외채이자 비용을 오히려 웃돌았다. 따라서 비용면에서도 외국인직접투자보다 일정한 이자율과 원금만 지급하는 차관이 더 유리하였다.

1970년대 FDI 유치실적을 보면 제2차 경제개발 5개년계획이 실시된 1967~1971년도 순 외국인 자본유입의 3.7%가 FDI였다. 같은 시점에 멕시코는 36.6%, 브라질은 33.8%, 태국은 26.1%였다(Hart-Landsberg, 1993, p. 86).

제3차 경제개발 5개년계획 기간(1972~1976)에는 중화학공업육성정책으로 외국자본의 유입이 급증하였지만, 유입 자본 중의 7.9%가 FDI이었다. 당시 FDI 부진으로 제조업의 총자본 형성에서의 외국인 투자가 차지하는 비중도 1973년 17.0%에서 1979년 2.8%로 대폭 낮아졌다(재무부 · 한국산업은행, 1993). 1980년대에도 정부가 FDI를 적극 장려하였음에도 불구하고 도입 조건이 불리한 상업차관 도입이 증가하여 국가적으로도 많은 외채가 누적되었다.

1977년 도입된 외국인 투자를 투자국별로 보면 일본이 차지하는 비중보다 미국과 유럽의 비중이 커지는 변화가 있었다. 일본이 주요 기술을 한국에 적극적으로 주지 않으려고 해서 대안으로 미국과 유럽의 기술을 활발히 유치하였기 때문이다. 이러한 선택 하에서 미국 자본들은 어부지리로 1970년대 후반 12.0~23.8%의 높은 수익률을 확보해 갔다(Koo, 1985, p. 193). 또한 한국에 투자한

FDI의 수익률이 이렇게 높아진 이유는 한국이 급속한 공업화에 따른 기술도입이 필요함에 따라 외국자본들이 직접투자에 막대한 이익을 요구하였기 때문이다(박영구, 2012).

중화학공업육성정책에 따른 누적된 외채는 한국경제에 큰 부담으로 작용하게 되었다. 그러나 1980년대 중반부터 발생한 3저효과(저유가, 저환율, 저국제금리)에 힘입어, 이후 우리의 주력 산업들이 세계적인 기업으로 발전하면서 외국인직접투자의 매력이 사라지게 되었다.

외국인 직접투자와 관련하여 한국의 창업자들에게 다음 두 가지 특징이 있다. 첫째, 다음 제 III 부에서 자세히 서술하겠지만, 창업자들은 FDI의 유입에 의지하지 않고 기업가정신으로 자립형 경제성장을 이룩하였다. 단기적으로 보면 오히려 더 힘든 역경을 선택한 셈이었지만 장기적으로는 외국자본의 통제와 간섭을 벗어나 무한한 발전의 가능성을 확보하였다. 이는 독자 개발로 수출에 성공한 현대와 기아자동차의 사례가 있다. 둘째, FDI 도움 없이 창업자의 기업가정신으로 구축된 산업(자동차, 조선, 철강, 반도체 산업) 등이 한국경제의 생산구조를 근본적으로 변화시키고 주도된 산업으로 성공하면서 국가 경제를 이끄는 핵심적인 산업이 되었다. 이러한 큰 성과는 창업자의 기업가정신으로 구축된 산업이 그 국가의 생산구조를 근본적으로 변화시킨 것이다. 선박, 자동차, 핸드폰과 같이 새로운 상품이 국내는 물론 세계적으로도 경쟁력을 갖게 된다면 그 국가는, 예를 들면 한국과 같이 큰 부를 축적하게 되는 행운을 갖는다(Hausmann, Hwang & Rodrik, 2007).

제 II 부

남북한 정부의 리더십과 손자병법

박정희 대통령은 1960~1970년대 수립한 국가 발전을 위해서 필요한 사업들이 실패하지 않도록 사전 준비를 철저히 하여 성공할 수 있는 상황을 구해 놓았다. 베트남 파병, KIST 설립, 산림녹화 사업, 통일벼 개발, 경부고속도로 건설, 새마을운동, 중화학 공업 육성, 100억 불 수출 목표 등 과거에는 상상도 못 했던 대규모 국가사업들이었다. 사업들이 한 치의 착오도 없이 계획대로 진행되고 마무리되었다. 그리고 이것 들이 하나의 통로로 작용하여 내부적으로 오랫동안 잠재되어 있던 대중의 역동성, 경제적 열정 등의 에너지가 분출했다. 오랫동안 잠자고 있었던 '대중의 열정'이라는 저수지에 지도력을 갖춘 대통령이 불꽃을 붙인 것이다. 한편, 북한 경제가 침몰하는 과정을 남북한 경제발전 과정과 지도자의 리더십을 비교하면서 서술한다.

제11장 박정희의 리더십과 손자병법

경제정책에는 항상 양면의 효과가 있다. 가장 좋고 유리한 정책도 잘못 운영하면 고통이 되고, 반대로 비효율적으로 보이는 것이라도 잘 운영하면 큰 효과를 얻게 된다. 장점만 보고 선택했던 정책 중에는 국가 발전에 오히려 악영향을 미친 것들도 많다. 국가가 보유하고 있는 자원이나 처한 상황에 따라 경제정책은 유리하게 작용할 수도 있고 불리하게 작용할 수도 있는데, 그중에서 유리한 것을 골라내는 것이 국가 지도자의 수완이다.

한국경제 전환기에 박정희 대통령은 유리한 경제정책만을 골라내는 수완을 발휘하였다. 박정희 대통령에 대한 평가는 현재까지도 우리 사회에서 첨예하게 갈리고 있다. '한강의 기적'이라 불리는 경제발전의 주역이라는 평가와 함께 군사 쿠데타로 집권하여 장기 독재를 한 인물이라는 비판이 공존하고 있다. 그러나 그가 추진한 경제발전 정책들은 대부분 적중했다. 우리 민족의 오랜 숙제였던 '보릿고개'를 해결시켰고, 달 표면 같은 황량한 국토를 산림으로 우거지게 했다. 수출주도형 경제정책으로 산업화의 기틀도 마련하면서 선진국 경제의 초석을 마련했다. 그가 한국경제 발전에 크게 기여했다는 것은 확실하고 이에 대해서 이의를 제기하는 사람은 없을 것이다.

박정희 대통령이 한국 경제발전에 자신을 갖고 경제성장에 집착한 근거는 무엇일까? 확인할 수 없지만 추진된 정책 결과를 보면서 역으로 추적해 본다.

경제학에는 파레토 최적(Pareto Optimum) 이론이 있다. 파레토 최적이란 자원이 가장 효율적으로 배분된 상태이다. 파레토 최적 상태는 어떤 한 사람이 추가적인 이익을 얻기 위해 반드시 다른 어떤 사람이 손해를 보게 되는 상태이다.

1960년대는 한국경제는 파레토 최적 상태 도달 이전 상태였다. 박정희 대통령은 파레토 개선을 통해 파레토 최적에 도달 가능하다고 판단했을 것이다. 파레토 개선이란 어느 사람도 빈곤하게 하지 않고, 적어도 한 사람 이상을 윤택하게 만듦으로써, 생산이나 소비구조의 변화가 복지에서의 순이익을 만들어 내는 것을 의미한다.

60~70년대 박정희 대통령은 추진한 정책들로 파레토 개선이 가능하다는 자신감을 가진 것으로 판단된다. 파레토 개선은 각종 경제정책을 통한 생산과 생산성 향상 과정이다. 당시 정부의 생산성 향상 추구 방향은 1968년 12월 5일 정부가 발표한 국민교육헌장에서 잘 나타나고 있다. '우리는 민족중흥의 역사적 사명… 창조의 힘과 개척의 정신을 기른다. 공익과 질서를 앞세우며 능률과 실질을 숭상하고…'.

한국경제는 파레토 개선을 추구하는 정책적 시도가 성공하면서 '한강의 기적'의 토대를 만들어 냈다. 한편, 60~70년대 추구한 정책들이 생산성 향상에 초점이 맞춰지면서 상대적으로 소득 불평등을 낳는 결과도 초래하였다. 이에 대해서는 제 IV 부에서 다룬다.

박정희 대통령이 구상한 정책과 추진 과정은 독특했다. 먼저 정책의 필요성과 목표를 설정하고, 정부 기관을 활용하여 전문기술관료(테크노크라트)를 발탁했다. 적재적소에 경제전문가, 과학자, 공무원 인력을 배치하여 KIST 설립, 통일벼 개발, 산림녹화 사업, 경부고속도로 건설, 새마을운동, 중화학 공업화 및 100억 불 수출 목표 등을 기획하고 실천하도록 힘을 실어줬다. 팀워크를 구축하고 리더십을 발휘하여 목표에 맞춰 법과 제도를 확립하였다. 구축된 법과 제도가 제대로 작동되는지 지속적으로 확인 점검도 하였다. 이에 대해서는 다음 장에 사업별로 구분해서 자세히 서술하였다.

박정희 대통령이 직접 또는 간접적으로 관여한 주요 정책에서 손자병법의 지혜를 발견해 본다. 2,500년 전에 만들어진 손자병법에서 승리하는 군대의 상황을 제시하였다. 손자병법 지혜와 같이 박정희 대통령도 자기가 구상한 정책이 성공할 수밖에 없는 상황을 만들었다.

손자병법 군형(軍形)편에는 다음과 같은 지혜가 있다.

是故勝兵先勝而後求戰 敗兵先戰而後求勝. 善用兵者, 修道而保法,

故能爲勝敗之政.(시고승병선승이후구전 패병선전이후구승. 선용병자, 수도이보법, 고능위승패지정.)

승리하는 군대는 먼저 승리할 수 있는 상황을 구해 놓은 후에 전쟁한다. 패배하는 군대는 먼저 전쟁을 일으키고 이후에 승리를 구한다. 용병을 잘하는 자는 지도력을 잘 수양하고 법과 제도를 잘 보전한다. 고로 승패를 다스릴 수 있는 능력이 있다.

박정희 대통령과 전문 기술관료들의 경제개발 계획은 국민에게 보여주고 생색만 내려는 것이 아니었다. 개인이나 가족, 친구를 위해서가 아니라 국가와 민족을 위한다는 자부심이 있었다. 국민도 정부의 강력한 의지와 법과 제도를 확인하고 정부 정책에 순응하였다. 박정희의 리더십은 지지 세력이나 가족에게만 지원을 아끼지 않았던 남미나 아프리카 독재국가와는 성격이 달랐다.

손자병법 군형(軍形)편에 따르면 다음과 같은 지혜가 나온다.

古之所謂善戰者, 勝于易勝者也. 故善戰之勝也, 無智名, 無勇功. 故其戰勝不特.(고지소위선전자, 승우이승자야. 고선전지승야, 무지명, 무용공. 고기전승불특.)

고대로부터 전쟁을 잘하는 자는 쉽게 승리할 수 있는 적과 싸워 이겼다. 결국 전쟁을 잘하는 자의 승리는 지략이나 명성에서 나온 것이 아니고 용맹이나 공적에서 나온 것도 아니다. 그에게 전쟁의 승리는 특별하지 않다.

박정희 대통령이 중국 삼국시대의 제갈공명처럼 지략이 출중한 것이 아니고 노벨 경제학자들처럼 학자로서 명성이 높은 것도 아니다. 가난에서 해방되는 국가를 만들기 위하여 동원할 수 있는 모든 가용자산을 사심 없이 활용하였다. 능력 있는 자를 임명하고 그에게 전권을 주었으며, 소속된 공무원이나 연구원들은 목적 달성을 위해 헌신하였다.

손자병법 병세(兵勢)편에서 지도자의 리더십 조건을 다음과 같이 소개하고 있다.

> 故善戰者, 求之於勢, 不責於人, 故能擇人而任勢. 任勢者, 其戰人也, 如轉木石.(고선전자, 구지어세, 불책어인, 고능택인이임세. 임세자, 기전인야, 여전목석)
>
> 전쟁을 잘하는 자는 전쟁이 승패를 기세에서 구하지, 병사들을 문책하지 않는다. 고로 능력 있는 자를 택하여 임명하고 그에게 기세를 준다. 기세를 잘 조정하는 자는 전쟁을 할 때 병사들을 목석처럼 전환 시킨다.

박정희 대통령은 자신이 추진한 경제개발 계획 목표를 달성하기 위하여 기업가 동원도 주저하지 않았다. 유능한 기업인을 선택하여 전권을 주어 기업가정신이 발휘하도록, 구축된 법과 제도로 밀어주었다. 대표적인 사례가 박정희 대통령과 창업자 정주영 관계이다. 이에 대해서는 다음 제 III 부에서 자세히 다룬다.

제12장 남한 정부의 프로 리더십

미국, 일본, 독일 등 선진국들도 갑자기 경제가 도약하는 시기가 있었다. 제4장에 있는 <그림 4-2>에서 보았듯이, 한국의 경제 도약 시기는 60~70년대이다. 박정희 대통령에 의해 수립된 경제 정책들이 추진되고 뿌리를 내렸던 시기와 일치한다. 본 장에서는 60~70년대 수립된 주요 정책들과 사업에 관해서 서술한다. 한국 경제의 뿌리를 튼튼히 만든 사업들은 박정희 대통령에게는 대단한 업적도 아닌 것 같았다. 그러나 한국경제의 초석을 튼튼하게 다졌던 중요한 사업들이었다.

1964 베트남 파병

대한민국 최초로 1964년 9월 11일의 베트남 1차 파병을 시작으로 휴전협정이 조인된 1973년까지 국군을 파병하였다. 정부가 수출주도형 경제정책을 채택한 시점도 1965년부터이다. 한국경제 도약에 성공하는 시점이 바로 베트남 파병 시점과 일치한다.

한국군 베트남 파병은 한국경제의 중요한 전환점이 되었다. 1960년대부터 베트남 파병 이전까지의 평균 실질 GDP 성장률은 5.6%이고 베트남 파병 기간 중의 평균 실질 GDP 성장률은 10.0%이다. 동기간 투자율도 12.4%에서 22.2%로 증가하였으며, 공업제품 수출 비중도 1962년 27.7%에서 1979년 88.9%로 비약적으로 증가하였다.

베트남 파병은 여전히 논란의 대상이다. 파병 당시 국내외의 정치 상황도 복잡하였을 뿐 아니라, 군대 파견으로 얻은 엄청난 경제적 이익 못지않게 많은 사상자와 피해자가 발생했다. 이러한 이유에서 우리 사회에서 베트남 파병에 관한 일치된 여론을 기대하기 힘들다. 또한 베트남 파병의 경제적 효과 분석도 활발하지 않다. 한국군 베트남 파병 배경에는 다양한 주장이 있다. 그러한 논쟁은 여기서는 다루지 않는다.

2005년 외교부는 베트남전 당시 한국군의 파병과 관련한 한·미 양국 국방 당국 간 서신과 실무각서 등을 공개했다. 한국군의 베트남 추가 파병을 포함한 미국 정부의 양해 사항을 담은 '브라운 각서'의 이행 실적과 전쟁 기간 참전국을 대상으로 한 외교활동 문서 등이 포함되어 있다.

공개된 문서에서는 지난 64~73년까지 9년 동안의 베트남전 참전으로 모두 50억 달러의 외화 수입 효과를 거둔 것으로 나타났다. 세부 내용을 보면 미국의 군사원조 증가분 10억 달러와 파병에 따른 미국의 경비 지출 10억 달러, 전쟁특수에 따른 외화 수입 10억 달러, 기술이전 수출진흥 지원금이 20억 달러에 이른다. 외화 수입 10억 달러 규모는 1965년부터 1972년 외화보유액의 약 30%를 웃도는 금액이다.

정부에서 발표된 내용 이외에 기존 연구에서 제시된 경제적 파급효과를 소개한다(조재호, 2011). 한국 정부는 파병 기간 8년 8개월 동안 연인원 35만 명을 파견하였다. 미국으로부터 경제적 원조와 군인에 따른 급여(일병 하루 수당 1달러에서 대령 6.5달러(Baldwin, 1975. pp.10))그리고 사망에 따른 보상금을 합의하고 파병에 동의하였다. 일병의 1년 수당은 365달러로 당시 1인당 국민소득(104달러)보다 높았다.

베트남 파병과 함께 차관, 직접투자 및 은행 차관들이 도입되기 시작하였다. 해외 자본 도입액은 베트남 파병 이듬해인 1965년 약 1억 8,000만 달러에서 계속 증가해서 1972년에는 8억 2,000만 달러를 기록하였다. 이들 자금의 누적 총액은 약 40억 달러에 달했으며 그중 미국으로부터 받은 공공차관 및 상업차관 총액은 11억 6,000만 달러로 차관 총액의 42%를 차지하였다.

정부는 베트남 파병과 동시에 일본과 국교를 정상화하였다. 한일 국교 정상화 회담을 통해 일본으로부터 무상자금 3억 달러와 유상자금(재정차관) 2억 달러를 10년에 걸쳐 제공받기로 하였다.

경상수지 적자의 보전 등 한국경제에 상당한 도움을 준 미국의 무상원조 규모는 1965년부터 1972년 기간 중 약 5억 7,800만 달러, 청구권 무상자금 1억 8,400만 달러 등 총 7억 6,000만 달러에 이른다. 특히 무상원조는 경제가 발전됨에 따라 1963년부터 장기차관 형식으로 그 도입 방식이 바뀌었으며 1971년 사실상 종료되는 등 그 역할과 비중이 크게 떨어졌다.

베트남 파병 동안 군인뿐만 아니라 기업인 진출도 붐을 이루었다. 우리 기업인이 대규모로 해외에 나가 활동을 한 것은 이 시점이 역사상 처음이었다. 1965년부터 1972년까지 베트남에 취업한 사람은 56,000명 수준이다.

베트남 특수와 수출 확대는 재벌 형성의 기초가 되었다. 당시 베트남에 진출한 한진상사, 현대건설, 대림산업이 자본축적의 기회를 잡았다. 일례로 한진상사는 66년 이후 베트남의 미군 군수물자 하역 및 수송을 독점하면서 연간 2,500만 달러의 이익을 냈다. 한진상사는 베트남에서 축적한 자금으로 독점기업인 대한항공(KAL)을 흡수하였다.

1950년대 설립한 현대건설은 베트남 항만 공사에 참여하고, 도로 건설, 토목, 항만 기술을 습득하면서 국내 최대 건설회사로 성장했다. 특히 건설업의 해외 진출은 이후 괌, 타일랜드, 오키나와 그리고 중동으로 이어졌다. 현대건설은 1967년 현대자동차 등을 설립하였다. 대우는 1960년대 정부의 수출진흥 정책에 걸맞은 수출마케팅 전략을 전개하여 신흥기업으로는 유일하게 대기업 집단에 합류하였다. 삼성, 쌍용, 선경 등도 수출산업으로 성장하였다.

• 수출시장 확보 및 경제특수

베트남 파병을 계기로 한국은 미국, 일본, 베트남 등의 수출시장을 확보할 수 있었다. 한국의 수출은 전투 병력을 파견하기 시작한 1965년을 기점으로 급증하였다. 1965년도의 수출 증가율은 전년도에 비해 47.0% 높았으며 특히 대미 수출 증가율은 73.5%를 기록하였다. 당시 대미 수출이 급격히 증가한 것은 미국이 베트남 파병 요구에 응했던 한국에게만 독점적으로 부여한 우호적인 수출 조건, 즉 보답의 결과라는 주장도 있다 (정성진, 2000).

베트남전쟁이 종전된 1973년까지 대미 수출의 증가 추세는 멈추지 않았다. 대미 수출은 1964년 약 3,600만 달러에서 1972년 7억 6,000만 달러로 21배 증가했다. 한국의 총수출은 1965년 1억 7,500만 달러에서 1972년 16억 2,400만 달러로 베트남 파병 기간 연평균 37.5% 증가하였다.

한국은 베트남 파병과 함께 미국으로부터 대규모의 군사원조를 받았다. M1 소총을 포함한 재래식 병기와 군용 장비가 베트남 파병 이후 M16 소총 등으로 근대화와 개량이 이루어지기도 하였다. 한국이 M16 무기 생산을 1972년부터 시작하면서 무기의 국산화가 진행되었다. 자주국방을 위한 방위산업 체제를 갖추게 된 것이다.

베트남 특수, 경제원조, 수출 확대 등으로 수입 능력이 증대되면서 자본재 및 중간재 수입과 시설투자가 증가하였다. 1962년 투자율은 12.8%였지만 베트남 파병 시기인 1967년부터 72년까지 평균 투자율은 22.2%를 기록하였다. 투자율 증대는 미국과 일본으로부터 기술도입과 기계설비 도입의 증가를 반영한 것이다. 총수입 총액에서 차지하는 기계류 수입은 평균 30% 이상으로, 정부는 집중적으로 기계류의 수입을 추진하였으며, 이러한 노력으로 생산성이 크게 향상되어 경제성장의 원동력이 되었다.

1962~1965년 기술도입 건수는 미국을 중심으로 총 15건으로 극히 부진하였다. 베트남 파병 기간 1966~1972년에는 총 356건이 도입되었으며, 전기, 전자, 기계 등과 관련한 기술을 중심으로 250건이 일본에서 도입되었다. 미국으로부터는 전체 기술도입 건수의 21.1%인 75건, 기타 국가에서 8.7%인 31건의 기술이 도입되었다.

산업별로는 일본으로부터 기술도입이 활발하였던 전기 · 전자, 기계업종에서 각각 77건과 75건이 전파됐다. 또, 정유공장의 건설 등과 관련하여 미국, 서독, 프랑스, 영국 등에서 정유, 화학 관련 기술이 76건 들어왔다. 그밖에 금속, 제약, 통신, 요업 등에서 상대적으로 많은 기술이 도입되었다.

전쟁하면 이웃 나라들이 경제적 혜택을 본다고 한다. 그 사례는 일본에서 쉽게 발견된다. 일본은 1949년 외환보유고가 2억 3,800만 달러였던 것이 한국전쟁을 겪으면서 1952년 11억 2,200만 달러로 증가하였다(정성진, 2000, pp.123). 한국도 베트남 파병 해인 1965년 외환보유고가 1억 3,800만 달러에서 베트남 전쟁이 끝난 1972년도 외환보유고는 약 7억 달러로 급팽창하였다.

베트남 전쟁이 진행되면서 세계 경제 상황도 많이 변화하였다. 미국경제는 경기침체, 일본은 경기 호황, 그리고 한국은 경제도약을 하게 되었다. 미국은 1966년까지 6%의 높은 경제성장률을 유지하였으나 1967년 이후 성장률이 2% 수준으로 크게 둔화하였다. 반면 일본은 10%를 훨씬 초과하는 경제성장률을 유지하였다. 미국의 경상수지는 심하게 축소되어 1971년부터 큰 규모의 경상수지 적자를 기록하게 되었다. 일본의 경우 1965년 흑자기조로 전환한 후 대규모 경상수지 흑자를 기록하였다.

베트남전 종전 50년, 우리의 기억과 관심 속에서 멀어진 전쟁이지만 베트남 파병은 한국경제의 중요한 전환점이 되었다. 베트남 파병을 계기로 베트남 특수, 경제원조 및 차관, 그리고 수출 확대 등으로 수입 능력이 증대되면서 정부는 자본재 및 중간재 수입과 시설투자를 확대하였다. 또한 미국과 일본으로부터 기술 수입도 증가하였다. 베트남 파병 기간에 집중적으로 이루어진 수출주도형 공업화 정책으로 자본과 노동의 한계생산성을 크게 향상됐다.

한국경제는 당시 완전하지는 않지만, 경제발전을 위한 정책과 제도를 갖추는 시기에 베트남 파병을 맞이하게 되었다. 제도와 정책 그리고 수출시장이 창출되면서 베트남 파병은 직접 또는 간접적으로 기술, 공업개발 자금 확보, 국제 경영 및 무역 활동의 경험 등 엄청난 효과를 얻는 계기가 되었다.

60년대 초 경제개발을 향한 집념과 의지로 고무되어 있었던 한국 정부는 베트남 파병 기간에 벌어들인 돈과 축적된 기술을 가지고 한국경제 발전의 근간이 되었던 경부고속도로, 포항제철공장, 울산의 현대조선소 등을 건설하였다. 베트남 파병이 한국경제의 활로를 트고 군을 현대화하는 데 기여하였다는 긍정적인 평가와 함께 국군의 목숨을 담보로 우리와 관련 없는 미국의 전쟁에 참여한 사건에 불과하다는 비판도 있다(http://ko.wikipedia.org). 한편, 베트남 파병은 강력한 한미동맹의 결속하에 공산화 침략에 대응하는 공동전선 형성을 하게 되는 계기도 되었다.

사람이 독립된 인격체로서 남의 도움 없이 스스로 먹고 살아가야 하는 것처럼, 국가도 자립을 위해서는 비즈니스 기질인 기업가 정신이 있어야 하고 때에 따라서는 거래의 묘(妙)를 발휘할 줄도 알아야 한다. 당시 정부는 국제정치의 현실을 이해하고 이데올로기보다는 실리를 선택한 것이다. 이러한 도전이 훗날 국가 경제발전에 커다란 도움이 되었다는 것을 아무도 부인하지는 못할 것이다.

1966 한국과학기술연구소(KIST) 설립

우리나라의 과학기술과 산업 발전에 적지 않은 영향을 미쳐온 KIST 설립이 한국군의 베트남 파병과 직결되어 있었다. 1960년대 초반 경제부흥을 위한 정부와 국민의 열정은 대단했지만, 외화부족과 기술 부족으로 시달리고 있었다. 한국 정부는 미국으로부터 뜻밖의 선물을 받았다.

1965년 5월 박정희 대통령과 존슨 대통령 간의 제2차 한미 정상회담에서 미국은 한국군 전투부대의 베트남 파병을 요구하였다. 미국은 개발차관과 아울러 응용 과학연구소의 설립 원조를 제의하였다. 당시 미국 국내의 반전데모가 성행했다. 미국의 젊은이들이 희생되는 것이 안타깝게 생각한 존슨 대통령은 한국군의 파병이 얼마나 고마운 결정인지 어떤 선물이라도 줄 의사가 있었을 것이리라. 한국 정부의 베트남전 참전 대가로 미국 정부가 제공한 선물이 바로 KIST이다. 한국일보(2009.11.15)는 다음과 같은 내용의 기사를 싣고 있다. “1965년 박 대통령은 린든 존슨 당시 미 대통령으로부터 1,000만 달러를 원조받자, 한국의 과학기술 개발을 총괄

하는 국책 종합 연구기관 설립에 착수했다. 미국의 한국군 베트남 전 파병 요청을 받아들인 대가로 얻어낸 '피와 맞바꾼 돈'이었다."

1965년 가발 등으로 수출실적이 고무된 상태에서 스웨터 수출 실적이 2천만 달러였다. 가발 수출은 전년에 비해 100배 이상 성장하였지만, 당시 일본은 기술집약 상품인 전자제품 등으로 수출 10억 달러가 넘었다. 한국 정부는 기술이 들어간 제품을 팔아야 한다는 것을 실감했으며 기술개발의 필요성을 실감하게 되었다. 이런 와중에 미국으로부터 연구소 설립 제안을 받았다. 박정희 대통령은 젊은 과학자 최형섭 박사가 제안한 KIST 설립 계획안을 받아들여 강한 의지로 추진하였다.

• 조직과 전문가 동원

한미 정상회담의 공동성명에 따른 후속 조치로써 '공업기술 및 응용과학연구소 설립안'이 구체화 되었다. 한국은 종합적인 과학기술연구소를 운영한 경험이 전혀 없었다. KIST는 처음부터 미국에 의해 제안되고 체계적으로 지원되었다. 미국에서는 호닉(Hornig)을 비롯하여 여러 연구소, 민간재단 책임자들로 구성된 조사단이 방한하여 이들의 보고서가 존슨 대통령에게 제출되었다. 그 후 바텔기념연구소(Battelle Memorial Institute)가 주축이 되어 한국의 연구소 설립을 추진하였다. 한국 정부도 준비위원회 구성, 관련 법안의 마련 등을 추진하였다.

하늘이 숨겨둔 곳이라는 천장산(天藏山) 기슭 홍릉 근처 임업시험장을 KIST 부지로 선정하여, 최초의 본격적인 종합 연구기관으로서 1966년 2월에 출범하였다. 1969년 10월 연구소 건물의 준공으로 KIST는 본격적인 연구 활동을 수행하려고 했지만, 해외 과학자들의 영입이 큰 숙제였다. 그러나 고국의 척박한 연구시설에도 불구하고 재외 한국인 과학자 20여 명이 초기 구성원으로 구축되었다.1)

KIST 초기 1970년 3월 사이언스지에서 1960년대 1인당 GDP 100달러 수준의 개발도상국인 한국에 막대한 R&D 지출이 이뤄지고 있다고 소개했다. 그리고 향후 개발도상국에 한국의 KIST가 성공모델이 될 것인가 의구심을 나타냈다. 당시 38대 미국 험프리 부통령도 KIST의 초기 과학자 유치는 세계 유일의 역 두뇌유출 사례였다고 그 결과에 대해 큰 관심을 가졌다.

KIST는 미국의 공업 기술을 한국의 산업기술에 연결하게 하는 변압기 노릇을 하면서 성장하였다. KIST는 당시 기술력이 열악했던 철강, 중기계, 조선, 자동차 등 우리나라 산업계에 연구 기술을 제공함으로써 경제성장의 견인차 구실을 했다. 1970년대에는 선진국 기술을 활용하여 폴리에스터 필름, 동복강선(銅覆鋼線) 등을 산업계에 보급하였다. 1980년대에는 반도체 소재, 광자기디스크 등 첨단기술을 개발하여 우리나라 산업의 국제경쟁력 강화에 기여했다. 1990년대 이후에는 미래산업을 대비한 기초 기반 기술과

---

1) 당시 국내의 유입된 과학자들의 마음가짐에 대해서 김영섭(2010)은 다음과 같이 기술하였다. '초기 멤버들은 열악한 연구 환경에 막중한 스트레스와 책임감으로 밤낮없이 연구하던 초기 멤버 스무 분 중 다섯 분이 KIST 합류 4년 이내 백혈병, 대장암 등으로 운명하였다. 당시 그분들의 나이는 30대에 불과하였다.' 이들의 열정과 헌신이 황무지 국가 산업의 초석이 되었으며 대한민국 과학기술의 요람으로 자리 잡았다.

원천기술 개발에 힘썼다. 이후에도 '밤늦도록 불이 꺼지지 않는 연구소'로 불리며 대한민국 과학기술 연구의 메카로 자리 잡고 있다.

• 도전과 성과

1980년대에는 한국과학원(KAIS)과 통합되어 교육과 연구 기능을 종합적으로 수행하는 한국과학기술원(KAIST)으로 바뀐 적도 있었다. 이후 다시 분리되어 지금은 한국과학기술연구원(KIST)으로 불리고 있다.

KIST의 성공적 운영 사례는 다수의 정부출연 연구소 발족으로 이어졌고, 한국선박연구소, 해양개발연구소, 한국전자기술연구소 등 특수 전문 연구기관들이 KIST에서 분화 · 발전하며 우리나라 연구개발 활동의 중추적 역할을 담당했다.

2023년 1월 17일 VKIST 베트남 호알락 하이테크파크가 개소되었다. 한국의 KIST를 모델로 베트남에 설치된 과학연구소이다. KIST 성공이 개발도상국에도 적용할 수 있다는 사례인 것이다. 이로써 50년 전 사이언스지에서 제시했던 KIST 성공 의구심을 떨쳐버렸다.

KIST의 성공은 국민의 교육열이 산업에 접목되면서 우수한 인적자원이 산업 발전에 기여하는 시스템을 구축한 것에 큰 의미가 있다. 또한 한국이 세계적인 기술 강국으로 자리 잡는 데 기여하였다.

KIST의 기여로 한국의 전자산업, 자동차산업, 조선산업 등은 글로벌시장에서 큰 경쟁력을 갖게 되었다. 또한 한국은 IT 산업과 인공지능, 바이오 분야에서도 두각을 나타내고 있으며, 미래의 기술 발전을 선도하고 있다.

한국의 60년대 과학기술만이 국민의 굶주린 배를 채워줄 것이라고 확신했던 KIST 연구소에는 봄만 되면 하얀 쌀을 뿌려놓은 듯 심어진 히팝나무가 곳곳에 피어나고 있다. 이는 당시 KIST 인들의 마음가짐이었을 것이다(자료: 2024, KIST 홍보영상).

1966년 설립된 KIST는 과학 입국의 대표적인 상징이었다. 특히 제조업 분야의 기술혁신을 이끌어 부가가치가 높은 상품의 수출을 도모하면서 우리나라 부의 축적이 지속적으로 이뤄졌다. 한편, KIST 설립 이후 시행된 중화학공업육성정책 등으로 기술 발전과 경제가 성장하였지만, 농민과 노동자의 삶에 번영을 가져다주지 못하였다. 즉 산업기술이 발전했지만, 농민과 노동자의 생활 수준은 나아지지 않았다. 경제성장으로 인해 발생하는 이익이 사회에 평등하게 공유되어야 할 때 장기적인 발전이 가능해진다. 다행히 우리 정부는 통일벼 개발을 위해 학자, 농촌진흥청, 정부의 노력을 기울였고, 이후 새마을운동으로 농촌의 인프라를 구축하면서 농민의 소득 증대를 이룩하였다. 통일벼 개발에 대해서는 다음 장에서 서술한다.

1966 통일벼 개발

한반도 5,000년 역사 동안 우리 국민이 주식인 쌀을 넉넉히 먹던 시절은 없었다. 최근까지 식량부족을 나타낸 비참한 말이 있는데 이것이 보릿고개이다. 농촌에서 늦봄에 햇보리 추수가 돼야만 끼니를 때울 수밖에 없던 힘든 시절을 의미한다. 묵은 곡식은 거의 떨어지고 보리는 아직 여물지 아니하여 농촌의 식량 사정이 가장 어려운 때를 비유적으로 이르는 말이다.

보릿고개 해결은 국가안보와 경제발전보다 우선 해결해야 할 문제였다. 1961년 수해 피해로 남한 사회가 쌀값 파동으로 불안해질 때, 북한은 50만 톤의 쌀을 원조하겠다고 제안하였다. 깜짝 놀란 정부는 급히 쌀을 수입해서 해결하였지만, 외화 부족으로 쌀을 지속적으로 수입할 수 없었다. 정부는 쌀 소비를 줄여보고자 혼식 및 밀가루 분식을 장려했고, 심지어는 학교에서 학생들 도시락을 검사하기도 했다.

1950년대 중반부터 1960년대까지 베이비붐으로 인구는 매년 3%씩 증가했는데, 주식인 쌀 생산량은 답보를 거듭하면서 쌀 부족 문제가 갈수록 심각해졌다. 식량 자급의 필요성이 증대되었다. 식량 자급을 위해서 정부는 볍씨의 다품종 개발로 초점을 맞췄다.

• 조직과 전문가 동원

1960년대 초 정부는 식량 증대를 위해 농촌진흥청이 아닌 중앙정보부를 이용하였다. 이집트에서 나다(Nahada)라는 볍씨가 다수확 품종이라는 정보를 듣고 중앙정보부를 이용하여 볍씨를 비밀리 도입해 와서 농촌진흥청에 건네주었다. 1965년 시험 재배한 결과, 기존의 벼보다 30% 이상이나 수확이 커서 '기적의 볍씨'로 소개된 적이 있었다. 박정희 대통령은 이 볍씨에 큰 기대를 걸고 자신의 이름을 따서 '희농 1호'라는 이름까지 붙였다. 막상 1967년 일반 농가에 보급되고 나니 씨받이조차 어려울 정도로 처참한 실패로 끝나고 말았다. 희농 1호는 근본적으로 열대 지방에 맞는 자포니카 품종이었으므로 선선한 가을이 있는 한국 기후와는 맞을 리가 없었다.

1960년부터 서울대학교 농과대학 교수 허문회(1927~2010)는 생산성이 높은 벼 품종을 개발하고 있었다. 그는 1962년 필리핀에 설립된 국제미작연구소(International Rice Research Institute)에서 1964년부터 2년간 연구원으로 근무하면서, 생산성이 높은 품종 개발 연구를 시작했다.

과거 일본 농학자들이 연구한 바에 따르면, 인도와 필리핀 등에서 주로 재배되는 IR 8(인디카 품종)과 우리나라, 일본 그리고 중국 동북부에서 재배되는 자포이카 품종을 교배하면 불임(不姙)이 된다는 사실을 알고 있었다. 그러나 허문회는 인디카와 자포니카를 우선 교배한 뒤 그것을 다시 다른 인디카 품종과 교배하여 안정된 품종을 만드는 전략을 시도했다. 이른바, 3원 교배를 통해 만들어진 잡종 집단으로부터 높은 생산성이 기대되는 벼들이 등장하였다. 그는 이 중 우수한 벼 종자를 선발하고 교배하여 세대를 진전시켜 나갔다. 그 결과 추위에도 강하고 수확량도 좋은 우리나라 풍토에 적합한 품종인 통일벼 IR667(통일벼 Tongil)을 개발하는 데 성공하였다. 이때가 1966년 3월이었다.

여러 품종 교배를 통한 통일벼 완성은 우리 문화의 강점인 섞는 문화, 즉 비빔밥 문화가 다시금 빛을 발휘하는 순간이었다. 비빔밥 문화는 다음에 소개하겠지만 조그만 기기 속에 온갖 기능을 혼합시켜 작동시키는 핸드폰 개발에서도 잘 나타난다.

• 도전과 성과

통일벼 개발은 육종 연구시설이 비교적 잘 갖춰져 있는 농촌진흥청과의 협력을 통해 효과적으로 이루어지면서 시험 재배가 1971년부터 시작되었고 1972년도에는 전국으로 확대하였다. 새 품종 재배로 인한 각종 시행착오를 겪으면서도 농가의 반응은 차가웠다. 전통 방식의 영농방식을 고집하는 농가에서는 보온 못자리가 필요한 통일벼 심기를 거부하였다.

정부가 끈질긴 노력과 지원 확대 그리고 동기부여를 하면서 전국적으로 통일벼 확대 재배를 시행하였다. 그 시도는 성공했다. 1974년 통일벼가 일반벼보다 생산량이 37% 증대되었다. 단위당 면적이 37% 이상 증산된다는 것은 단번에 쌀 부족뿐만 아니라 5,000년의 숙원인 보릿고개를 해결한 획기적인 일이다. 이를 통해서 농민들의 태평성대가 이룩되면서 녹색혁명의 서막이 시작되었다.

통일벼는 밥맛이 떨어지는 단점이 있었다. 밥이 푸석하고 차진 맛이 없다는 평가가 있었다. 이런 논쟁에 마침표를 찍는 일은 1971년 2월 당시 통일벼 맛 품평회에서 박정희 대통령이 통일벼에 강한 지지를 내보이면서 일단락되었다. 당시 통일벼 맛이 나쁘다면 보리밥보다 낫지 않겠나? 하는 정서가 많이 있었다. 워낙 쌀이 귀하다 보니 질보다는 양이 좋다는 인식으로 국민의 부족한 쌀 문제를 해결하였다.

1977년 통일벼를 시험 재배 보급한 지 6년 만에 사상 최대의 수확량 660만 톤을 기록하면서 쌀의 자급률은 113%를 기록하는 녹색혁명이 성취되었다. 헥타르 당 4.94톤, 세계 최고 수확량을 기록하였다.

생산증대에 크게 기여하면서 식량안보와 식량 자급자족이 실현되었다. 또한 쌀을 이용한 식품과 술 만드는 것이 허용되었다. 통일벼 재배로 농가소득이 높아지면서 집집이 TV 또는 라디오 등이 갖춰졌다. 통계청에 따르면 1974년에는 농촌 가구의 월 소득이 도시 가구의 소득을 웃돌게 되었다.

통일벼를 통해서 농촌의 풍경은 크게 달라졌다. 자급자족에 만족했던 농가들이 쌀을 시장에 판매해서 이익을 얻을 수 있는 상업형 농가로 드디어 발전하게 되었다. 농민들에게도 기업가정신으로 농사를 지으면 부를 충분히 축적하게 할 가능성을 보여주었다. 또한 단순히 농업 생산량이 늘어난 것뿐만 아니라 농민이 영농하는 방식을 바꾸는 하나의 계기가 되었다.

통일벼를 심을 때 비닐을 이용한 보온 못자리 농법이 개발되었다. 이후 농촌에서는 비닐하우스 농법이 일반화되면서 현재에도 농촌 곳곳에 비닐하우스가 쉽게 발견된다. 이런 비닐하우스 농업은 추운 지방인 몽골에도 수출되어 농업혁명을 일으키고 있다.

1978년에는 통일벼 재배면적이 58%까지 증가하였다. 이후 통일벼 새 품종들이 소개되어 재배되었지만, 도열병 및 냉해에 견디지 못하는 볍씨들이 제공되면서 1980년에 역사상 최악의 흉작 경험이 발생했다. 1970년대 말부터는 일반 벼의 생산성도 통일벼 못

지않게 높아졌었다. 비료와 농약의 사용법을 일반 벼 재배에도 응용하였기에, 1978년에는 통일 계열(4.9MT/㏊)과 일반 벼(4.4MT/㏊)의 생산성 차이가 10% 안팎으로 크게 줄어들기도 했었다.

1980년에 냉해로 인한 흉년이 발생하고 또한 1인당 국민소득이 향상되면서 양질의 일반미 선호도가 높아지자, 통일벼 재배를 꺼리게 되었다. 이에 따라 1989년에는 16%, 1991년에는 4%로 통일벼 재배면적이 크게 저하되었다. 1992년 노태우 정부의 통일벼 수매 중단에 따라 국내 농촌에서 완전히 사라졌다.

현재 통일벼는 아프리카 식량난 구원투수로 다시금 부상하고 있다. 한국은 종자은행에 종자를 기부하는 국가가 되어 한국의 종자가 여러 국가에서 교배종을 만들어 사용되고 있다.

새로운 벼 품종 개발 연구에서 보급까지의 과정은 다른 국가들에 부러움을 사고 있다. 한국은 연구기관에서 통일벼 같은 다품종 볍씨를 개발했으며, 농림부와 농촌진흥청에서 열심히 농민교육과 보급 설득을 하였다. 그리고 박정희 대통령의 식량 자급 생산에 강한 의지 등 3박자가 잘 이룬 모델이었기 때문이다. 이러한 3박자 성공 사례는 후에 설명하는 제조업 분야인 조선, 자동차, 반도체산업 창업 과정에서도 잘 나타났다.

1967 산림 녹화 사업

한국은 산림 녹화에서 세계적으로 보기 드문 성공 사례를 만들어 냈다. 우리나라 산림 녹화기록물이 2025년 유네스코 세계기록유산(UNESCO Memory of the World)에 등재됐다. 산림 녹화기록물은 6.25 전쟁 이후 황폐해진 국토를 복구하기 위해 정부와 국민이 함께 추진한 산림 녹화 사업의 전 과정이 담겨있다.

단기간에 이루어진 한국의 경제성장과 산림복원의 성공은 유엔식량농업기구(FAO)를 비롯한 국제사회에서 '한강의 기적'이라 불리며 많은 개발도상국에서 모델로 삼고 있다.

나무가 집단으로 자라고 다양한 동·식물이 서식하는 숲을 보통 삼림(森林)이라고 한다. 한국의 경우 국토 면적의 70%가 산지이고, 산지 대부분에 숲이 존재하기 때문에 산림(山林)이란 말이 더 자연스럽다.

한반도의 산림자원은 일제 말기부터 시작된 전쟁물자 조달, 해방 후의 인구 증가, 6.25 전쟁 그리고 전후 복구를 위한 자재 수요의 증가, 여기에 국가의 산림관리 기능 실종까지 가세하여 황폐화의 길을 걸었었다.

1940년대와 1950년대에는 임산 연료 이외에는 대체 연료가 거의 없었다. 막대한 양의 나무를 소비했던 우리나라 특유의 온돌문화는 민둥산을 만들어 내는 주범이 되었다. 또 6.25 전쟁이 터져 산림의 황폐화는 더욱 가속화되었다. 적당한 일자리가 없고 생활이 어려우니 화전(火田)과 도벌(盜伐), 나무장수가 성행했다. 1950년대에 이미 전국 산림의 절반은 헐벗은 민둥산으로 변했고, 풀한 포기 없이 완전 황폐화로 가는 것은 시간문제가 되었다.

1964년 12월 박정희 당시 대통령의 서독방문은 산림 녹화 사업의 분수령이 됐다. 서독방문에서 유럽의 우거진 숲을 보고 충격을 받은 박정희 대통령은 우리나라 산들이 푸르게 변할 때까지 다시는 유럽 땅을 밟지 않겠다는 각오를 다졌다고 한다(2013년 KBS 다큐).

귀국 이후 자신의 결심을 하나둘 실천에 옮겼다. 첫 번째 사업이 연료림 단지 조성 사업이었다. 국민에게 이른 시일 내 연료를 확보해 주지 않는다면 생계형 도벌을 막을 수 없으리라 판단했다. 조성 사업 과정에서 박정희 대통령은 산림 부흥론자 현신규 박사를 식목사업에 동참시켰다. 그는 우리나라 삼림 육종 개발에 기여하였다. 그가 개발한 다양한 품종의 나무들이 우리나라 산림 녹화 사업에 공급되었다. 특히 일본 소나무를 개량해 병충해에 강하고 보다 크고 빨리 자라는 신품종 리기테다라는 잡종 소나무를 개발해서 우리나라는 물론 미국에까지 공급했다. 또한 필생의 야심작 '은(銀)수원 사시나무' 개발에 성공하였다. 이 나무는 나중에 그의 성을 딴 '현(玄)사시나무'로 불리게도 되었고, 멀리 뉴질랜드로 수출돼 지금도 무성한 나무숲을 이루고 있다.

1965년부터 정부 차원의 대대적인 산림 녹화 사업이 진행됐다. 화전(火田)을 정리하고 식목일마다 대통령부터 나서서 나무를 심는 행사를 했다. 정부는 1973년 제1차 치산녹화 10개년 계획(1973~1978)을 수립해 산림 녹화 사업을 벌이고 산림 해충방제 범국민운동을 전개하였다. 당시 필자를 포함한 중고등학생들은 식목일에 깡통과 나무젓가락을 들고 산에서 송충이를 잡는 작업에 동원되기도 하였다.

• 조직과 전문가 동원

연료림 조성 사업에 성과를 보일 때인 1967년 산림청이 발족 돼 식목과 조림 등 모든 치산 녹화 사업을 진두지휘하게 되었다. 1973년엔 산림청을 경찰력과 강력한 말단행정 조직력을 갖춘 내무부 산하로 이관시켰다. 산림청장에게 헬리콥터까지 제공하는 등 그 어떤 조직의 수장 못지 않은 힘을 실어주었다. 내무부의 모든 조직이 산림 녹화에 더욱 적극적으로 개입하면서, 산림청 직원이 조랑말을 타고 산림순찰에 나서는 등 산림청의 위상은 계속 강화되었다.

1967년 강원도 정선선과 태백선 등의 철도가 개통되어 한해 1,200만 톤의 석탄을 강원도 일대에서 실어 나르기가 쉬워졌다. 이 석탄 규모는 전국이 나무 장작을 전혀 쓰지 않고 난방과 취사를 해결할 수 있는 석탄량이다. 주택과 부엌 아궁이 개량 작업에 박차를 가해 연탄 중심으로 해결해 나갔다. 가정용 연료 문제를 해결해야 한다고 일찌감치 판단한 정부의 산림 정책과 에너지 정책이 잘 결합했기에 산림 녹화는 성공할 수 있었다.

1972년부터 새마을운동과 함께 설립된 새마을 공장 덕분에 일자리가 많아지면서 생계형 도벌이 자연스럽게 사라졌다. 당시 하루 종일 산에서 연료를 채취하면 3일 정도의 땔감이 나온다. 그러나 새마을 공장에서 노동하고 임금을 받아서 연탄을 사서 때면 5일이 간다고 하였다. 경제적으로 볼 때 산림 연료를 쓰지 않고 연탄 연료로 바꿀 수밖에 없는 상황이 전개되고 있었다. 또한 산업화가 진행되면서 농촌의 유효노동력이 산업도시 마산, 울산과 포항 등으로 유입되면서, 농촌 인구가 도시로 옮겨간 것도 산림 녹화의 또 다른 성공 요인이었다.

당시 성공한 산림 녹화 사업 두 가지 사례를 소개한다. 이곳들에 나무를 심어 산림을 녹화하려는 시도는 그야말로 피눈물 나는 혈투와 다름없었기에 우리가 기억해야 할 사례들이다.

울산광역시 북쪽의 외동읍 아주 헐벗은 동대산에 1972년 수해가 발생했다. 이를 보고받은 박정희 대통령은 이 지역에 대해 사방사업[2])을 하라는 지시를 내무부 새마을부서에 내렸다. 당시 새마을부서 담당관이 고건 전 총리였다. 그의 증언에 따르면, 동대산은 화강암 부식 토질이라서 사방사업을 해도 6월에 장마가 오면 흙이 곤죽이 돼서 흘러내리는 토양이었다. 매번 사방사업을 해도 장마 때는 흘러내리고 실패를 번복하였다. 이 상황을 전해 들은 부산의 토목공학과 교수가 고건을 찾아와서 거기는 일반 사방 공법으로는 안 되고 특수 사방 공법이 적합하다고 제안하였다. 기본 원리는 사방 산지의 물길을 잡아주는 아주 가느다란 철근이 들어간 콘크리트 수로를 만드는 특수공법이었다. 이를 적용하면서 10년 동안 매년 실패하던 사방사업이 성공적이었다(2013년 KBS 다큐).

다음 사례는 경상북도 포항 영일만 산림 녹화사업이다. 당시 비행기를 타고 우리나라에 들어올 때 맨 먼저 보이는 장소가 영일만 일대이다. 이곳은 완전 벌거숭이 산들로 나무를 심을 수 없는 편마암 토질이었다. 일제 강점기부터 1973년까지 50회에 걸쳐서 사

2) '사방사업'이란 황폐지를 복구하거나 산지의 붕괴, 토석 · 나무 등의 유출 또는 모래의 날림 등을 방지 또는 예방하기 위하여 인공구조물을 설치하거나 식물을 파종 · 심는 사업 또는 이에 부수되는 경관의 조성을 위한 사업을 말한다.

방공사를 했는데 다 실패했다. 부녀자와 어린이까지 동원되어 5년 동안 밤낮 없이 물동이를 이고 지고 전투를 벌였다. 그 비탈진 모래땅을 산꼭대기까지 오르내리며 바위 부스러기로 된 토양에 퇴비를 뿌리고 나무뿌리가 활착되도록 사방공사를 실시하였다. 영일지구 사방공사는 정부와 국민의 열기가 얼마나 대단한지 보여주는 사례로 황량한 산이 5년 사이에 숲으로 거듭나게 되었다.

1971년 정부는 전 국토의 13% 규모에 개발제한구역을 설정하였다. '국립공원'을 도입하고 도시 근처에는 그린벨트를 지정하여 건축과 개발이 엄격히 제한되었다. 한편, 1972년 새마을운동의 시작과 함께 산림정책이 어느 정도 구체적인 성과가 나타나고 자신감이 생기면서, 식목은 물론 식목 후 사후관리도 철저히 실시되었다.

당시 고건 장관의 증언에 따르면, 1974년도에 심은 나무는 전국에 2만 7천개소에 약 3억 1천만 그루였다. 철저한 현지 확인을 통한 이른바 나무뿌리가 활착되었는지 확인하는 검목(檢木)도 하고 나무가 제대로 자라는지 지속적으로 육림 책임 관리도 하였다. 이런 노력 덕분에 1973년 시작된 제1차 치산녹화 10개년 계획은 4년 일찍 달성했다. 6년 동안 29억 4,000만 그루를 심었다. 79년 시작된 제2차 치산녹화 10개년 계획도 1년 앞당겨 87년에 달성했다. 이어서 산지 자원화 10개년 계획(88~97)도 성공적으로 마무리했다.

내무부는 전국 자연부락 2만 4천 개의 자연마을에 마을 양묘(養苗)사업도 시행했다. 내무부 지방비에서 마을별로 약 990㎡(300평) 정도의 임대료를 지급하고, 생산된 묘목은 정부 고시가격으로

100% 지급하였다. 그때까지만 해도 논·밭농사에 매달려 있던 농촌에서 양묘 사업을 벌여 묘목도 공급하면서 농가 수익도 올리게 되었다. 산림녹화 사업이 농민들의 수입 대상의 발상 전환을 가져온 셈이다.

2017년 한국의 나무 총량은 9억 7,360만㎥다. 1952년의 27배 규모가 된 것이다. 유엔식량농업기구(FAO) 통계자료를 바탕으로 계산해 보면, 2015년 기준으로 한국 산지 1㏊당 나무 총량은 148.5㎥로 320.8㎥인 독일이나 352㎥인 스위스에는 못 미치지만 131.2㎥인 미국을 앞질렀다.

• 도전과 성과

숲을 가꿔나간다는 것은 그냥 농사짓는 것처럼 1년에 끝나는 게 아니라 60년, 100년을 보는 것이다. 시간적인 관점에서 사람들이 관심을 덜 가질 수 있고 또 어떻게 보면 효과도 안 나타난다.

산림 녹화는 나무만 심는다고 해결되는 것은 아니다. 필요에 따라 과감한 정부 조직의 개편도 요구되었고, 기반 시설 마련 등 국가의 전반적인 차원에서 지원도 필요했다. 국민의 동의와 합의를 끌어내기 위한 치밀한 행정력도 뒷받침이 되었다. 따라서 우리나라 산림 녹화 성공 사례는 전 국민과 국가가 공동으로 만들어 낸 하나의 역작이었다.

산림사업은 맨손의 역사이며 가난의 고통에서 벗어나고 했던 고통의 역사이기도 하다. 대통령의 리더십, 새마을운동에 나타난 국민적 에너지 그리고 치밀한 행정력, 기술력의 뒷받침을 연결하는 시스템이 잘 작동됐기 때문에 가능했다. 산림사업이 성공했다는 것은 우리의 큰 자랑거리가 됐다.

환경 분야의 세계적 저술가인 미국의 레스터 브라운 전 지구정책연구소장은 지난 2006년 출간한 '플랜 B 2.0'이라는 책에서 '전 세계를 통틀어 국토 전체가 헐벗었다가 성공적으로 복원된 처음이자 거의 유일한 사례다. 한국의 산림 녹화는 세계적 성공작이며 한국이 성공한 것처럼 우리도 지구를 다시 푸르게 만들 수 있다'라며 '박정희 대통령의 결단이 큰 역할을 했다'라고 저술했다.

1968 경부고속도로

서울에서 시작해 부산까지 연결된 경부고속도로는 이른바 '한강의 기적'이라 불리는 대한민국의 고도 발전상을 상징하는 도로이다. 일찍이 우리 역사상 경부고속도로보다 더 큰 건설사업은 없었다. 조선시대 한양 축성(1396)이 있었고, 일본인에 의하여 건설된 것으로는 경부선 철도(1905)와 경의선 철도(1906) 노선 개통 등이 있지만 그 규모와 공사의 질에 있어서 서울-부산 간 고속도로에 비할 바가 아니다.

서울에서 부산까지의 육로 거리는 약 477km로 도보로는 3주일이 걸리는 아득한 천 리 길이다. 서울-부산 간을 일반국도로 시속 60km로 달리면 8시간 53분이 걸리며 고속도로로 달리면 시속 80km로 5시간 21분, 시속 100km로 4시간 17분밖에 안 걸려 시간 절약의 편익이 지대한 것이다. 마치 아인슈타인의 상대성원리 즉 고속으로 우주선을 타고 가면 그 안의 시계가 지구의 시계보다 느리게 간다는 실험적 증거가 적용되는 것이 아닌가 하는 재미있는 착각도 해본다. 즉 고속도로 승객의 시계가 일반도로 버스 승객의 시계보다 느리게 갈 수도 있겠구나! 엉뚱한 생각도 해본다.

경부고속도로를 이야기하면 대통령의 강한 의지를 빼놓을 수가 없다. 1964년 12월 박정희 대통령이 차관 도입을 요청하기 위해 서독을 방문했을 때 서독 정부는 박정희 대통령에게 서독 전국 각지의 산업시설을 시찰시켜 줬다. 이때 서독이 자랑하는 고속도로 아우토반(히틀러 정권 때 만든 독일의 고속도로)을 여러 번 왕복하게 된 박정희 대통령은 산업 물류 수송에 있어 고속도로의 역할에 확신을 가지게 되었다.

한국 방문 경험이 있고 한국의 도로 사정을 파악했던, 서독 에르하르트 총리가 박정희 대통령에게 정책적 충고를 해주었다. 고속도로를 건설하고, 그리고 그 고속도로 위로 자동차를 달리도록 조언했다. 자동차를 만들려면 철이 필요하니 제철공장을 세워야 하고, 경제가 안정되려면 기업들을 세워야 한다고 주장하였다. 전후 오랜 숙적이었던 독일과 프랑스 간의 관계 개선 사례를 들면서 한국과 일본과의 교류의 필요성을 역설했다고 한다.

에르하르트 총리의 국가 재건 프로젝트 제안을 귀담아들은 박정희 대통령은 평소 간직했던 생각을 구체화해 귀국 후 바로 실행에 옮기게 된다. 경부고속도로, 포항제철소 건설 그리고 한일회담 개최 등이 이루어졌다.

노벨상 수상자들이 대부분 좋은 아이디어는 동료들과 가벼운

대화로부터 얻었다고 한다. 박정희 대통령도 서독 경제부흥에 참여했던 당시 독일 총리의 제안을 귀담아들은 것은 한국경제의 큰 행운이었다. 이 대화를 통해 박정희 대통령의 경제개발 계획이 정립된 것이고 귀국 후 자신의 평소 갖고 있던 아이디어에 확신을 갖게 되었다고 판단된다. 한편, 독일 정부는 간호사, 광부 파견 및 대통령의 진심이 통했는지, 담보가 필요 없는 재정(財政) 차관 2억 5,000만 마르크(약 4,770만 달러)를 한국 정부에 제공하기로 했다.

• 조직과 전문가 동원

박정희 대통령이 귀국한 후 1965년부터 고속도로 건설 내부 계획안 검토가 시작되었다. 1966년 태국에서 고속도로 공사 경험이 있던 현대건설 정주영을 비롯하여 국내의 여러 건설 전문가들을 청와대로 불러 경부고속도로 건설사업을 본격적으로 논의하기 시작했다. 1966년 말까지 건설부, 재무부, 서울시, 육군 공병감실, 그리고 현대건설 등 공신력 있는 기관에 고속도로 공사비 견적을 산출해 보도록 했다. 재무부는 330억 원, 서울특별시는 180억 원, 육군 공병감실에서는 490억 원, 현대건설은 280억 원으로 예산을 산출했다. 건설부는 650억 원으로 예상했다가 다른 부서보다 견적이 훨씬 높았기에 450억 원으로 수정하여 보고했다.

공사비 견적의 편차가 큰 것은 당시 건설 관계자들조차 고속도로 건설 개념이 없었다는 것을 의미한다. 최종안은 해외 고속도로 공사 경험이 있는 현대건설이 산출해 낸 280억 원에 가중치를 두고 건설부의 450억 원을 절충한 330억 원으로 건설 비용을 책정했다. 실제로 든 건설 비용은 429억 7천3백만 원으로 건설부가 조정하여 낸 금액과 비슷했다. 1967년 한국 1년 예산 1,800억 원이었다.

1960년대 후반에는 경제활동도 미약하여 물동량도 많지 않고, 국내 자동차도 생산하지 못한 상태에서 막대한 예산이 소요되는 고속도로 설립의 필요성에 의문이 제기되기도 했다. 재정적, 기술적 문제보다 고속도로가 왜 필요한지 무지의 반대 목소리가 더 큰 장애물이었다. 당시 연구와 용역 조사에서도 후순위에 건설해야 할 도로라는 주장도 있었다.

박정희 대통령은 제 III 부에서 소개할 포항제철소를 착공하는 등 이미 중화학 공업 육성 계획을 실행에 옮기고 있었다. 이런 상황에서 반대를 무릅쓰고 경부고속도로의 건설을 강행했다. 대통령은 노선 선정과 설계, 토지 매입, 공사 일정 관리, 자금 조달, 인력 동원 등 건설 과정의 전 단계에 직접 관여했다. 직접 헬기를 타고 전 국토를 다니면서 노선 확정 지역 순시를 하는 등 강한 의지를 나타냈다. 당시 경부고속도로가 지나가는 지방 도시의 포목점들은 깜짝 경제특수를 누렸다. 경부고속도로가 지나갈 예상된 지역에 빨간 포플린 또는 나이론 천을 준비해서 설치했다. 박정희 대통령은 헬리콥터를 타고 가면서 설치된 예상 도로를 보면서 구간 설정의 타당성을 검토하였다.

실제 공사는 1968년 2월에 착공되었는데, IBRD가 경부고속도로 같은 남북 종단 도로보다는 횡단도로(서울~강릉, 포항~울산~순천~여수~광주, 대전~목포)가 더 시급하다고 차관 제공을 거부했다.

즉 고속도로가 필요 없는 국가로 판단한 것이다.

경부고속도로는 '우리의 기술과 우리의 자금으로' 건설이 이루어져야만 했다. 당시 차관을 확보하지 못한 정부가 건설 자금을 확보하기 위해 고육지책을 선택했다. 국회에서 진통을 거쳐 1968년 2월 29일 통과시킨 휘발유세를 200% 인상, 통행료, 도로 공채, 한일 협정 자금 27억 원 등 국내외 자금을 모두 동원했다. 노선이 확정되고, 자금이 마련되었는데 다음 문제는 토지 보상이었다.

자금 압박을 받은 박정희 대통령은 1평당 토지 보상을 300원 이하로 서울시장과 경기도지사에게 제안했다. 당시 담배 한 갑에 40원, 쌀 한 가마니가 4,350원이었다. 당시 지주들이 고속도로 주변 땅을 싸게 팔아서 정부는 평당 가격이 236원으로 예상보다 낮은 가격으로 토지를 매입하였다. 지주들의 적극적 호응은 향후 고속도로 주변 땅값의 상승을 고려해서 비교적 싼 값으로 제공하였을 것이다. 그러나 국민 모두 같이 노력해서 발전해야 한다는 국민의 염원이 반영된 것으로도 해석된다.

• 도전과 성과

경부고속도로는 1968년 2월 1일에 착공해서 1970년 7월 7일 약 2년 5개월 만에 개통하였다. 총연장 428㎞인 경부고속도로(4차선)의 건설에는 429억 7,300만 원의 공사비가 소요되었다. 어림잡아 경부고속도로 공사비는 ㎞당 1억 원이었다. 요즘은 행정절차 및 타당성 검토 등 최소 5년 이상 소요되는 사업이 10개월로 마무리되었다. 이 기록적인 건설 속도는 이후 다른 구간에서도 표준으로

자리 잡혔다.

이후 경부고속도로가 불과 10년 앞을 내다보지 못하고 졸속 설계 · 건설된 누더기 고속도로라는 오명을 뒤집어쓰기도 했다. 또한 미리 정해진 일정을 맞추기 위하여 군대가 적을 향해 돌격하는 방식으로 진행한 돌관공사(突貫工事)는 숱한 문제점을 낳기도 했다. 군에서 차출된 공사 현장 감독들은 잦은 초과 작업과 철야 근무로 인부들을 압박했고, 무리한 공사 진행은 잇단 사고를 불러 77명의 생명을 앗아 가는 결과를 가져왔다. 또한 예산 제약으로 인해 도로의 너비, 포장 두께가 불충분하게 설계되어 개통 직후부터 노면 파손, 노반이나 축대 붕괴가 끊이지 않고 일어났다. 이에 보수 공사도 쉴 사이 없이 계속되어야 했다.

비슷한 시점에 일본에서도 東名(Tomei expressway: 동경-나고야) 고속도로가 1968연 4월 25일 완공되었다. 공사 기간은 7년(84개월), 총연장 346.8km, km당 공사비 7억~10억 원이었다. 일본의 고속도로 공사비는 한국의 7~10배 규모였다.

완벽을 추구한 일본 고속도로와 대조해서 '빨리빨리'를 추구한 한국 고속도로를 비교하면서, 장단점을 분석해 본다. 당시 부자국가인 일본의 임금과 자재비 등이 한국보다 월등 높았다는 사실을 잠시 무시하고 단순히 비용을 비교해 본다. 일본 고속도로 총공사비 3,500억 원을 한국 430억 원짜리 경부고속도로에 투자하고 나머지 여유자금을 은행에 저금한다고 가정하자. 3,000여억 원을 당시 은행 금리 12%로 15년을 복리 계산하면 만기가 되는 1985년에는 원금 포함해서 1조 6,420억 원이 된다. 참고로, 삼성경제연구소에 따르면 1970년대부터 20년간의 평균 금리는 연 23.1%이고 1980년대는 14%이다. 경부고속도로의 20년 동안(1971년~1990년) 보수비는 약 1,527억 원(자료: Youtube, The Civilization 위대한 문명사 14화, 김태유)으로 추정하였다.

예금된 자금 1조 6,420억 원에서 보수비 1,527억 원을 차감하면 여유자금이 약 1조 5,000억 원이다. 이 자금 규모는 중부고속도로(1985년 착공된 총연장 141.7km 총공사비 3,867억 원)와 중앙고속도로(1989년 착공한 총연장 280km 총공사비 9,289억 원) 2개를 건설비로 충당한 총금액 1조 4,700억 원 규모이다.

한국 정부의 선택은 우선 급히 고속도로를 완공하고, 추후 보완 공사하는 형태로 추진되었다. 이른 시일에 도로를 완성하고 여유분의 자금으로 생산성이 높은 곳에 다른 곳에 투자한다면, 새로운 사업이 가능하다. 당시 이자율이 15% 이상 높은 이유도 그만큼 자본의 생산성이 15%보다 높기 때문이다. 즉 생산성이 높은 곳에 남은 자금이 유입되면서 새로운 사업이 탄생하고 이에 따라 일자리도 창출된다.

결과적으로 경부고속도로 건설은 저렴한 공사 선택으로 국가 발전에 필요한 중부 및 동부 고속도로를 공사할 수 있는 자금 여력을 가능케 했다. 우리나라의 저가 고속도로 건설은 단점도 많았지만 나름대로 경제적으로 긍정적인 의미도 있었다.

건설 공사를 저렴하면서도 속전속결로 마무리하는 선택들은 포항제철소를 건설했던 창업자 박태준, 현대조선소를 건립했던 창업자 정주영 등의 아이디어에서도 나타난다. 뒤에서 자세히 서술하겠지만, 현대조선소를 건설하면서 동시에 배를 건조하던 창업자 정주영의 아이디어는 현대조선소가 경쟁력을 확보하는 데 기여하였다. 조선소 건설하는데 3년, 수주한 배를 완공하는 데 3년이 소요된다. 조선소 건설과 배를 동시에 완공한다면 3년의 기간이 절약된다. 절약되는 자금으로 더 수익이 높은 사업에 투자할 수도 있었다. 이것이 성공해서 현대조선소가 세계 최대 조선소가 되었다. 다음에 소개하겠지만 1976년 세계 최대 공사인 사우디아라비아 주베일 산업항 건설공사 수주에서도 저가 수주로 엄청난 외화 수입을 얻게 되면서 국가 외환위기 극복에 기여하였다. 이처럼 70년대 건설 및 제조업 분야에서 발견되는 '빨리빨리' 문화가 결국 국가경쟁력을 높이는 데 이바지했고, 아이러니하게도 우리 산업의 경쟁력으로 나타났다.

경부고속도로의 건설은 1970년대 이후 속속 건설된 대규모 고속도로들이 모방하고 개선할 수 있는 하나의 선례를 제공했다. 또한 우리나라의 교통 체계와 수송 분담률이 철도 위주에서 도로 교통 중심으로 옮겨가게 하는데도 결정적인 계기가 되었다.

외국자본이 한 푼도 안 들어간, 순전히 우리 국민이 낸 세금으로, 우리의 기술로, 물류 수송의 일대 전환과 혁명을 이뤄냈다. 이후 고속도로가 지나는 길목마다 공업단지와 산업단지가 들어서고, 거기서 생산되는 수출품들을 끝도 없이 실어 나르는 산업의 대동맥으로, 물류 수송의 획기적 일대 변화를 불러오게 되었다. 자동차, 제철, 정유공장 등의 관련 산업이 경부고속도로를 축으로 자리 잡았다.

1970년 7월에 경부고속도로가 완공된 이후 많은 관계자가 이를 두고 '박 대통령의 걸작품'이라고 부르기를 주저하지 않았다. 박정희 대통령이 힘차게 추진하여 완성된 경부고속도로가 국가 발전에 지대한 공헌을 한 것은 확실하다. 그러나 오랜 시간이 지나서, 경부고속도로가 영남과 호남의 부(富)의 분배에 차이를 더 심화시키는 결과를 초래했다. 경부고속도로 주변으로 산업단지가 형성되면서 인근 토지와 아파트 가격이 높아지게 되었다. 반면 상대적으로 산업단지 형성이 불리한 호남 지역의 부동산 가격은 큰 변동이 없었다. 부동산 가격 차이, 부가가치 생산으로 인한 소득 차이 등 결국 경부고속도로 건설 이후 영호남의 소득 및 자산 가격 격차가 크게 벌어지게 되었다. 이것이 지역 간 갈등, 소득 불평등과 자산 불평등에 대해 부정적인 영향을 미치고 있다. 이런 현상이 정치적 갈등으로 연결되어 지역 간 갈등이 지속적으로 나타나고 있다. 이에 대해서는 제 IV 부에서 자세히 소개한다.

1970 새마을운동

박정희 대통령이 1964년 서독방문 중 아우토반을 달리면서 펼쳐지는 서독 농촌 풍경과 고속도로에 매료되었다고 한다. 박정희 대통령은 귀국 후 자신이 구상해 온 고속도로와 농촌 개혁 계획을 실행에 옮겼다. 고속도로 구상에 대해서는 이미 경부고속도로 편에서 다뤘다. 농촌 개혁 운동은 새마을운동으로 나타났다.

새마을운동(Saemaul Undong, New Community Movement)은 초기부터 특이하였다. 박정희 대통령이 두 번에 걸친 농촌 개량 사업 실패에 교훈을 얻어 1970년 4월 22일 전국 지방 장관회의에서 농촌 부흥을 위한 '새마을 가꾸기'를 처음으로 언급하면서 국가정책으로 시작되었다.

박정희 대통령은 집권 초기부터 농촌 개발에 관심을 가졌다. 1961년 7월 24일 재건국민운동을 발족하면서 국민 의식과 생활 전반에 걸친 개혁을 추진하였다. 특별법에 근거한 일종의 정부 주도 정신 개혁 운동이었다. 특별한 동기부여가 없이 운동 참여만 강조하는 국민 총동원령으로 참여 실적이 저조하여 실패로 끝났다.

다음에 시도한 것이 농어민 소득 증대 특별 사업이었다. 1968년부터 전국적으로 약 100개 지역에 벼 이외의 소득 품목들의 주요 산지 조성 사업이었다. 이번에는 정신적 개혁보다는 경제적 유인에 중점을 둔 사업으로 농업 기업가들의 참여가 많았다. 그러나 마을 중심의 농촌 개발과는 거리가 멀어 보편화되지 못하였다. 대부분이 영세농이었던 일반농민들은 이 사업에서도 참여할 수 없었다.

당시 제1, 2차 경제개발 5개년계획이 성공적으로 달성되었다. 지난 10년간 국민소득이 4배로 증가하는 경제적 성과 속에 농촌 문제는 점점 잊히게 되었다. 수출주도형 경제정책 성공은 도시와 농촌의 소득격차라는 심각한 지역 불균형 문제를 낳게 되었다. 다행히 경제성장의 성과로 농촌을 지원할 수 있는 자본 여력이 축적돼 있었다.

1970년 두 번의 시행착오와 도시와 농촌의 소득격차에 따른 지역 불균형을 인식한 박정희 대통령은 구체적이면서 조심스러운 제안을 하기 시작하였다. 그것이 새마을운동이다. 농민들의 정신적 개혁을 추진하면서 경제적 동기부여를 결합한 통합계획이 시도되었다.

거창한 구호는 버리고 빈약한 농촌의 인프라 구축 사업으로 시작하였다. 농촌 개발을 위한 기반 시설을 구축하고 농민들이 스스로 삶을 개척하기 위해서는 낙후된 마을 환경사업이 시급했다. 1970년대 초 농촌의 약 80%는 초가집이었고 전기가 들어간 마을은 20%에도 미달했다. 마을까지 자동차가 들어갈 수 없는 곳이 절반이나 되었다.

새마을운동을 이야기하면 제일 먼저 떠오르는 것이 마을 입구의 시멘트 길이다. 물론 아스팔트보다는 질이 떨어지지만, 당시 농촌의 기초 인프라였다. 한국의 지하자원 중 매장량이 가장 풍부한 것이 시멘트의 원료가 되는 석회석이다. 석회석 원료가 풍부하니까 시멘트공장이 많이 생겨났다. 1970년 7월 7일 개통된 경부고속도로 건설사업으로 시멘트가 생산 과잉되고 마침 수출 부진으로 재고가 쌓여있는 상황이었다.

1970년 10월부터 전국 3만 3,267개 마을에 시멘트를 무상으로 336포대씩 나눠주기 시작했다. 대상마을은 지역별 강한 유대감 형성되어 있는 자연부락이다. 자연부락이 새마을운동의 유대감을 형성하는데 가장 적합한 마을 공동체로 판단한 것이다. 역사 속 피어났던 우리 민족의 두레, 품앗이, 대동계 등의 여러 협동 의식이 새마을운동을 통해 발현될 기회가 마련된 것이다.

정부로부터 받은 자재를 가지고 무슨 사업을 할 것인가? 분배받은 시멘트는 농가별로 나누어 줄 것이 아니라 반드시 마을 공동사업에 써야 한다는 조건을 붙였다. 구체적인 사업은 주민들 스스로 결정하게 하였다. 마을 사람들 스스로 토론하고 마을 공동사업을 경청하는 과정에서 동기가 유발되고 자발적으로 참여하게 되는 것이다. 그 결과 시멘트는 각자 마을에서 협의를 통해 독자적으로 마을 진입로 확장, 우물 개량 및 상수도 설치, 하천 둑 개조, 공동 목욕탕 및 공동 빨래터 만들기, 하수시설 개선 등을 위해 사용되었다.

시멘트를 무료 제공하기 시작한 다음 해 정부는 성과가 좋은 마을의 1/3만 선정해서 시멘트 500포대와 철근 1톤씩을 추가로 제공·지원하였다. 마을간 경쟁을 유도하고 마을의 등급화와 차등 지원이라는 새마을운동의 추진 원리를 수립하는 계기를 마련하였다.

전국 마을에서 가장 성과가 좋은 마을이 자립마을, 다음이 자조마을, 그리고 성과가 미비한 마을은 기초마을로 등급이 나뉘고 기준이 정해지자, 전국에서 새마을운동 불길이 들불처럼 퍼져갔다. 1970년부터 1979년까지 약 9년 만에 3만 5천 개 마을 중 97%가 자립마을로 승격했고 기초마을은 하나도 남지 않았다. 정부의 기대를 크게 웃도는 성과였다. 한편, 1970년대에는 경제가 발전함에 따라 시멘트, 슬레이트, 철근 등이 대량생산 되면서 전국 마을에 환경 개선에 필요한 자재가 충분히 공급된 점도 이 사업이 성공한 주요 배경이다.

차등 지원으로 새마을 사업이 활성화가 되면서 정부 지원 사업에도 주민 부담을 요구하였다. 예를 들어 1976년 새마을 사업 재정 투입 비율은 정부가 16%, 주민 부담 36%, 주민들의 노동 가치를 현금으로 평가한 것은 48%였다. 이러한 차등 지원 및 매칭 펀드 개념은 최근 실행되고 있는 각종 연구개발 및 세계 의료계가 부러워하고 있는 한국 의료보험 제도에서도 활용되고 있다.

• 조직과 전문가 동원

새마을운동은 순전히 박정희 대통령의 개인적인 구상에서 시작되었다. 무슨 사업을 어떤 방법으로 추진할 것이며 새마을 지도자는 어떤 방식으로 양성해야 한다는 것까지 거의 모두가 박정희 대통령의 개인적인 구상에서 나왔다. "새벽종이 울렸네"로 시작하는 새마을 노래도 박정희 대통령이 작사 작곡을 했다. 새마을운동은 관련 법률도 없고 전담 기구도 없었다. 밑으로는 '마을 총회'나 '개발위원회'가 새마을운동의 핵심 조직이며 맨 위로는 박정희 대통령이 주관하는 월례 경제 동향 회의가 실행 기구였다. 일반 공무원이나 언론기관에서도 무슨 일이 벌어지고 있는지 잘 몰랐다.

새마을 지도자를 양성하는데도 반드시 남자 한 명, 여자 한 명으로 짝을 짓는 등 당시 사회적 상황에서 볼 때도 상당히 적극적인 시도였다. 새마을 부녀회 회원들이 새마을운동 초기부터 남성들보다 더 적극적으로 참여했다. 새마을운동 활성화에는 부녀회원들의 역할이 컸으며 이것이 새마을운동의 큰 동력이 되었다.

• 도전과 성과

1973년 겨울에는 새마을운동을 성공적으로 추진한 마을을 선정하고, 7대 일간지 1면 등에 컬러사진과 기사를 게재했다. 당시 컬러사진에는 마을 입구의 넓은 길, 경지가 정리된 농경지, 지붕 개량이 끝난 마을의 농가, 뒷산의 푸른 나무, 열심히 일하는 농민의 모습 등이 나타나 있었다. 농촌 마을의 경관이 1000년 이상 큰 변화 없이 유지되다가 불과 3~4년 사이 완전히 바뀌는 계기가 되었다. 80%에 달했던 초가지붕은 1975년에는 거의 찾아볼 수 없게 되었다. 또한 마을 안까지 자동차가 들어갈 수 있도록 진입로가 닦였고, 농가 마당까지 경운기가 출입할 수 있도록 마을 길이 확장됐다. 280만 호의 농가에 전기를 공급하여 농민들이 TV를 시청하고 각종 전자제품을 사용하게 하여 농촌에서도 현대문명 혜택을 누릴 수 있게 되었다. 1970년 전기가 들어온 마을은 20%에 불과했지만, 새마을운동 결과로 1978년에는 98%까지 높아졌다.

새마을운동은 1970년대 중반부터 소득 증대 사업으로 진화했다. 비닐하우스를 이용해 채소, 과일, 담배 등을 키우게 했으며 목축 사업이 추진되었다. 새마을 공장을 건설해 농한기에도 농외소득을 올릴 수 있었다. 그 결과 농가소득이 증대되어 1974년에도 농민 소득이 도시 근로자 평균소득을 웃돌게 되었다.

새마을운동이 농촌지역에서 구체적인 성과를 거두면서 도시로 확대되었다. 소비 절약의 실천, 시민의식의 계발, 도시환경정비 사업들이 포함되었다. 또한 국도 가꾸기 사업으로 가로수 및 꽃길 만들기 운동 등이 확대되면서 전국민적 운동으로도 확산시켰다.

1974년부터는 산업현장의 생산성을 높이고 안정적인 노사관계를 만들기 위하여 '공장 새마을운동'이 시작되었다. 1976년에는 도시지역의 공동체 의식을 높이고 새마을운동의 범국민화를 위하여 '도시 새마을운동'이 대대적으로 전개되었다. 이로써 새마을운동은 짧은 기간 동안 지역과 세대를 넘어 급속도로 파급될 수 있었다.

새마을운동은 가장 낙후됐던 농촌 마을 단위에서 시작해서 역으로, 대도시로 파급된 특이한 운동이다. 그러나 1980년 새마을운동 중앙본부가 발족되고, 전국적인 조직망이 구성되면서 관료화의 실마리가 되었다. 이로써 자발적으로 참여하는 1970년대 새마을운동의 원형이 불행히도 사라지게 되었다.

1980년대 새마을운동은 86아시안게임과 88올림픽을 통하여 다시 살아났다. 질서 · 친절 · 청결 등 3대 시민 운동을 대대적으로 펼쳐 대회의 성공적 개최에 기여하는 성과를 거두기도 하였다. 또한 외환위기를 겪었던 1997년 12월 10일 새마을운동 부녀회 중심으로 금 모으기 운동(애국 가락지 모으기 운동)으로 금 14톤을 무상으로 헌납하였다. 금 모으기 운동은 자발적 애국 운동으로, 외환위기를 겪는 여러 국가의 부러움을 사고 있다. 국가가 위기일 때마다, 새마을운동은 국민의 의지를 한곳으로 모으는 원동력이 되고 있었다.

새마을운동으로 농촌 인프라 문제를 해결한 경험은 세계적으로도 인기가 높았다. 1970년대 새마을운동을 시작한 시기의 1인당 소득과 최근 새마을운동을 수입하려는 개발도상국들의 1인당 소득이 비슷하다. 이런 이유에서 자연스럽게 새마을운동은 개발도상국 지원 사업을 통하여 대내외적으로 높은 관심과 주목을 받게 되었다. 북한 · 필리핀 · 몽골 · 중국 · 베트남 · 인도네시아 등의 지역사회개발을 적극적으로 지원하였다. UN도 새마을운동을 아프리카 빈민 퇴치프로그램으로 활용하고 있다.

한국에서 새마을운동 연수를 받았던 개발도상국 인사들은 다음 같은 재미있는 질문을 던졌다고 한다. 첫째, 70년대 국가가 마을마다 배분한 시멘트 336포대의 물량이 어떻게 최종 마을까지 다 전달될 수 있는지 의구심을 가졌다. 이에 대해서 당시 시멘트 배포는 새마을 지도자들이 직접 확인하였으며, 사용한 빈 포대는 군청에서 회수하였다. 회수된 빈 포대는 재활용되어 수당으로 재지급되면서 시멘트 배분에 따른 비리와 부패를 원천적으로 막았다.

두 번째 질문은 한국에서 새마을 지도자로 선출되면 일정한 대가를 받아서 상응하는 봉사와 역할을 한다는 점이다. 그런데 자신이 받은 수당을 마을 공동사업으로 재투자하여 마을 공동자금으로 재활용하는 사례가 있었다. 이런 한국의 새마을 지도자의 헌신과 봉사 정신을 이해하지 못했다고 한다.

새마을운동은 세계에서도 높게 평가되고 있는 운동이다. 지도자의 비전과 열정 그리고 국민의 자발적 참여가 새마을운동 성공의 배경이다. 우리 민족에게는 고유의 상부상조하는 전통적 정신문화가 있는데, 이것이 새마을운동의 근면, 자조, 협동 정신의 뿌리가 되었다. 기존의 새마을정신에 21세기 지식기반사회에서 요구되는 나눔, 봉사, 창조가 가미 된다면 앞으로도 지속할 수 있는 국민운동이 되리라 판단된다.

1973 중화학 공업화, 중동진출 그리고 100억 달러 수출 목표

1970년대 한국경제는 북한과의 군사 분쟁을 고려하지 않고는 설명할 수 없다. 1960년 후반 북한은 베트남의 게릴라전을 보면서 남침 야욕을 드러냈다. 급기야는 북한은 1970년을 '무력 적화통일의 연대'로 설정하였다. 1970년 북한의 국방비는 남한의 2배를 넘었다.

박정희 대통령은 1970년 8월 15일 북한의 김일성에게 '어떤 체제가 좋은지 선의의 경쟁을 하자'고 제안했다(오원철, 2006, pp.113). 북한의 6개년계획(1971~1976)의 목표 연도는 1976년이었으며 남한의 제3차 5개년계획(1972~1976)의 목표 연도도 1976년이었다.

1971년에는 주한미군 7사단까지 철수했고, 미국이 약속한 한국군 현대화 계획 지원도 지지부진했다. 1971년부터는 북한이 휴전선 근처 땅굴을 파기 시작해서 1974년 11월 15일 경기도 연천 고랑포 8km 지점에서 제1땅굴이 발견되었다. 이러한 남북한 대치 위협 분위기를 극복하고자 제3차 5개년계획에는 전혀 포함하지 않았던 방위산업 계획이 1971년 11월부터 본격적으로 출발하게 되었다. 즉 우리나라 방위산업의 원년은 1971년이 된 것이다.

남북한 체제 경쟁 속에서 수출은 중요한 의미를 갖는다. 1960년대 잘 살아보자고 온 국민이 똘똘 뭉칠 때, 수출이 국력이라고 믿었다. 경제개발계획을 시작하던 1962년 수출액은 5,000만 달러였다. 1964년도 1억 달러를 달성했으며, 10억 달러를 넘은 것은 1970년의 일이었다.

박정희 대통령은 1970년 신년사(자료:대통령 기록관)에서 1970년대 말 수출 50억 달러, 국민소득 500달러 목표를 발표하였다. 남북한 군사 긴장 분위가 절정인 1973년 1월12일 신년 연두 기자 회견에서 50억 달러 수출계획은 '100억 달러 수출'과 '중화학 공업 육성'으로 목표를 대폭 수정하였다. 갑자기 수출 50억 달러 목표를 100억 달러 목표로 2배 상향 조정 발표 선언했다. 도대체 그 자신감과 이유는 무엇인가?

100억 달러 수출 목표 수정은 남북한 경제 구도를 이해하는 데 매우 중요하다. 당시 박정희 대통령의 정확한 의중을 확인할 수 없지만, 북한 경제를 제압하기 위해서는 기존의 50억 달러 수출 목표로는 부족하다고 판단하였을 것이다.

계산은 간단했다. 1970년 북한 수출 규모는 3.4억 달러 추정, 남한 수출은 10억 달러였다. 북한 인구는 1,500만 명으로 추정되었으며 남한은 2,926만 명이었다. 남북한 인구가 2배 차이 상태에서 수출은 겨우 3배 차이가 난 것이다. 1970년대 말 50억 달러 수출 목표로는 북한을 국력으로 굴복시키기는 부족하다고 판단한 것이다. 남한이 전쟁 위기에서 벗어나고 경제대결에서의 완전한 승리는 적어도 100억 달러 수출이라고 판단한 듯하다.

당시 남북한 체재 대결에서 승리할 수 있는 상황에 대하여 손자병법의 균형(軍形)편에 있는 그 유명한 전술을 소개한다.

> 知彼知己, 百戰不殆, 不知彼而知己, 一勝一負, 不知彼不知己, 每戰必殆.(지피지기, 백전불태, 부지피이지기, 일승일부, 부지피부지기, 매전필태.)
>
> 적의 상황을 알고 나의 상황을 알면 백 번 싸워도 위태롭지 않다. 적의 상황을 모르고 나의 상황만 알고 있다면 한 번은 승리하고 한 번은 패배한다. 적의 상황을 모르고 나의 상황도 모르면 매번 전쟁할 때마다 반드시 위태로워진다.

손자병법 모공(謀攻)편에 다음과 같은 지혜가 있다. 박정희 대통령의 100억 달러 수출 달성은 북한의 침략 의지를 무디게 하는 남한의 필승 전략이라고 판단된다.

> 孫子曰: 昔之善戰者, 先爲不可勝, 以待敵之可勝. 不可勝在己, 可勝在敵.(손자왈: 석지선전자, 선위불가승, 이대적지가승, 불가승재기, 가승재적)
>
> 손자가 말하였다. 옛날에 전쟁을 잘하는 장군은 먼저 이길 수 없는 나를 만들고, 승리가 가능한 적군을 대적한다. 적이 승리하지 못하게 하는 상황은 나에게 존재한다. 내가 승리할 수 있는 상황은 적에게 존재하는 것이다.

• 중화학공업육성정책

1970년대 국가적 목표는 '100억 달러 수출, 1,000 달러 소득'이란 정부의 구호로 표현됐다. 100억 달러를 어떻게 달성할 수 있을까? 박정희 대통령은 1972년 어느 날 오원철 경제수석에게 '100억 달러를 달성하려면 무슨 공업을 해야 하지?' 하고 질문하였다고 한다(오원철, 2006).

베트남 전쟁이 끝나던 1973년 한국의 주종 수출 상품은 경공업 제품으로 가발, 스웨터, 와이셔츠 등이었다. 정부는 경공업 발전으로는 조국의 선진화가 불가능하다고 판단하고 선진국들이 생산하는 중화학 공업 패턴으로 경제구조를 바꾸고 있었다. 이미 한국경제는 100억 달러 달성을 위한 전진을 시작하였다. 1970년 4월 1일 포항제철소가 첫 삽을 뜨는 착공식을 가졌으며, 그해 7월 7일 경부고속도로가 완공되었다. 1972년 3월 23일에는 현대조선소가 공사 시작을 알리는 기공식을 했다. 박정희 대통령은 중화학 공업 건설이 더 구체화하기를 기대하였다.

우리 정부의 경제 전문가들은 이웃 나라 일본의 사례를 참조하면서 적합한 전략 산업을 선택하고 있었다. 정부에서 준비된 중화학 공업 건설계획에 따르면 기존에 건설 중인 조선공업, 기계 소재 공장(철강재) 및 일반기계공업, 정밀기계공업, 전자공업 등의 발전계획이 마련되었다. 일본은 1957년 중화학 공업 정책 선언 후 1967년 10년 만에 100억 달러 달성한 사례가 있었다.

박정희 대통령은 1973년 1월 12일 연두 기자 회견에서 '중화학 공업화(重化學工業化)'를 선언하였다. 이 선언은 대한민국의 운명을 바꿔 놓았다. 1인당 국민소득 320달러(1972년)의 개발도상국가가 조선 · 전자 · 기계 · 제철 · 자동차 · 석유화학 · 원자력 등 기술집약적인 핵심 산업을 발전시키면서, 100억 달러 수출 목표를 달성하려는 험난한 길로 들어섰다. 대통령 비서실장 김정렴(金正濂)과 중화학 공업 기획단장 오원철이 핵심 역할을 맡았고,[3] 선택과 집중의 원칙에 따라 분야당 1~2개의 민간업체를 선정해 부지와 도로, 자금을 전폭적으로 지원했다(자료 조선일보, 2008년 7월 17일).

경제위기 상태에서는 지도자의 리더십이 매우 중요하다. 위기경제를 효율적으로 운영하는 전문가 그룹에 올바른 결정할 수 있는 권한과 힘을 실어주는 것은 지도자의 역량이기 때문이다. 이 과정에서 훌륭한 지도자는 경제위기를 극복하면서도 유능한 기술관료나 전문가를 이용하여 새로운 경제도약 기회를 만들기도 한다.

손자병법 지형(地形)편에서도 전쟁에서 승리하는 유능한 장군의 자격을 기술하였다.

> 料敵制勝 計險厄遠近 上將之道也. 知此而用戰者必勝 不知此而用戰者必敗.(요적제승 계험액원근 상장지도야. 지차이용전자필승 부지차이용전자필패.)
>
> 적의 상황을 잘 통제하여 승리하고 지형의 험난함과 위험, 멀고 가까움을 계산하는 것이 장군(상급 지휘관)이 해야 할 일이다. 이것을 잘 이용하여 전쟁하는 자는 반드시 승리한다. 이것을 잘 이용하지 못하고 전쟁을 하는 자는 반드시 패배한다.

당시 학계에서는 막대한 자금이 필요한 중화학 공업화는 여러 나라에서 실패했기 때문에 기술과 자본 조달이 어려운 상황에서 한국의 성공 가능성에 상당히 회의적이었다. 특히 조선, 석유화학

---

3) 중화학공업육성정책 수립과 실행에는 전문기술관료(테크노크라트)인 오원철 수석의 역할이 중요했다. 박정희 대통령 신임 하에서 한국경제를 경공업에서 중화학 공업과 방위산업으로 산업정책을 전환하는 결정적인 역할을 하였다.

산업은 자본 집약적 산업으로, 상당히 투자 위험부담이 되는 산업으로 획기적인 수출증대가 불가능하다고 우려했다.

당시 선진국이 되기 위해 중화학 공업을 해야 한다고 판단한 사람은 대통령 박정희 한 사람과 주변 몇몇 기술관료뿐이었다. 당시 정부는 한국경제의 운명을 걸고 중화학 공업 정책 실행을 하고 바로 국민투자기금(채권발행 투자 기금)을 조성하였다. 그리고 전 국민이 참여하는 국민 총력 수출 체제로 유도하면서 100억 달러 수출을 약속하였고 이를 1977년에 달성했다.

• 중동진출

중화학 공업화를 발표하자마자 곧 뜻하지 않는 시련이 시작되었다. 제1차 석유파동이 발생하였다. 1973년 10월 6일 제4차 중동전쟁이 발발하면서, 미국이 이스라엘 지지로 석유의 무기화를 선언하였다. 중동 산유국들은 1973년 11월 4일 석유공급량 25% 감축을 선언하였다. 당시 한국 석유 수입의 60%는 사우디산이었다. 중동전쟁으로 수출이 평균 22% 감소하면서, 경제위기를 예고하였다.

석유파동으로 국제상품값의 폭등, 국내 물가파동 등을 유발하였다. 무역적자가 심화하면서 경상수지 적자도 1973년 3억 800만 달러에서 1974년 20억 2,300만 달러로 늘어났다. 당시 자본거래를 보면 1973년 2억 9,000만 달러를 외국서 빌려왔는데 1974년에는 20억 달러로 늘려야 했다.

갑작스러운 석유파동으로 한국경제는 위기에 처했다. 정부는 신속하게 베트남에서 숙달된 기술자와 장비를 중동 지역으로 이전시켰다. 당시 중동 산유 국가들은 석유 달러로 의욕적인 경제 건설을 꿈꾸던 시점이었다.

중동진출의 성과는 곧 가시화되었다. 1965년부터 9년간 중동 건설 수주 총액은 2,400만 달러였다. 1973년 중동에 최초 진출한 기업은 삼환기업(주)이 유일했지만, 1979년에는 무려 60개 업체로 늘었다.

석유파동 이후 우리나라 건설 회사들이 중동에 대거 진출하면서 건설사업수주 총액이 1974년 8,900만 달러에서 매년 폭발적으로 늘어나, 1981년에는 126억 달러로 늘어났다(<표 12-1> 참조). 중동진출 절정기인 1978년도에는 약 80억 달러를 수주하였으며 해외 건설 외화가득액은[4] 17억 달러로, 당시 GNP의 3.7% 수준이었다. 이 자금은 경공업에서 중화학 공업으로 진입하는 데 절대적인 자금원이 되었다.

<표 12-1> 해외건설 외화수입과 GNP(단위: 백만 달러)

	1976년	1977년	1978년	1979년	1980년	1981년
GNP	27,423	35,168	47,350	60,066	56,266	63,342
해외건설 가득액	344	992	1,730	1,638	1,825	2,102
비중	1.3	2.8	3.7	2.7	3.2	3.3
중동 해외수주 실적	2,429	3,387	7,982	5,958	7,819	12,670

출처: 대한상공회의소, 1984.

4) 외화가득액이란 수출로 벌어들인 돈 중에서 수출 상품의 생산을 위해 투입된 수입원자재 비용을 뺀 잔액을 말한다.

중동 진출한 한국 건설 노동자와 관련 업체 종사자들도 1978년에는 14만 2,000명에 이르렀다. 베트남에 이은 두 번째 거대한 해외 인력 진출이었다.

거친 모래바람이 불어대는 열악한 근로조건의 중동 건설 현장은 선진국 근로자들에게는 매력적인 곳이 아니었다.[5] 당시 서방을 비롯한 다른 나라들에 잘 알려지지 않던 중동 국가들은 문화적으로도 생소해 외국인이 오래 머물며 생활하기가 쉽지 않은 곳이었다. 기술력이 부족하거나 근로조건이 워낙 까다로워 다른 나라 근로자들은 감히 엄두도 내지 못하는 열사(熱砂)의 땅에서 우리 근로자들은 땀을 흘렸고, 그 모진 노력이 귀중한 외화가 되었다. 중동 건설의 성공은 국가의 부를 증대시키면서 다시 한번 경제위기를 벗어나는 데 크게 기여하였다.

우리나라 국운은 이미 베트남과 중동에서부터 시작되고 있었다.

한국경제는 1973년 석유 위기와 통상 마찰의 장벽을 넘어섰고, 중동진출과 중화학 공업 육성으로 철강 · 전자 · 선박 · 금속 · 기계 제품의 수출이 늘어났다. 여기서 1976년 현대건설이 수주한 9억 3천만 달러 주베일 산업항 건설공사는 당시 중화학 공업에 따른 부족한 외자 조달 및 국가 재정에 크게 도움을 주면서 기술 발전에도 크게 기여하였다.

---

5) 현대건설 창업자 정주영은 중동 건설 공사에 대해서 역발상을 하였다. 중동 건설현장은 비가 오지 않기 때문에 일하기 좋은 조건이다. 또한 기후가 더워서 낮에는 작업을 할 수 없지만, 선선한 밤에 작업이 가능했다. 건축 자재인 모래하고 자갈은 사막에서 무한 공급이 가능했다. 바닷물을 여과하여 담수로 사용하고 필요한 시멘트는 한국에서 공급하면 중동 건설은 가능했다. 당시 맨주먹정신으로 무장된 수많은 베트남 파병 용사들과 근로자들이 있었기에 그의 역발상이 가능했다.

중동발 석유 위기에서 탈출하는데 중동 파견 기능공과 노동자들도 큰 역할을 했다. 정부는 부족한 기능사와 기술자 양성에 적극 지원하였다. 1976년 9월 기능사 양성을 위해서 용산공고를 포함하여 11개 공고 2,000여 명의 학생을 선발하여 6개월간 교육을 했다. 교육받은 어린 18세와 19세의 기능공들이 중동에 진출하여 사업장에서 피와 땀으로 사명을 다해 중동진출 성공에 버팀목 역할을 했다. 70년대 말 중동진출을 위한 청년 기술자 양성 과정은 이후 사회 안정화에도 크게 기여하였다. 이들 기술자가 귀국하여 각 분야의 전문 기술자로 역할을 하면서 국내에서도 경제발전에 이바지했으며 이에 따라 중산층이 두껍게 형성되었다. 이에 대해서는 제 IV 부에서 서술한다.

정부와 민간들이 기업가정신을 발휘하여 석유 위기와 정면 승부하기 위해서 중동진출을 시도하였으며, 이를 통해 한국경제와 한국인의 새로운 활동공간을 창조할 수 있었다. 만일 남북한 통일이 된다면, 중동진출에서 얻은 소중한 경험을 다시 살려 남한의 젊은이들이 북한 경제 발전에 참여하면서 그 활동 범위를 넓혀보는 기회가 있기를 희망해 본다.

• 100억 달러 수출 목표 달성

중동 진출한 기업들의 약진과 중화학 공업 정책에서 발전한 산업들이 수출에 기여하면서 1977년 100억 달러 수출 달성을 하게 되었다. 1977년 12월 22일 100억 달러 돌파는 '한강의 기적'이 비로소 결실을 보았다는 상징과도 같았다.

100억 달러 수출이 달성되면, 국력이 그만큼 향상되어 국민의 생활이 북한 주민보다 월등히 윤택해진다. 방위산업 및 모든 중화학 공업이 북한을 능가하여 감히 6.25 한국전쟁과 같은 도발은 못하게 된다. 결과적으로 남한의 자유경제 체제가 북한의 사회주의 체제보다 우월하다는 것이 입증되었다. 이는 남북한 간의 '체재전쟁'에서 남한이 완승하게 되었다는 의미이다. 100억 달러 달성으로 북한의 도발 의지가 무너졌다.

손자병법 모공(謀攻)편에서 다음과 같은 지혜가 있다.

> 是故百戰百勝, 非善之善者也, 不戰而屈人之兵, 善之善者也. 故上兵伐謀, 其次伐交, 其次伐兵, 其下攻城.(시고백전백승, 비선지선자야, 불전이굴인지병, 선지선자야. 고상병벌모, 기차벌교, 기차벌병, 기하공성.)
>
> 백 번 싸워서 백 번 이기는 것이 최상이 아니다. 싸우지 않고 적을 굴복시키는 것이 최상이다. 그러므로 최상은 병력으로 적의 싸우려는 의도 자체를 깨는 것이고, 다음은 적의 외교를 깨는 것이고, 그 다음은 적의 병사를 깨는 것이고, 성을 공격하는 것은 최악이다.

100억 달러 수출 달성은 우리의 자신감과 자긍심을 심어 주는데 결정적인 역할을 하였다. 결국 경제정책 측면에서는 중화학 공업 정책 선택이 옳았다. 더 이상 북한 경제는 남한 경제를 따라올 수 없는 상태가 되었다. 그해 6월 미국 시사주간지 뉴스위크는

'한국인들이 몰려온다'라는 커버 스토리를 실었다. 세계가 대한민국을 주목하기 시작했다는 신호탄이었다.[6]

6) 1964년 수출 1억 달러, 1970년 수출 10억 달러, 1977년 수출 100억 달러를 달성했다. 10억 달러 시대에는 한국 농촌에 전기가 들어가서 여가산업이 시작되었다. 초가집이 사라지고, 식량의 자급자족 해결로 배고픔의 시대를 벗어나게 됐다. 100억 달러 시대에는 산업화와 사회적 변화의 전환기가 되었다. 산업화로 인해 경제적으로는 번창했지만, 사회적으로는 다층화되고 불평등이 심화되기 시작하였다. 한편, 10억 달러에서 100억 달러 달성하는 기간은 서독은 11년, 일본 16년이었으며, 한국은 7년 만에 이룩했다.

제13장 북한 정부의 아마추어 리더십

워싱턴의 민간 연구단체인 '헤리티지재단'이 발표한 '2022 경제자유지수' 보고서에서 북한은 조사 대상 177개국 가운데 177위를 기록했다. 북한은 세계에서 가장 중앙 통제가 심하고 폐쇄적인 경제체제를 갖고 있으며 자유 시장 경제의 기본적 정책 기반조차 없는 나라라는 지적이다.[1)]

북한 경제의 상태를 파악하기 위해서 생산 규모를 먼저 살펴보자. 통계청에 따르면 2024년 북한의 명목 국내총생산(GDP)은 40조 2,000억 원이다. 남한(2,401조 2,000억 원)의 60분의 1(1.7%) 수준

1) 북한은 김일성이 절대권력을 가지기 이전인 1950년대만 해도 공산주의식 계획경제 시스템이 제대로 작동하는 국가였다. 김일성이 1967년에 마르크스 책까지 검열 대상이 된 도서정리사업을 시작하였다. 이후 1인 독재체제를 구축하고 1974년에 김정일이 공식적인 후계자로 추대되었다. 북한 사회는 1970년대부터 경직된 개인숭배 사회로 퇴행해 버렸다. 1970년대 전후로 북한과 조선로동당은 공산주의는 명목상으로만 존재할 뿐이었다. 완전히 김일성 집안의 사유물로 전락하고 말았다. 공산당 특유의 견제구조도 없어진 상황이었다. 김일성은 김정일의 후계체제를 견고히 하기 위해 1970년대에 각종 속도전으로 경제성과를 내세우려고 했다. 그러나 주먹구구식 경제시스템 하에선 별다른 경제적 성과를 낼 수 없었다. 더군다나 과도한 군사비와 우상화 그리고 두 차례의 오일 쇼크로 북한 경제는 막대한 외채더미에 휩싸여 침체기로에 접어들었다(자료: https://namu.wiki/).

이다. 참고로 2024년 삼성전자 매출 300조 8,709억 원, 영업이익 32조 7,260억 원을 달성했으며, HD현대(구 현대중공업)는 매출 67조 7,656억 원, 영업이익 2조 9,832억 원을 기록했다. 북한의 총생산 규모 40.2조 원은 삼성전자, HD현대 매출 규모보다 훨씬 작은 규모이다.

• 아마추어 리더십

침체의 늪에 빠진 북한 경제를 분석하기 위해서는 리더십을 이해하는 것이 중요하다. 프로 리더십의 특징은 구성원의 역량을 최대한 끌어내고, 조직의 목표를 달성할 수 있도록 방향을 제시한다. 그러나 아마추어 리더십은 조직의 목표를 제시하면서 구성원들의 의견보다는 자신의 주장이 항상 옳다고 집착한다. 과도한 목표 달성에 욕심을 부리고 단기간에 모든 것을 이루려는 특징을 가진다. 앞에서 1960년대 가나의 군사독재 정권에 관해서 서술하였듯이 아마추어 리더십 주변은 항상 시끄럽다.

김일성은 1945년 소련의 도움으로 한반도 북부에서 권력을 잡으면서 공산독재 체제를 구축했다. 그는 소련의 허락을 얻고 1950년 6.25 전쟁을 일으켜 남한을 침공하였다. 전쟁 중 1,000만 명 이상의 이재민과 이산가족 발생하였고, 북한군은 사상자만 80만 명이었다. 중공군이 참전하면서 전세가 역전되고, 1953년 휴전이 성립되었다. 전쟁으로 북한 시설 60%가 파괴되어 북한은 완전히 폐허 상태였다.

전쟁 이후 북한은 소련과 중공의 지원으로 경제 재건을 시도하였다. 북한은 1961년부터 '인민 경제발전 7개년계획'(1961~1967)을 발표하면서 7개년계획이 완성되면 공업 생산 수준이 일본 수준을 상회 할 것으로 예상했다.

천리마운동 등으로 북한 경제는 빠르게 회복하여 1960년대 1인당 소득이 남한의 1.5배, 어획량이 남한의 6배, 발전량은 남한의 5배, 화학비료 생산은 20배에 달했다. 1960년대까지만 해도 북한의 1인당 국민소득은 137달러로 94달러인 남한의 1.5배였다. 또한 어느 정도 북한 경제가 활성화되면서 김일성은 조금만 더 노력하면 적화통일을 다시 노려볼 수 있다고 판단하였다. 반면 박정희 대통령은 1960년대부터 시행된 월례 수출진흥회에 계속 참석하면서 이미 수출에 관해서는 전문가가 되었다. 그리고 자신이 수립한 수출주도형 경제정책에도 자신감을 느끼고 있었다. 반면 경제계획에 실패한 북한은 게릴라침투, 박정희 대통령 암살 기도, 남침용 땅굴 시도 등의 여러 가지 방법으로 남한의 사회적 불안을 조성하였다.

김일성은 1970년대부터 계획되었던 주요 경제 프로젝트들을 대규모로 진행해 남북한 체제경쟁에서 밀리지 않는 동시에 경제 성과를 내세워 체제를 결속시키고자 했다. 온갖 개발 정책을 동시다발적으로 마구 시행하면서 대규모 투자를 하였다. 북한 정부 예산의 30%를 국방에 투자하면서 중공업, 경공업, 농업 발전에 힘을 쏟았다. 마구잡이 대규모 투자로 북한 경제에는 무리가 왔다. 과도한 투자계획에 비해 북한의 자본과 자원이 한정되어 있었으며, 불합리한 정책으로 경제는 한계에 도달하면서 경제 침체가 시작되었다.

• 자립경제 노선의 한계

개발도상국은 자국의 힘만으로 기술 자립을 이루기 힘들며, 해외의 우수한 기술을 습득하여 자국의 기술로 만드는 작업이 필요하다. 이러한 이유로 경제발전을 위해서 수출주도형 경제정책이 중요한 것이다. 그러나 북한은 1960년대 경제개발계획이 차질을 빚게 되자 소극적인 정책인 '자립 갱생', '공업의 주체성' 등을 강조하게 되었다. 부족한 자원에도 불구하고, 북한은 이념적으로 훌륭할지는 몰라도 민족 자립경제 노선을 통해 외부의 도움 없이 경제발전을 이루고자 하는 경제적으로 불리한 전략을 시도하였다. 당시 북한은 자력갱생의 환상에 젖어 있었다. 북한의 폐쇄 경제정책은 북한 경제의 고립을 초래하였고, 결국 쇠퇴의 길을 걷는 계기가 되었다.

반면 남한은 베트남전 파병 및 중동진출 등으로 해외시장을 개척하면서 경제가 급성장하기 시작하였다. 1974년에는 남한 1인당 소득은 543달러, 북한 515달러로 남북한 국민소득 격차 역전이 벌어지게 되었다. 남한은 연평균 8% 이상의 고도성장을 누리며 한강의 기적을 이룩하고 있었다. 남한은 수출 100억 달러 목표를 세우고 있었다.

남한과 체제경쟁 중인 상황에서 김일성은 상대적으로 조바심을 느끼고 있었다. 김일성은 외부의 도움 없이 민족 자력으로 경제발전을 이루겠다는 정책이 성과가 없자 경제를 반등시킬 방법으로 해외차관 도입을 추진하였다. 당시 유럽은 경제적 호황으로 은행들의 해외 대출이 증가하고 있었다. 북한은 자립노선을 탈피하고 외국자본을 빌렸는데 1971년에서 80년까지 22억 7천만 달러 상당의 차관을 도입하였다.

새로운 차관 도입으로 북한 경제는 일시적으로 상승하였다. 지하철을 남한보다 1년 일찍 개통하고, 컬러 TV도 남한보다 6년 빠른 74년에 송출하였다. 이를 반영하여 북한은 1975년 1인당 소득이 597달러, 남한은 592달러를 기록하면서 북한은 다시 경제가 번영하는 듯 보였다.

북한 경제의 일시적 상승 이면에는 엄청난 문제점이 도사리고 있었다. 해외차관으로 국내 투자가 증대하였지만, 북한 체제 특성상 투자 주체가 기업이 아니고 정부가 되니 그 성과는 저조하였다. 그러나 김일성은 경제발전에만 고무되어 물품생산을 더 늘릴 것을 지시했으며, 북한공장들은 과잉생산으로 재고가 쌓였다.

앞에서 기술한 바와 같이 손자병법 군형(軍形)에서도 '패배하는 군대는 먼저 전쟁을 일으키고 이후에 승리를 구한다.' (敗兵先戰而後求勝 패병선전이후구승) 하였듯이 김일성은 일단 일을 벌이고 경제성장을 추구한 것이다.

경제는 이미 침체가 시작되었다. 특히 80년대 들어서는 남한과의 경제력 격차가 점점 벌어지고 있다는 조바심에 서해갑문, 순천비날론 공장 등의 검증되지 않은 사업에 국가 예산을 쏟아붓기 시작했다.

북한 자력갱생의 한계는 섬유공업에서 잘 나타난다. 세계의 합성 섬유는 면(綿)의 대체품인 폴리에스터, 모(毛)의 대체품인 아크릴, 생사의 대체품인 나일론 등이다. 북한은 자력갱생 원칙상 석회석과 석탄으로 만드는 '비날론' 한 가지만 택할 수밖에 없었다. '비날론'을 섬유로 실용화한 나라는 북한밖에 없다. 북한은 매장량이 풍부한 석탄에서 뽑은, 주체 섬유라고 일컫는 비날론을 생산하기 위한 생산 공장설립에 막대한 투자를 하였다. 전력이 부족한 상황에서는 전력 소비가 많은 비날론 생산의 어려움이 있었다.

석탄 원료로 만든 비날론이 석유를 원료로 만든 섬유제품에 비해서 색이나 품질에서 떨어지는 것은 당연하다. 또한 원료인 석회석과 석탄을 가공하는 데는 엄청난 전기가 들어 시대착오적인 방법이었다. 대용품 정도의 품질이며, 수출은 불가능했다(오원철, 2006).[2)]

북한은 자력갱생의 함정에 빠지게 된 것이다. 고립적인 북한의 경제정책은 경공업 제품 생산 부진으로 나타나고, 결국은 대외 전략 수출 상품의 부재로 이어지게 되었다. 북한 체재는 경제성장의 핵심이 정부, 기업, 그리고 근로자의 끊임없는 코디네이션이 있는 남한 체재와 너무 달랐다.

남북한 경제정책 성과를 비교하면서 강조하고 싶은 것은 경제

2) 비날론은 빨면 수축이 되고 채색도 잘 안되는 섬유로 석유화학에서 만든 섬유보다 품질이 떨어지는 단점이 있었다. 1984년 북한이 남한에 보내준 수해 원조품으로 북한에서 보내준 천이 매우 번들거리고 뻣뻣했다고 하는데 아마 비날론 같은 합성 원단을 준 것으로 보인다는 증언이 있었다(자료: https://namu.wik). 한편, 냉전 시기에는 소련이나 중국이 정치적인 이유로 저급한 북한 제품을 구매해 줬지만, 냉전 종식 이후에는 그럴 필요가 없어졌다. 이미 북한보다도 값싸게 물건을 수출할 수 있는 나라들이 넘쳐나다 보니 경쟁력에서 밀려나게 되었다.

발전의 파트너 선택이 매우 중요하다는 것이다. 대외 파트너를 선택하는 일은 전적으로 국민과 정부에 의해 이루어진다. 남한은 미국과 일본에서, 북한은 중국과 소련에서 각각 자본과 기술을 수입하였다. 경제적으로 세계 최강이던 미국이나 일본과는 달리, 중국과 소련은 자국의 경제자립도 이루지 못한 채 어려움을 겪고 있었다. 그 와중에 중국과 소련이 북한을 지원한다는 것은 사실상 불가능한 일이었다.

• 대형 토목공사의 함정

북한은 대규모 국내 투자를 하면서 다시금 어려움이 가중되었다. 대형 공사인 서해갑문 건설로 대동강물을 조절하여 건설 후 많은 수자원과 통학로 확보가 가능하다고 판단하였다. 1981년 5월 4일에 착공할 당시 김일성은 공사비로 40억~60억 달러를 투입하고 4~5개 군단 규모의 조선인민군 육군 군인(20만 명)과 수만 명의 노동자들을 동원해 이 갑문을 3년여 기간 내에(1984년) 완공시키자고 했다. 방대한 규모와 기술력 부족, 극히 나쁜 작업 조건 때문에 완공 시한을 2차례 연기하다 보니 계획보다 2년이나 늦은 1986년 6월 24일에야 완공되었다.

너무 급하게 서두르면서 날림공사로 문제투성이 공사가 되었다. 완공된 갑문은 언제 터질지 몰라서 복구 대비 조가 항상 대기해야 했다. 건설계획 자체도 잘못되어 대동강 유량이 급격히 바뀌었으며, 이에 대동강에서 숭어 어획량이 줄고, 결빙 현상으로 수십 일 동안 배도 못 지나게 되었다. 득보다 실이 더 많았다.[3)]

1970년대 두 차례 겪은 석유파동으로 전 세계 경제가 타격을 받으면서 북한도 큰 타격을 입었다. 반면 남한은 민간 기업들이 중동 건설사업에 진출하면서 외화 수입으로 석유파동의 위기를 넘겼다. 북한은 원유 가격 상승으로 불어나는 무역적자가 증가하면서 무역대금을 지급할 수 없게 되었다. 결국 1980년대에 채무불이행 선언을 하였는데, 갚아야 할 액수는 2013년 기준 30여 개국으로 140억 달러가 되었다. 북한은 대외적으로 신용불량 국가가 되었지만, 의외로 소련과 중국의 보호막 역할로 별 타격을 입지 않았다.

남한 경제는 1980년대 원화가치 하락, 저유가, 저 국제금리 현상인 3저 호황 시기에 경상수지 흑자를 기록하면서 12% 경제성장률을 기록하였다. 늘어나는 경상수지 흑자를 이용하여 대외부채를 상환하였지만, 북한 경제는 3저 현상 기회를 이용할 수 없는 경제체제를 운영하고 있었다.

경제적 몰락이 본격적으로 시작되면서도 북한은 체제의 우월만 증명하고 싶어 하는 자존심 싸움을 하였다. 1984년 8월 31일부터 9월 4일까지 남한에서는 서울과 경기 일대에 많은 비가 내려 이재민 23만 명이 발생하는 등 막대한 피해가 발생하였다. 북한은 같은 해 9월 8일 북한적십자회 방송을 통해 남한에 쌀 5만 석(약 7,800톤), 옷감 50만m, 시멘트 10만 톤, 의약품 등을 지원하겠다고

3) 공사비를 공식 수치인 40억 달러로 쳐도 매우 심각한 수치가 나온다. 서해갑문이 완공된 1986년 기준으로 북한 GDP가 136.5억 달러 남짓이었다. 착공 전에 이미 쓸모없다고 판명된 서해갑문 하나를 짓느라 GDP의 약 30% 가량을 써버렸다는 말이 된다. 결과적으로 서해갑문 공사로 나라 경제를 완전히 거덜 냈다고 판단된다(자료: https://namu.wiki).

공식적으로 제의하였다. 북한은 잘 살고 남한은 힘들다는 것이 증명되겠다고 판단하여 국제사회의 승자로 비치길 바랐다. 예상 밖으로 남한은 9월 14일에 대한적십자사가 북측의 제의를 수용하겠다고 공식 회답하였다.

앞에서도 지적하였듯이 1961년에도 쌀 부족 상태로 남한이 어려울 때 북한이 쌀 원조를 제안하였다. 당시 남한 정부는 이를 거절하였고 해외에서 쌀을 도입해서 해결하였다. 이번에도 남한 측에서 북한 원조를 거절하리라 판단했지만, 예상은 다르게 흘러갔다. 남한 전두환 정부는 북한의 원조 제안을 흔쾌하게 받겠다고 했다. 북한은 당황했다. 손자병법 작전(作戰)편에서도 지혜로운 장수는 식량을 적에게서 얻으려고 노력한다.(智將務食於敵. …)고 하였다. 북한의 자만심 결과인 것이다.[4)]

1988년 남한에서 88 서울올림픽이 열렸다. 성공적인 대회개최로, 한국의 위상이 전 세계 알려졌다. 북한은 또다시 자존심을 내세워 대규모 행사인 1989년 제13차 세계청년학생축전 국제행사를 개최하였다. 남한에서는 임수경 학생이 당국의 허가 없이 홀로 참가하면서 남북한의 큰 논쟁거리가 되기도 하였다. 세계청년학생축전은 1947년 프라하에서 시작된 공산국가 청년 학생들이 참가하는 대규모 국제행사로, 북한은 서울올림픽보다 더 크고 화려

---

4) 북한은 막대한 자금이 소요되는 수해 지원을 남한으로 보내게 되었다. 북한이 대외적으로 파산선고(디폴트 선언)까지 한 상황인데, 체제 우월 차원에서 한 제안을 전두환 대통령이 수락해 버려 낭패를 보게 된 것이다. 그렇다고 자기가 제의를 해놓고 말을 바꿀 수도 없었다. 결국 비축해 둔 전쟁물자를 총동원하고 심지어 북한만의 능력으로 부족해서 중국에서 얻어와서 물자를 마련했다고 한다(자료: https://namu.wiki).

하게 준비하였다. 당시 세계 최대 규모의 릉라도 5.1 경기장을 완공하고, 남한의 63빌딩보다 큰 105층 류경호텔을 건설하였다. 여기에 체제 단속을 위해서 평양에 주체사상탑, 개선문, 고려호텔 등의 대규모 토목공사까지 진행하면서 엄청난 자금을 사용하였다. 이때 지은 건물들은 대부분 보여주기 위한 관상용 건물이었다.

반면 남한은 올림픽 개최 시 선수들의 숙박 건물들을 민간 분양해서 수익을 올렸다. 북한은 공산 체제이기 때문에 부동산 수익은 불가능하며, 지어진 건물들로 수익 창출도 불가능했다. 결과적으로 국제사회에 보여주기식 이벤트로 외화만 낭비하는 등 북한이 꺼져가는 불꽃을 마지막 피우던 시절이었다. 5년 후 김일성은 사망하였다.

• 1990년대 북한 경제

1991년 소련이 해체되면서 북한으로 향하는 공산국가 유통망이 끊겼고 자원 조달 루트도 사라졌다. 설상가상으로 1995년부터 3년간 폭우와 가뭄으로 막대한 피해를 보아서 이재민에게 식량을 배급이 어려웠다. 나라 시스템 전체가 붕괴하면서 아사자 33만 명이 발생하고 경제는 추락했다. 이를 고난의 행군이라고 한다.

당시 식량부족으로 북한 남성의 평균 신장은 남한에 비해 8.8cm 작았다. 북한 노동자들이 외화벌이로 외국에 도로 정비 사업 등에 투입되었는데, 소련의 블라디보스토크 등에서 키 작고 왜소한 북한 노동자들을 다수 확인할 수 있었다. 돌이킬 수 없는 북한의 경제적 실패가 고난의 행군이라는 대기근으로 이어졌고 이

것이 블라디보스토크 거리에서 확인된 왜소한 북한 노동자 모습으로 나타난 것이다.[5)]

1990년대 북한은 정치적 혼란에도 빠져버렸다. 1994년 82세 나이 김일성 사망하면서 불안정한 리더십, 소련의 붕괴 등으로 북한 체제의 붕괴가 예측됐다. 통상적으로 체제가 붕괴하면 주민 반란 또는 측근 쿠데타가 발생하는데, 북한에는 이러한 일이 발생하지 않았다.

김정일은 북한 경제의 붕괴가 자신의 탓보다 대외적 여건이고 간부들의 자질 부족으로 발생했다고 남 탓을 하였다. 또한 공산주의에서 허용하지 않던 시장을 허용하여 장사를 할 수 있도록 하여 그들의 불만을 어느 정도 해소하려 노력하였다. 또한 정적을 숙청하고 권력을 자신에게 집중되게 만들어 놓았다. 군을 앞세운 공포정치, 선군정치, 최악의 경제 속에서도 대외적 여건이 개선되면서 북한 경제는 다시 회생하였다.

• 2000년대 북한 경제

2011년 권력을 장악한 김정은 5년 동안 북 · 중 무역 확대로 매우 안정적인 경제를 보여주어서 북한 유지에 성공하였다. 그러나 북한은 여전히 빈곤 국가, 북한의 기대수명은 남한보다 13년 짧으

5) 최근 러시아에 파견된 북한 노동자들이 엄격한 감시와 통제 속에 거의 노예 같은 환경에서 일하고 있다고 영국 BBC방송이 2025년 8월 12일 보도했다. 북한 노동자들이 극악한 환경을 버티고 벌어들이는 돈은 월 100~200달러(약 13만~26만원)에 그친다. 북한 정권이 '충성비' 명목으로 소득 대부분을 뜯어가서다. 그마저도 노동자들의 도주를 막기 위해 귀국 시 한꺼번에 준다고 한다(조선일보, 2025. 8. 13.).

며, 북한의 대외 무역총액은 남한의 1,766분의 1에 불과하다. 한편, 북한이 살아남는 데 성공하자, 위협적으로 변했다. 경제력의 약점을 보완하고자 비대칭 전략인 핵과 미사일 개발을 하면서 군비 확충에 집중투자 했으며, 탄도미사일, 핵무기도 최소 20개를 보유한 것으로 추정한다. 북한은 무력을 과시하고 주민에게 체제에 충성하도록 강제하고 있다.

경제정책에는 항상 양면의 효과가 있다. 가장 좋고 유리한 정책도 잘못 운용하면 고통이 되고, 반대로 비효율적으로 보이는 것이라도 잘 운영하면 큰 효과를 얻게 된다. 북한 경제는 체제의 모순과 온갖 경제정책 실패, 그리고 1990년대 이후 냉전의 종식과 함께 최빈국으로 추락했다.

앞으로도 북한이 유리한 정책만을 골라내는 수완이 있는지는 미지수다. 이미 북한은 과거 대내 지향적 경제정책을 고수하고 보여주기식 정책을 하면서 핵무기 개발을 지속하는 등 같은 실수를 계속 반복하고 있기 때문이다. 더 심각한 건 북한에서는 반성은커녕 아직도 이 실책들을 '혁명 과업의 치적'으로 선전하고 있다는 점이다. 사실 반성했다면 지금보다는 개선되었겠지만, 문제는 수령절대주의라는 주체사상의 이념 함정에 걸린다는 것이다.

앞에서 소개한 노벨경제학자 아세모글루가 지적한 착취적 제도의 핵심은 소수 인력이 권력을 갖는 체제이다. 착취적 제도 하에서는 어느 정도 경제성장이 가능하다. 그러나 인센티브가 없고 기회가 박탈되고, 민주주의가 없는 독재체제에서는 경제성장이 지속할 수 없다.

제 III 부
한국 창업자들의 기업가정신

시장경제에서 기업가는 부(富)를 창출하고 일자리를 만드는 중추적인 역할을 한다. 국가 주요 산업의 창업자가 되는 것은 기업인에게는 큰 영예이다. 게다가 창업을 통해 국가에 경제적인 부를 축적하게 했다면 그 영예는 곱절이 된다. 창업자는 기회를 찾아서 자신의 명예를 모험하는 사람이다. 그는 수천 명 몫의 용기를 갖고 있다. 산업 창업자가 성공하여 거대한 영예를 안고 떠나면 후배 기업인들은 창업자가 남긴 업적을 확대 적용할 뿐이다. 창업가가 많은 국가의 경제는 지속적으로 성장하게 된다. 제 III 부에서는 중화학 공업 정책으로 기틀을 잡은 제조업의 발전과 기업인들의 투지와 열정에 대해서 다룬다. 국가 발전에 기여한 많은 산업이 있지만, 대표적인 산업인 철강, 조선, 자동차, 반도체산업 창업자들의 열정과 기업가정신을 소개한다.

제14장 철강산업

한국 산업의 태동은 철강산업으로부터 시작되었다. 기초 소재인 철강제품을 값싸게 공급하면 자연히 다른 산업의 생산을 유발하는 등 산업 간 연관효과가 크다. 더구나 불가능할 것만 같았던 종합제철소 건립이 성공적으로 이루어짐에 따라 기업은 물론 국민에게 자신감을 심어 주었다. 그동안 투자를 미루고 있었던 석유화학, 조선, 자동차산업 등 제반 중화학 공업 분야에 과감한 투자가 이루어지게 되었다. 포항제철소의 성공적인 건설은 이들 산업에서 철강 소재를 제공함으로써 국제경쟁력을 배후에서 지원하는 역할을 하였다.

우리나라 철강산업은 황무지에서 시작하여 40년 만에 세계적인 산업으로 발전하였다. 1973년까지 한국은 제선 능력도 갖추지 못하고 있었다.[1)]

---

1) 철강을 만드는 공정은 크게 제선 · 제강 · 압연의 세 공정으로 나누어진다. 제선이란 원료인 철광석과 유연탄 등을 커다란 가마(고로라고 부름)에 넣어 액체 상태의 쇳물을 뽑아내는 공정을 말한다. 제강은 이렇게 만들어진 쇳물에서 각종 불순물을 제거하는 작업이며, 압연이란 쇳물을 슬라브(커다란 쇠판) 형태로 뽑아낸 후 여기에 높은 압력을 가하는 과정이다. 압연에

우리나라 철강산업의 발전은 정부가 수립한 기본적 계획을 포항제철이 충실히 수행해 내면서 이룩한 것이다. 우리나라 철강산업의 성공 사례를 소개하면서 창업자인 박태준의 기업가정신과 집념을 빼고서는 설명할 수 없다. 본 장에서는 우리나라 철강산업의 역사를 정리하고 어떻게 한 기업인이 우리나라를 세계 철강 강대국으로 이끌었는지에 대해 서술하고자 한다.

1. 한국 철강산업의 역사

포항제철소가 세워지기 전까지 과거 정부도 기간산업인 철강산업 발전 노력을 지속적으로 기울여 왔다. 1956년 이승만 정권은 철강개발 5개년계획을 입안하여 국제협력기금(ICA)과 접촉하고, ICA자금 300만 달러로 묵호에 연산 5만 톤 규모의 선철공장을 1962년까지 완공하기로 하였다. 1958년에는 ICA자금 3,000만 달러와 내자 48억 원을 들여 1965년까지 연산 선철 20만 톤 규모의 일관제철소를 강원도 양양에 건설할 계획을 세웠다. 일관제철소란 일관된 제철 과정을 모두 갖추고 있는 제철소를 말한다.

이러한 계획은 실현되지 못하였다. 소규모 건설계획이었지만 외국 투자기관은 한국에서 제철산업의 성공 가능성이 희박하다고 보아 차관 공여를 거절했기 때문이다. 하물며 대형 종합제철소 건설은 당시로서는 요원한 꿈에 불과한 것이었다. 이후 4.19 혁명,

---

는 열간 압연과 냉간압연이 있는데 열간 압연을 통해 만들어진 철강반제품을 핫코일이라 부른다. 일관제철소란 이 같은 일관된 제철 과정을 모두 갖추고 있는 제철소를 말한다. 국내에서는 포항종합제철과 당진의 현대제철이 일관제철소이다(출처: http://k.daum.net).

5.16 군사혁명을 거치면서 두 차례 정권이 바뀌었지만, 종합제철소 건립안은 그대로 유지돼 다음 정권으로 계승되고 있었다.

60년대 초 박정희 대통령은 종합제철소 건설을 제1차 경제개발 5개년계획의 핵심사업의 하나로 확정하였다. 연산 선철 20만 톤, 강괴 22만 톤 규모의 종합제철소를 외자 3,200만 달러와 내자 2,300만 달러를 들여 1962년부터 1966년까지 울산공단 안에 건설한다는 계획이었다. 외자는 외자유치위원회가 차관을 들여오고, 내자는 부정축재자 처리법에 따라 환수한 국고를 바탕으로 주식 공모를 통해 유치하기로 하였다. 다각적인 노력의 결과 미국의 철강업계 관계자들과의 합의가 이루어져 연산 35만 톤 규모의 제철소를 건립하기로 하였으나 건설 자금 중 외자 8천만 달러의 75%를 담당하기로 한 국제개발처(Agency for International Development, AID)가 한국의 제철소 건설을 회의적으로 전망함에 따라 계획이 난관에 봉착하게 되었다.

철강산업 발전을 위한 자원이 부족하고 원료 수입을 감당할 수도 없으며, 일본의 제철소와는 도저히 경쟁상대가 되지 못하므로 한국은 철을 생산하는 것보다는 수입하는 것이 경제성이 높다는 것이다. 결국 제철소 건설계획은 제2차 경제개발 5개년계획(1967~1971)으로 넘어가게 되었다.

2. 정부와 창업가의 기업가정신

1) 비용탐색(Cost Discovery)

제2차 세계대전이 끝나고 많은 개발도상국은 자립경제 달성을 위하여 종합제철소 건설을 시도하였다. 인도, 터키, 멕시코, 브라질은 연산 100만 톤 규모의 종합제철 건설에 착수하였으나 기술 및 경영 면에서의 애로와 규모의 경제를 실현하지 못해 결국 적자 경영에서 벗어나지 못하고 부실화되고 있었다. 당시 세계은행 총재 유진 블랙은 세계은행과 국제통화기금의 연차총회 석상에서 "개발도상국에는 세 가지 신화가 있다. 첫째는 고속도로의 건설이고, 둘째는 종합 제철의 건설이며, 셋째는 국가원수의 기념비 건립이다…"라고 운운했다. 그러면서 개발도상국의 경제개발에 있어 고속도로와 종합 제철의 비경제성과 기념비 건립과 같은 낭비 요인을 지적하고 세계은행으로서는 이러한 사업에 지원하지 않겠다는 견해를 암묵적으로 표현하였다.

외자조달 실패로 인해 여러 차례 무산된 바 있는 종합제철소 건설 사업은 1965년 5월 박정희 대통령이 미국의 제철소 건설 전문 회사인 Koppers사의 Foy 회장을 만나 한국의 제철소 건설을 위한 국제차관단 구성을 논의하면서 재개되었다. 이에 따라 종합 제철의 건설은 울산석유화학공업단지의 건설과 더불어 제2차 경제개발 5개년계획(1967~1971) 중 중화학 공업 부문 계획의 2대 핵심사업이었다. 제철산업은 경제기획원이 주관하고 있었다.

한국의 제철소 건설에 창업자 박태준이 등장한 것은 1965년 무렵이었다. 박태준은 한일회담과 관련하여 일본에 특사로 나가 있는 동안 국내 현안 중의 하나였던 철강산업 육성과 관련하여 당시 급속히 성장 · 발전하고 있던 일본의 제철소에 주의를 기울였다. 그는 포항제철 창립 이전부터 철강산업에 깊은 관심을 두고 선진 철강업체의 관리 기법과 기술혁신을 탐색하였다. 더 나아가 기술 훈련의 중요성과 설비 도입 등 제철소의 기술 능력 발전이 경쟁력 확보에 중요하다는 것을 인식하였다. 창업자 박태준은 탐색 과정에서 종합제철소는 용광로, 소결로, 전로, 압연기, 전력, 항만시설 등 수많은 공장과 부대시설로 구성되기 때문에 소규모로는 성공하기 어렵고 규모 경제의 실현이 무엇보다 중요한 과제가 된다는 점을 명확하게 파악하고 있었다. 이러한 탐색 결과는 포항제철소 건설에 충분히 반영되면서 포항제철소가 세계적인 제철소로 발전하는 데 결정적인 요인이 되었다.

정부의 숙원사업이라고 할 수 있는 종합제철(혹은 일관제철)의 건설을 위하여 제2차 5개년계획의 1차 연도인 1967년 3월에 미국, 영국, 서독, 이탈리아, 프랑스의 5개국 8개 회사로 구성된 대한국제철강협회(KISA: Korea International Steel Associate)라는 대한 국제제철 차관단이 구성되었으며(프랑스는 나중에 참여), 미국의 Koppers 사가 간사가 되어 1967년 10월 한국 정부와 KISA는 연산 60만 톤 규모의 종합 제철 기본 협약을 체결하였다. 당시 경제 여건으로는 미래 철강 수요를 정확히 예측할 수 없었다. 한국의 60만 톤 계획은 당시 국제 규모의 1/5 수준으로 국제경쟁력이 없는 소규모 제철소 규모였다. 이는 1960년대 제철소 건설을 추진할 당시 정부의 목표는 세계 1위의 제철소가 아니라 한국 제조업의 발전이었다는 것을 의미한다.

제철소 건설이 순조롭게 진행되어 가자, 정부는 1967년 11월 종합제철의 실수요자로 대한중석을 지정하였다. 1968년 4월 1일 서울 명동의 유네스코 회관에서 박태준 사장을 비롯한 39명의 창립요원이 참석한 가운데 포항종합제철주식회사의 창립총회가 열렸다. 자본금으로는 4억 원이 조달되었으며, 정부가 75%, 대한중석이 25%를 부담하였다. 창립총회에서 박태준은 건전한 창업의 기반을 흔드는 고질적인 폐습을 과감하게 타파하고 공정한 인사관리와 엄격한 예산회계를 요청하였다. 인화 단결과 상호협조, 적극적인 기술훈련, 건설관리의 합리화, 경제적 투자 체제의 확립을 4가지 운영 목표로 제시했다.

2) 포항제철소 설립

포항종합제철주식회사는 이미 설립되었지만, 제철소 핵심 공사는 아직 이루어지지 않고 있었다. 우리 정부와 종합 제철 건설 기본협약을 체결한 KISA는 한국의 제철소 건설에 부정적 태도를 보이고 있었다. 세계은행(IBRD), 미국 수출입은행(EXIM), 그리고 참여국의 공공차관 교섭도 지지부진하였다.

우리 정부는 KISA에 매달려 차관 획득을 위해 백방으로 노력했으나 KISA 회원국들과 참여 기업 간의 이해 상충, 적극성 결여 등으로 전혀 진척이 없었다. 제철소 대지 조성 공사가 마무리 단계에 접어들던 1969년 4월 파리에서 개최된 제3차 IECOK(International Economic Consultive Organization for Korea)총회에서 IBRD는 한국의 제철소 건설계획에 대해 회의를 표명하고 다른 회원국들도 이에 동조함으로써 다시 한번 실패로 돌아갔다.

국가적 차원에서 줄기차게 시도되었던 종합제철소 건설사업이 결정적인 고비에서 선진국들의 차관 제공 거부로 좌절되던 사례가 포항제철도 되풀이되었다. 박태준은 종합제철소 건설의 책임자로서 어쨌든 부딪혀 보자는 심정으로 미국을 방문하여 KISA의 주요 멤버인 Koppers사의 Foy 사장을 만나 설득하였으나 이 노력 또한 무위로 돌아갔다. 당시 Foy 사장은 건설 자금을 지원할 수 없다는 견해를 굽히지 않았다. 그 이유는 IBRD가 미국의 수출입은행에게 한국의 종합제철소 사업은 경제적 타당성이 없다는 보고를 했기 때문이었다.

IBRD의 부정적 평가와 KISA의 차관 거절로 인해 제철소의 건설이 또다시 무산될 위기에서 박태준은 농업용으로 남아있던 대일 청구권 자금을 제철소 건설에 전용할 것을 발의하고 일본 지인들의 도움을 통하여 일본의 철강업계를 움직여 일본 정부의 승낙을 얻어냈다.

일본의 측면에서 볼 때 한국의 철강산업 지원은 첫째, 일본 철강산업의 수요 창출을 의미하므로 결과적으로는 자국 경제에 도움이 된다고 판단하였으며 둘째, 한국의 국가안보가 일본의 국가안보에 중요하다는 당시 닉슨-사토 공식 발표(1969)에 따른 것이다.

한국일보는 1969년 8월 27일 상오 진행된 한일 각료회의에서 “종합 제철 건립을 위한 협력에 대해 원칙적인 합의를 보았다”라는 내용의 기사를 싣고 있었다(1969. 8. 28.). 기사에 따르면 한국 정부는 일본 측에 종합제철 사업과 관련해 “기술적 타당성 인정과 협조 용의의 확약”, 즉 기술협력을 최우선 사업으로 강력하게 요구하고 있었다. 그리고 양국은 공동성명서를 발표하는데 일본 측에서는 “(한국 측 입장에 대해) 깊은 이해를 표명하고… 실제적이고 구체적인 조정을 위해 조사단을 파견할” 뜻을 전하고 있었다. 그 후 8개월 정도가 지난 1970년 4월 1일 포항제철공장이 마침내 기공됐다. 연산 103만 톤 규모의 이 공장은 대일청구권자금 7,370만 달러와 일본수출입은행(Japan Export-Import Bank) 차관 5,000만 달러 등 1억 2,370만 달러의 외자에 230억 원의 내자를 합해 600여억 원을 투입한다는 계획이었는데 실제로 일본 자본이 더 많은 부분을 차지하고 있었다(한국일보, 1970년 4월 2일).

정부는 공장 건설에 필요한 항만, 부두, 도로 등 기반 시설 구축 비용을 부담하는 동시에 철강공업육성법을 제정하여 조세 및 관세감면, 특별상각, 공공요금의 할인 등을 통하여 제철소를 지원하기로 하였다. 우여곡절 속에 건설을 시작한 지 3년 3개월 만에 완공된 포항제철소는 1973년 7월 3일 준공식을 가졌으며 조강 생산 능력이 연간 103만 2천 톤의 명실상부한 국내 최대 공장이었다. 당시 조선일보는 1973년 7월 3일자 신문에서 포항종합 제철소 준공으로 “연간 5,400만 달러의 외화 절약이 가능해졌으며, 건설업, 광산업 등 제철 연관 산업의 발전이 예상된다.”라고 쓰고 있다.

제철소 건설 직후 국내외 경기가 좋아지면서 포항제철의 수익도 기하급수적으로 늘었다. 포항제철이 1972년 공장 가동 첫해부터 1,200만 달러의 흑자를 냈으며, 당시 포철의 최대 고객은 현대조선소였다. 현대조선소도 1973년부터 대형 유조선을 건립하기 시작하였다.

3) 창업가의 기업가정신

포항제철은 10년이라는 우여곡절 끝에 설립되었다. 1964년 본격 설립을 준비했지만 건설 자금이 없어 5년여를 허송세월하다가 1969년 대일청구권자금이 투입됐다. 대일청구권자금으로 투입된 포항제철은 적자 최소화를 위해 철야 공사를 하면서 수출도 병행하는 '올라운드 플레이'를 할 수밖에 없었다. 박태준의 각오는 대단했다. 그의 각오는 '포항종합제철 창립 2주년이 되는 날 부지 공사를 마무리하고 제철공장 건설을 위한 종합 착공식을 거행한다'는 것과 '만일 성공하지 못하면 전부 우향우해야 한다'라는 것이었다. '우향우'를 하면 영일만 바다였다. 기한 내에 성공하지 못하면 자신을 포함해 모두 바다에 빠져 죽어야 한다는 뜻이었다. 박태준의 심경이 얼마나 절박했는지, 당시 건설에 참여했던 이들의 증언에 의하면 이 공사가 실패하면 박태준은 자결하고 말 것이라는 느낌을 받았다고 한다.

창업자 박태준과 박정희 대통령 관계를 보면서 손자병법 구변

(九變)편에서 유능한 장수의 자격을 지적한 내용을 소개한다.

> 孫子曰: 凡用兵之法, 將受命於君, 合軍聚衆, 圮地無舍, 衢地合交, 絶地無留, 圍地則謀, 死地則戰.(손자왈: 범용병지법, 장군명어군, 합군취중, 비지무사, 구지합교, 절지무류, 위지칙모, 사지즉전.)

> 장수는 주군의 요구를 따라 전쟁을 수행하며, 때로는 주군의 몫인 외교까지 분담하며 주군에게 승리를 바치기 위해 노력하며 그를 위해 목숨도 내놓아야 하는 존재이다(의역).

포항제철이 성공할 수 있었던 가장 큰 요인은 창업자의 기업가 정신이라는 것을 부인할 수 없다. 철강산업에 도전한 박태준은 한국에서의 일관제철소 건설은 불가능하다는 국제적인 평가를 뒤로 하고 불과 20여 년 만에 세계 굴지의 철강회사를 이룩하였다.

뛰어난 재능과 더불어 근면하고 노력하는 사람은 훌륭한 기업가가 될 가능성이 높다. 박태준은 제철소 건설 임무를 부여받은 후 좋아하던 골프, 술, 휴가를 그만두고 일에 몰두하였으며, 일하는 시간의 대부분을 건설 현장에서 점검하고 조언하며 설비공급업자들과 협의하며 보냈다.

공기(工期) 지연은 기업의 자금 부담을 가중하고 궁극적으로는 기업의 채산성을 약화하는 문제였기 때문에 박태준은 공기 지연을 비상사태로 간주하고 전력을 다하여 조기 완공을 위해 노력하였다. 1970년, 가장 먼저 착공한 열연공장 건설이 지연되자 박태준은 '열연 비상사태'를 선포하고 행정 · 사무직을 포함한 모든 임직원을 24시간 공사 현장에 투입, 공기를 예정보다 오히려 한 달

앞당겨 준공했다.

1977년 3기 설비가 공기 지연으로 고전할 때는 발전 송풍 설비 구조물 공사에서 부실시공 흔적이 발견되자 "당장 허물고 다시 지으라"라며 80% 가까이 공정이 진척된 구조물을 다이너마이트로 폭파해 직원들에게 책임 의식과 완벽주의를 표방하는 '포스코 정신'을 부각했다.

제철소 건설 과정은 다음 장에 설명하는 울산조선소 건설 과정과 유사하다. 당시 현대조선소는 유조선 건조와 동시에 조선소를 건립하는 전략으로 시간과 비용을 절약하였다. 포항제철소도 건설 초기부터 적자를 최소화하기 위하여 제철소를 제선(쇳물작업) - 제강(철강제작 과정) - 압연(가공작업)의 일반적인 순서와 달리 압연 - 제강 - 제선의 역순으로 건설했다. 압연 공장을 먼저 세워 외국에서 반제품을 수입, 압연 가공해 완제품으로 팔아 적자를 메우자는 역발상이었다. 이러한 전략이 적중하여 포항제철이 완공되기 1년 전인 72년 7월 첫 압연 작업으로 62 톤의 중후판을 생산하여 판매할 수 있었다. 중후판은 선박 · 교량 · 각종 산업기계 등에 널리 사용되는 강판이다.

박태준과 전 직원의 노력 결과, 계획 대비 54일이나 단축된 1973년 6월 8일 역사적으로 처음으로 용광로에 불씨를 넣었다. 이후 21시간 만인 1973년 6월 9일 오전 7시 30분 제1 용광로에서 쇳물이 나왔다.

조기 완공으로 인해 포항제철은 지급이자 및 원료 재고비용을 절감했고 제품 판매로 조기의 운영에 필요한 자금을 확보할 수 있었다. 이러한 조기 완공을 위한 노력은 이후의 건설 과정의 전통으로 자리 잡아 포항제철이 저비용 구조를 구축하는 데 큰 힘이 되었다.

당시 한국은 대규모 강철 제조 기술에 관한 지식이 전혀 없었다. 제철소 운영에 관한 기술은 일본에 의지하고 있었다. 일본의 기술과 장비를 통하여 제선, 제강, 압연, 이 세 과정이 종합적으로 이루어지는 공장이 완공되어 핫코일, 열연박판 등 국내에서 생산하기 힘들었던 철강제품 대다수를 생산할 수 있었다. 제 IV 부에서 서술하겠지만, 이웃 나라 일본 제철산업의 존재는 포항제철에는 좋은 운(運)으로 작용한 것이다.

포항제철에는 또 다른 운(運)도 따랐다. 종합제철이 완공되던 해인 1973년에 발생한 제2차 석유파동으로 철강재 값이 폭등하여 첫해부터 흑자가 났다. 이후 포항제철은 지금껏 한 해도 빠짐없이 흑자 전통을 이어오고 있다.

세계은행은 1968년『한국경제보고서』에서 한국인이 철강회사를 일으킬 능력이 없다는 견해를 공식적으로 밝혔다. 이 부분의 철강부문 담당자는 영국인 자페였다(송병락, 2006, pp.203). 그가 '한국의 제철소 건설은 엄청난 외환 비용에 비추어 경제성이 의심된다. 그보다는 노동기술 집약적인 기계공업을 먼저 하는 것이 좋다.'라는 보고서를 올렸기 때문이었다. 이후 그는 실수를 인정하면서 포철의 성공을 다음과 같이 말하고 있다.

> In short, I am astonished. The success of POSCO offers many

lessons to the world steel industry. I do not believe that my decision at that time was wrong. Rather, Korea made a miracle. At that time it was impossible to build a steel mill like POSCO given the poor condition of the Korean economy. That is why my final report said the construction of the mill would not be a good investment. I believe my recommendation was correct. I only missed one major point: that chairman Park and his workers could make the impossible possible.

그때 내 보고서가 틀렸다고는 보지 않습니다. 지금 다시 보고서를 쓰라고 해도 똑같은 보고서를 쓸 것입니다. 내가 모르고 지나친 것이 하나 있습니다. 그것은 바로 박태준 회장과 직원들입니다. 그들은 불가능을 가능으로 만들었습니다.

4) 위기 극복과 신화창조

미국 동부 보스턴시의 지하철 공사는 1896년부터 시작되었고 1912년에는 하버드대학교까지 노선이 연장되었다. 반면 한국 서울의 지하철은 1974년에 개통되었다. 한국 지하철보다 70년이나 오랜 역사를 가진 미국 지하철의 기술 수준을 현재 수준에서 비교한다면 한국의 지하철이 훨씬 더 효율적이다. 이전에 기술한 'low hanging fruit' 전략이 한국 지하철 건설에서도 적용된 것이다.

지하철의 예와 같이 개발도상국이 산업화가 지연되면서 이후 선진국의 기술과 자본을 활용한다면 산업의 경쟁력 수준을 단기간에 획득할 수 있다. 그러나 최신식 설비와 자본이 있다고 당장 선진국 수준의 경쟁력을 확보하는 것은 아니다. 기존 산업 간의 기술력 차이, 기술자 양성과 산업 인력의 재교육, 각종 제도의 확립 등 해결해야 할 문제들이 산재하여 있다.

포항제철은 초기에 일본 철강업계의 선례를 모방함으로써 조업 기술을 획득했다. 기술 학습을 통해 점차 조업 기술 의존을 탈피하였는데, 여기에는 20년에 걸친 8번의 설비 확장을 통해 반복적으로 조업 기술을 연마했던 기회(learning by doing)가 있었다. 이러한 모방학습과 반복 학습을 바탕으로 적극적인 기술 개량을 추진함으로써 포항제철은 조업 기술뿐만 아니라 그 원리를 이해하게 되어 기술혁신의 폭과 깊이를 더욱 심화시킬 수 있었다.

포항제철이 비교적 짧은 시간에 세계 초일류의 철강업체로 성장할 수 있었던 것은 무엇보다도 야심 찬 목표를 세우고 선진기업을 적극적으로 벤치마킹하는 가운데 경영진, 기술 인력, 작업 인력이 일치단결하여 정해진 목표를 달성하고자 최선을 다했다는 점이다(Amsden, 1989). 특히, 기술 능력 발전과 관련해서 이러한 일반적인 요인 이외에 최신설비의 도입, 조업 기술 조기 확보, 기술 인력 양성 및 활용, 최고경영진의 리더십과 같은 기업 내적인 요인과 정부의 철강산업 육성정책과 같은 기업 외적인 요인이 매우 중요하게 작용하였다. 공사 기간 단축과 효율적인 설비구매, 유리한 조건의 차관 도입, 후방방식의 건설 방식 채택 등을 통하여 비용 절감을 실현한 것이 주요한 성공 요인 중의 하나이다. 철강산업의 발전은 정부, 기업, 근로자 간의 코디네이션으로써 가능하게 되었다.

선박 시장 불경기 속에서도 울산의 현대조선소 도크 확장을 주장한 정주영과 마찬가지로 박태준도 세계 철강시장에서 공급이 수요를 초과할 것이라는 경고에도 불구하고 국내시장의 지속적인 성장세에 맞추어 포항제철의 설비 능력을 확장하였다. 이들의 예견은 적중하였다. 철강 수요가 급격히 늘어나면서 불과 10년 만인 1981년에 용광로 4기 준공 및 설비증설을 하고 같은 해 전라남도 광양에서 제2 종합제철소를 건설하였다. 1985년에는 광양 1기를 착공하여 1987년에 완공하였고, 지속적인 설비 확장을 통하여 마침내 1992년 광양 4기를 완공함으로써 연산 2,080만 톤의 조강능력을 갖춘 세계적인 철강회사가 되었다. 1973년 포항제철소의 조강 생산능력은 연간 103만 2천 톤이었다. 이는 20년 만에 약 20배의 시설 확장을 달성한 것으로 개발도상국에서는 유례를 찾아볼 수 없는 눈부신 약진인 것이다. 또한 포항제철은 시설을 확장할 때마다 가장 최신의 설비와 공법을 적기에 도입하고 제품의 다양화 및 독자적인 제품 개발을 추진했다. 이것은 브라질이나 인도와 같은 개발도상국의 제철소 건설과 크게 다른 점이다.

철강산업은 대규모 장치산업의 특징을 지니고 있어 관련 중요기술이 대부분 설비에 체화되어 있으며, 철강산업의 주도권은 핵심 생산설비를 도입하는 시기와 내용에 따라 결정됐다. 포항제철은 2002년 3월, 회사명을 포항종합제철주식회사에서 주식회사 포스코(POSCO)로 변경하였고 세계적 현지화(Glocalization)를 추진하고 있다. 이후 베트남, 인도, 태국에 강판공장을 준공했으며 원자재인 철광석의 안정적인 수급을 위해 해외 철광석 광산 개발에도 투자하고 있다. 2010년 호주 서북부 필바라 지역에 있는 로이힐

(Roy Hill) 광산 개발에 12.5% 투자하여 매년 철광 원자재 소요량의 26%에 해당하는 1,500만 톤의 철광석을 안정적으로 공급받고 있다.

5) 박정희와 박태준

박태준은 포항제철소를 건설하면서 대일 청구권 자금의 전용, 제2 종합 제철 사업의 획득, 설비나 원료 구입 국가의 확보, 건설 공사 기간의 단축 등 포항제철이 중요한 위기를 맞이할 때마다 이를 기회로 전환하는 탁월한 능력을 보여주었다.

포항제철의 기술 인력의 양성 방법은 독특했다. 포항제철은 관련 기술을 조기에 습득하기 위하여 장기간에 걸쳐 대규모의 인력을 외국의 선진업체에 파견하여 기술 연수를 받게 하였으며, 연수를 받은 요원에게는 사내훈련을 담당하게 함으로써 기술교육의 효과를 극대화하였다. 특히, 포항제철은 초기부터 대학을 졸업한 엔지니어들을 반장으로 고용하는 정책을 구사했는데, 그들은 기술 연수를 통한 경험을 효율적으로 현장에 적용했을 뿐만 아니라 창의적이고 능동적인 제안을 통하여 설비 합리화 및 기술 개량에 크게 기여하였다. 또한 포항제철은 오랜 현장 근무를 통하여 해당 분야의 기술이 달인의 경지에 도달한 사람에게 과감한 인센티브를 부여하는 기성(技聖)제도를 실시함으로써 현장 인력의 적극적인 기술 학습을 유인하고 있다.

설립 초기부터 지연, 학연 등을 통한 인사 청탁을 배제하고 능력과 실적을 기준으로 하는 내부 승진을 제도화함으로써 종업원들이 회사에 헌신 몰입하는 조직문화를 창출하였다. 장기적인 안목으로 사원 주택과 교육시설을 우선으로 건설하고, 기술 인력을 철저히 교육하였으며, 충분한 기반시설을 확보하고, RIST와 POSTECH을 설립하여 엄격한 품질관리로 부실공사를 원천적으로 배제하였다.

박정희 대통령의 절대적인 신임이 초기 제철소 공사에 큰 도움이 되었다. 엄청난 이권이 걸린 대규모 건설사업의 추진 과정에서 나타날 수 있는 부정부패와 비효율을 막기 위하여 박태준은 포항제철의 형태를 상법상의 주식회사로 할 것을 고집하여 실현할 수 있었다. 포항제철소 운영은 민간 기업으로 자율성과 독립성을 유지하면서 재원 마련은 정부가 대부분 지분을 인수하는 방식이었다. 그 무렵 여러 업체가 설비 · 원료 구매에 개입할 의도로 유언비어와 역(逆)정보를 퍼뜨리기도 하고 정치권 역시 설비구매 때 리베이트를 요구하였다. 박정희 대통령은 이후 '종이 마패'로 불리게 된 이 메모에 친필 사인을 해 외부 압력을 막아주는 등 정치적, 행정적 지원을 아끼지 않았다.

박정희 대통령은 자신의 의지로 한국의 철강 공업 발전을 위하여 최적의 기업가를 선택하였는데, 그 기업가가 한국의 제철산업을 성공적으로 창업하게 된 것이다. 박정희 대통령의 현명한 선택이었다.

손자병법 모공(謀攻)편에 군주와 장군의 관계에 관한 구절이 있다.

夫將者, 國之輔也. 輔周則國必強,…(부장자, 국지보야. 보주즉국필강,…)

장군은 나라를 보좌하는 자이다. 보좌하여 군주와 친밀하다면 국가는 필히 강해진다.

다음은 아프리카 가나공화국의 알루미늄 제련소에 관한 이야기를 소개한다. 가나공화국의 알루미늄 제련소 개발 프로젝트의 실패를 분석하면서 다시 한번 포항제철소의 가치를 살펴보고자 한다.

‖사례 8‖ 가나공화국의 알루미늄 공장 건설의 실패

1957년 영국으로부터 독립된 가나의 초대 대통령인 Nkrumah는 기간산업 육성을 통하여 진정한 독립국가를 구상하였다. 그는 Volta강의 Akosombo댐 건설을 통하여 전기 공급, 수자원 및 토지 관개시설 계획을 추진하였다. 해안 도시에 있는 대규모의 알루미늄 제련소에 전력을 공급하여 자국의 보크사이트 광산에서 채굴된 양질의 원석을 제련하여 알루미늄 생산 클러스터를 세운다는 대규모 프로젝트였다.2)

당시는 세계는 냉전 시대였다. 서방 국가들과 소련은 경쟁적으로 아프리카에서의 정치적 영향력을 확대하는 노력을 시도하고 있었다. 소련은 이집트에 아스완댐을 건설하였고, 서방 국가들은

---

2) 보크사이트 광석에서 알루미늄을 제련하기 위해서는 전력 소비량이 엄청나므로 세계적인 몇 개 회사만이 알루미늄을 제련하고 있다. 한국에는 값비싼 전기료 때문에 알루미늄 제련소는 없고 가공 공장만 있다.

가나공화국에 국제적인 지원을 약속하였다. 특히 가나공화국 경제에 대해서는 많은 경제학자(Atthur Lewis, Nicholas Kaldor, Dudley Seers, Albert Hirshcman, Tony Killick 등)가 개발 자문을 하였으며, 전망도 밝게 보고 있었다. 이러한 우호적인 분위기는 달리, 앞에서 소개하였듯이, IBRD, KASA 등은 한국 제철소 설립계획이 부적격하다고 판정하고 있었다.

가나 정부와 세계은행, 미국, 영국 등이 공동 투자한 이 댐은 지상으로부터 134m의 높이에 670m의 너비로 건설되었으며, 최대 저수량은 799만 1,000㎥이다. 댐이 건설된 Volta호는 148억㎥의 저수용량을 가진, 세계 규모의 큰 인공호수이다. 길이 400㎞, 넓이 8,502㎢로 가나 영토의 3.6%를 차지한다. 호수의 남단에서 북단까지는 약 400km이며, 댐의 조성은 내륙의 농업, 담수어 어장과 수운(水運) 등 하류 평야의 관개도 가능하게 하며, 이 호수의 조성으로 인해 740개 마을, 1만 5,000가구가 침수되고 7만 8,000명의 주민이 재정착하게 되었다. Volta호 사업은 가나공화국 의회에서 Volta River Authority(VRA)로 승인되었으며 VRA의 기본 구조는 Nkrumah 대통령을 이사장으로, 6명의 이사를 두었다. VRA는 댐의 공사와 관리, 송전, 수자원 보호, 통신 등을 관리하게 되었으며, 수자원, 어업, 운송, 통신 개발 등 폭넓은 권한을 가졌다.

1967년 세계은행의 경제학자 Andrew Kamarck는 'Volta호 탐사계획'으로 가나공화국 경제가 매년 7% 이상의 경제성장이 가능하다고 예측하였다(World Bank, 2005, pp.274). 세계은행과 가나 정부에서 동원된 총공사 비용은 2억 5,800만 달러이다. 참고로 포항제철은 1억 2,370만 달러의 외자에 230억 원의 내자가 동원되었다. 당시 환율을 1달러당 400원으로 계산하면 총 투입액은 포항제철소에 투입된 자금은 1억 8,000만 달러로 가나공화국 프로젝트의 70% 규모이다.

'Volta호 탐사계획'은 실패하였다. 지금도 'Volta호 탐사계획'의 핵심 분야인 발전소와 알루미늄 제련소가 운영되고 있지만, 보크사이트로부터 알루미늄의 원료인 알루미나를 정련[3]하는 정련소(refinery)를 세우지 못하였다. 즉 원재료를 가공하지 못하는 기형적인 제련소인 것이다. 가나 정부의 내부지향 경제정책과 국유화 두려움으로 외국 투자자들이 정련소 투자를 꺼렸기 때문이다. 결국 보크사이트 광산은 개발되지 못했고, 철도도 건설되지 못했으며 어업 산업은 관리 부족과 장비 시설 부족으로 실패하였다. 관개시설이 제대로 갖추어지지 못하였고, 새로 정착한 이주민들은 각종 열대 전염병으로 고통을 당하였다. 가나 역사상 가장 성공적인 투자프로젝트가 실패하였다는 것은 가나 정부에게는 재앙이지만, 더 비극적인 사실은 50년이 지난 현재 가나 국민의 소득은 1950년대 수준처럼 가난하다. 모든 것이 엉망이 되었다.

3. 한국 철강산업의 위상

한국 산업 발전의 특징은 60년대 합판, 섬유 등 자본이 적게 드는 노동집약적 산업이 먼저 개척되면서 인력과 자본을 축적한 뒤

3) 보크사이트를 알루미나로 바꾸는 과정을 정련이라고 하고, 알루미나는 제련이라고 알려진 전해 환원 공정을 통해 알루미늄이 된다.

70년대 자동차, 조선, 전자 등 중화학 산업으로 옮겨갔다는 점이다. 이 과정에서 가장 중요한 산업은 철강산업이었다.

1980년대 초반부터 1990년 후반까지 한국경제가 급속하게 발전하면서 포항제철은 조선, 기계, 자동차 산업의 발전에 큰 밑거름이 되었다. 1973년 포항종합제철의 제1기 설비가 준공되어 철강이 안정적으로 공급되면서 산업화가 급속도로 진행되었다. 포스코의 기본 경쟁력은 포스코 기술 능력과 박태준 창업자가 심어놓은 기업가정신이다. 현재 국내 철강산업은 전후방 효과 1위('17년, 산업연구원), 수출 6위('18년 340억 달러, 무역협회), 고용 9위('18년 18만명, 통계청)를 차지하고 있는 만큼 국내외로 매우 주요한 산업이다.

2023년 세계 철강협회가 발표한 전 세계 조강 생산량은 18억 5천만 톤으로 전년 대비 0.1% 감소했다. 조강(crude steel)이란 제강로(製鋼爐)에서 제조된 그대로 가공되지 않은 강철을 의미한다. 국가별로는 중국의 조강생산량은 10.2억 톤으로 전 세계시장 점유율을 55.0%를 기록했다. 국가별 상위 6개국은 중국, 인도, 일본, 룩셈부르크, 미국, 한국, 러시아 순이다. 제철소별 조강 생산량 순위도 발표하였는데, 1위는 중국의 바이오산 강철이다. 2위는 룩셈부르크의 아르셀로미탈, 포스코는 세계 7위로서 2023년 생산량 3,844만 톤이며 현대제철은 세계 18위 수준으로 1,924만 톤을 생산했다.

제15장 조선산업

지구상 바다의 총면적은 3억 6,200만㎢이며 이는 전체 지구 표면적의 71%에 해당한다. 세계는 바다를 지배하는 나라에 의해 지배됐다. 16~17세기에는 스페인이 바다를 지배했고, 18~19세기에는 영국이 조선 강국(造船 强國)으로 명성을 날렸으며, 1950년대부터는 일본이, 그리고 21세기는 한국이 일본을 제치고 조선 강국으로 우뚝 섰다.

조선공업은 중화학 공업의 종합 산업으로 선도적 역할을 담당한다. 기계 · 금속 · 전기 · 건축 · 화학 등 50여 개 업종과 연관되어 있기 때문에 조선공업을 발전시킴으로써 이들 산업의 고도화를 유도하게 된다. 조선공업은 다른 산업과의 긴밀한 연관성 때문에 산업 클러스터화가 필요한 산업이다. 여러 연관 산업 중에서 선박 관련 부품과 선박 기관을 생산하고 선체를 조립하는데 막대한 양의 철강재가 소요되기 때문에 철강재의 공급과 가격 안정화가 조선공업 발전에 매우 중요하다.

조선산업은 신축성과 불확실성이 내재 되어 있는 산업이다. 조선산업의 경쟁력은 국가의 무역정책과 산업의 기술혁신 등에 의해 종합적으로 결정된다. 세계 경제 환경의 구조적 변화에 대응하는 무역정책과 조선소 내의 생산방식 및 기술 여건 등이 조선산업의 생산성을 결정한다는 것을 의미한다.

우리나라 조선산업은 앞에서 설명한 철강산업과 마찬가지로 말 그대로 황무지에서 시작하여 단기간에 세계적 조선 강국 위치에 우뚝 선 것이다. 이는 정부의 적극적인 지원과 함께 창업자를 포함한 우수한 인적 자원의 역할이 컸다.

우리나라 조선산업의 성공은 민간 경쟁력이 국가경쟁력이 될 수 있음을 보여주는 좋은 사례이다. 조선산업의 발전은 정부가 조선공업 발전의 기틀을 마련하고 민간 기업들이 적극 참여하여 이룩한 것이다. 세계적 변화에 우리 민간 기업들의 뛰어난 적응력과 유연성이 없었더라면 단시일 내 조선 강국을 이루지 못했을 것이다. 우리나라 조선산업은 한 기업인의 집념으로 이룩되었다. 본 장에서는 창업자 정주영이 어떻게 우리나라를 조선 강국으로 이끌었는지에 대해 서술하고자 한다.

1. 70년대 세계 조선업계의 동향

근대적 의미의 조선산업은 산업혁명으로 증기선을 발명한 해양국가 영국에서 시작되었다. 이후 미국과 독일이 조선 강국으로 활동하였고, 1950년대에는 새로운 블록 선박 건조 공법 적용과 더불어 조선소 설계와 운영에 혁신을 일으켰던 일본이 새로운 조선

강국으로 등장하였다.

일본 조선소들은 진수 전의 선각 블록 공사와 의장 공사를 동시에 진행하는 의장법을 개발하여 대량 건조를 통한 효율성을 확보하게 되었다. 기술혁신을 달성한 일본의 조선산업은 1956년에 수에즈(Suez)운하가 봉쇄되고 VLCC(대형 유조선) 수요가 증가함에 따라 최대의 호황을 누렸다. 당시 100,000 DWT[1])에서 150,000 DWT 규모의 VLCC을 건조할 수 있는 국가는 일본과 영국뿐이었다. 일본은 17개의 조선소, 영국은 8개 조선소에서 VLCC를 건조할 수 있었다. 1960년대 기술혁신을 달성한 일본의 탱커 가격은 영국보다 15~20%, 서독과 스웨덴보다 50% 정도 저렴하였다. 결국 수에즈운하 사건으로 일본 조선업계가 19세기 세계 최대 조선 왕국인 영국을 제치고 조선 강국으로 우뚝 서게 되었다. 이러한 격변기에 한국, 중국 등의 국가들이 틈새시장을 노리고 세계의 조선 시장에 진입하고 있었다.

조선산업에서 신조선 발주는 세계경제의 동향과 해운산업 선주들의 투기적 수요에 의해 민감하게 이루어진다. 영국과 일본의 사례도 이러한 사실을 입증하고 있다. 영국은 1904년부터 1910년까지 해외 무역량이 증가하면 선박 건조량이 증가하는 양의 관계였지만 1910년 이후 1917년까지는 마이너스 관계에 있었다(Todd, 1985, pp.218).

수에즈운하가 봉쇄되고 세계 무역량이 급증하면서 1970년 초반 일본 조선소들은 선주들로부터 엄청난 VLCC, ULCC(초대형

1) Deadweight Tonnage(DWT): 선박이 적재할 수 있는 화물의 중량을 의미하는 재화중량톤수.

유조선)의 주문을 받게 되었다. 일본의 조선업계는 1971년도 394만 GRT[2])를 수주하였는데 이는 1970년의 3배 규모이다. 그러나 1973년 제1차 석유파동을 계기로 경기침체가 발생하여 해외 무역량이 감소할 것으로 판단하여 선주들의 투기적 수요는 급격히 감소했다.

이와 같이 조선산업은 경제 외적인 변수에 따라 호황과 불황이 반복하는 구조적인 특징을 지니고 있다. 특히 선주들의 투기적 수요는 신조선 발주의 예측을 어렵게 한다. <그림 15-1>은 1970년대 세계 선박 수주 주문량과 건조량을 보여준다.

창업자 정주영이 울산에 현대조선소를 건설할 당시인 1972년도는 조선산업의 최대 호황기였다. 그러나 전 세계 선주들의 주문은 제1차 석유파동을 겪으면서 세계 조선업계에 불황이 다가왔다. 수주량은 1972년 7,360만 GRT에서 1981년 1,190만 GRT로 급격히 감소하였으며 선주에게 인도된 건조량은 1972년 3억 410만 GRT에서 1981년에 1억 680만 GRT로 40% 이상 감소하였다.

선박 한 척을 건조하기 위해서는 대략 설계 기간 7~8개월을 포함하여 1.5년 정도가 소요된다. 한 척당 수천억 원에 달하는 대형 선박의 건조 기간은 약 3년이다. 선박이 건조되는 1~3년 사이에 세계 물동량에 변화가 생기면 선주들은 기존에 주문한 선박을 인수 거부하기도 한다. <그림 15-1>에서 72년도 주문량이 최고조였으며 건조량은 2~3년이 지난 75년 정점이었다. 주문 시점과 건조 시점 시차가 존재한다.

---

2) GRT는 선박의 크기를 표시하는 단위로서 용적을 나타낸다.

〈그림 15-1〉 1970년대 세계 선박 수주 주문량과 완성

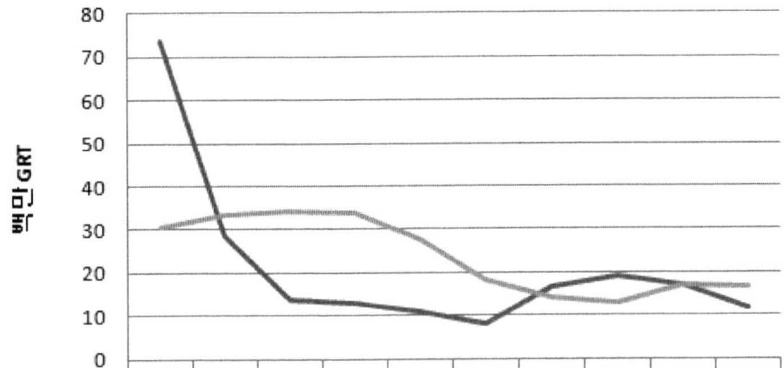

	년도	1973	1974	1975	1976	1977	1978	1979	1980	1981
주문	73.6	28.37	13.79	12.94	11.09	8.03	16.84	18.97	17.23	11.9
완성	30.41	33.54	34.2	33.92	27.53	18.19	14.29	13.1	16.93	16.8

출처: Todd(1985)

2. 창업가의 기업가정신

1) 창업자의 비용탐색(Cost Discovery)

60년대 해외 건설업으로 수많은 시련과 도전을 극복한 창업자 정주영은 새로운 사업으로 조선소 건립을 구상하였다. 정주영의 사전 조선소 탐색은 1960년대 말부터 시작되었다. 당시 정주영의 회고(정주영, 1985, pp.213)는 다음과 같다.

> 나는 틈틈이 세계 각국의 조선소를 돌아다녔어요. 1966년도에는 일본의 요코하마조선소, 가와사키조선소, 고베조선소를 시찰하였습니다. 그리고 1971년 크리스마스 사흘 전에, 북해 연안에 있는 노르웨이의 한 조선소를, 모터보트를 타고 견학했습니다. 그곳에서 거대한 VLCC(대형 유조선)를 만들고 있는 모습

을 보고 나는 큰 감명을 받았습니다. 몹시 춥고 바람이 세차게 불어대는 속에서 밤일하면서 블록을 조립하고 있는 모습은 장엄하기까지 했습니다. 거기서 나는 우리보다 훨씬 잘사는 사람들도 이렇게 열심히 일하는데 우리도 한시바삐 일을 시작해서 그들을 따라가야겠다. 그리고 우리 한국인은 부지런하므로 반드시 해낼 수 있다는 생각으로 가슴이 설레었습니다.

박정희 대통령이 우리나라를 중화학 공업으로 발전하는 나라로 만들겠다는 계획을 세우고, 정주영에게, 당신이 땅 위에서 건물 짓는 것을 잘하니 물 위에서 집을 짓는 것처럼 조선산업을 해 보라고 제안했다. 박정희 대통령의 강한 의지가 전달되면서, 정주영은 조선산업을 개척해 보겠다고 결심한 것이다.

창업자에게는 시장진입의 타이밍이 중요하다. 1960년대 후반에는 세계무역이 늘어남에 따라 선박 수주량도 계속하여 증가하여 지속적인 호황을 누리고 있었다. 앞에서 서술하였듯이, 일본에서 새로운 블록 선박건조 공법의 개발에 따라 신조선 수주량이 폭발적으로 늘어났다. 이러한 상황에서 저렴한 노동력을 보유한 우리나라도 선진국 기존 회사와 제휴해 기술과 경험을 보완하면 신예 조선사가 될 가능성이 컸다. 1971년 제조업의 시간당 임금은 한국이 0.2달러, 일본 1.23달러, 미국은 3.57달러 수준이었다(자료 ILO, 1985).[3]

3) 조선산업은 구조적으로 완전 자동화가 불가능하다. 선박이나 해양장비는 규모가 크고, 용도에 따라 다양한 기능과 형태가 요구되므로 건조공정이 복잡·다양하여 자동화 제작에 한계가 있다. 주문생산으로도 대량생산이 불가능하다. 또한, 세계가 단일시장이므로 국제경쟁력의 확보가 매우 중요하다. 바다라는 특수 환경에서 사용되고 종류에 따라 건조 비용이 수천

마침, 1960년대 말 세계 해운시장은 중동전쟁과 수에즈운하가 봉쇄되면서 VLCC의 수요가 급증하였으며, 이것은 곧 우리나라 조선산업 발전의 신호탄이 된 것이다.

창업자 정주영은 1969년 초 현대건설 내에 조선산업 추진팀을 발족시켜 본격적인 조선산업 준비를 시작했다. 창업자 정주영이 생각한 배의 원리는 간단했다. 선박이라는 것이 철판으로 큰 덩치의 탱크를 만들어 바다에 띄우고 엔진 추진력으로 달리는 것에 불과하다는 생각이었다.

1960년대 후반 국내 조선공업은 연안용 목선이나 소형 강선을 제작하는 정도로써 현대가 구상하는 대단위 조선소와는 거리가 멀었다. 1969년 당시 국내 조선 능력은 최대 12,000GT(등록 총톤수)에 불과했다.

현대는 외국의 선진 조선업체들과의 합작으로 대형 조선소를 설립하기로 방침을 세우고 일본의 미쓰비시사, 이스라엘의 팬 마리타임사 및 노르웨이의 아커그룹 등과 이를 추진했으나 이들 회사가 조선소의 운영권을 요구해 오자 합작 투자를 포기하고, 장기저리의 차관을 도입하여 독자적으로 조선소를 건설하기로 방침을 바꾸었다.

당시 일본은 우리나라 해운업 현실에 비추어 5만 톤급 선박의 건조능력만 갖추면 충분할 것이라고 주장했다. 그러나 창업자는 50만 톤 규모의 조선소를 구상하고 있었다. 만약 일본의 주장을

억 원에 이를 뿐만 아니라 고도의 안전성과 신뢰성, 정밀성이 필수적으로 요구되는 특징을 지닌다. 당시 한국은 세계 조선시장의 절반을 장악하고 있던 일본보다 노임이 1/4밖에 안 되는 풍부한 노동력을 활용할 수 있는 유리한 여건을 갖고 있었다(현대중공업사, 1992).

그대로 수용했더라면 국내 조선산업은 일본의 그늘에서 벗어나지 못했을 것이다.

현대는 부지선정 작업에 착수하고 판매 및 기술제휴 회사를 물색하는 한편, 조선사업 전반 기본설계를 작성하는 등 조선소 건설 사업을 구체화해 나갔다. 조선소 건설은 기계설비보다 토목건축의 비중이 컸다. 주력 사업이 건설업이었던 현대건설이 조선소 건설에 참여하여 20년간 축적해 온 건설의 노하우를 활용한다면 조선소 건설에서 큰 비중을 차지하는 항만, 드라이 독, 안벽공사를 선진국의 절반 비용으로 가능하다고 판단하였다. 문제는 시간과 자금이었다. 창업자 정주영은 외국 차관을 얻고 작업 물량을 미리 확보해 조선소 건설과 선박 건조에 드는 비용을 충당한다면 국제 경쟁력의 우위를 확보할 수 있다고 판단하였다. 선박 건조와 조선소 건설을 동시에 진행하는 전략으로, 건설업 경험이 전혀 없는 기업으로서는 상상도 할 수 없는 발상이었다.

2) 농사정신으로 일군 대한민국 조선사

1970년 당시 우리나라는 외화가 부족했던 상황이라 조선소를 지으려면 외국에서 돈을 빌려야 했다. 대형 선박을 만들어 본 경험이 없는 가난한 나라에 배를 주문하거나, 막대한 건설 자금(당시 추정액 8,000만 달러)을 빌려주는 나라는 없었다.

창업자 정주영은 건설업을 통해 축적한 기술력을 이용하고 사양화되는 유럽 쪽 조선소에서 기술을 도입하여 조선소를 건설하고자 했다. 자금은 유럽에서 차관을 받는 방향으로 정리하였다. 현대조선소는 1971년 9월에 영국의 Scott Lithgow조선소와 기술 및 판매 협조 계약을 체결하였다. 영국 최고의 은행이었던 바클레이스 은행과 4,300만 달러(당시 208억 원)에 가까운 차관을 협의하였으나 단번에 거절되었다. 영국 바클레이스 은행 입장에서 보면, 손수레나 자전거 정도를 만든 사람이 갑자기 자동차를 만들겠다고 세상에 떠들고 다니는 것과 똑같았다. 한국은 대형 선박을 건조한 실적이 없는데, 배를 만든다고 하면 자금을 융자해 주겠는가?

수소문 끝에 바클레이스 은행에 영향력을 행사할 수 있는 인물인 선박 컨설팅 회사 A&P Appledore의 롬바텀 회장을 찾아갔다. 롬바텀 회장도 거절하였다. 창업자 정주영은 지갑 안에 있던 당시 500원짜리 지폐를 꺼내 뒷면에 이순신 장군의 거북선을 내보였다. 우리는 영국보다 300년 앞선 1500년에 이미 철갑선을 만들었다. 우리가 그동안 역사의 한 과정에서 근대화에는 뒤처져 있었지만, 우리 민족의 역량이 있으니 그 잠재 능력을 믿어 달라 설득했다. 이후 롬바텀 회장으로부터 추천서를 받는 데 성공했다.

창업자 정주영의 '500원 지폐' 이야기를 손자병법 병세(兵勢)편에 있는 전략으로 분석한다.

> 凡戰者, 以正合, 以奇勝. 故善出奇者, 無窮如天地, 不竭如江河.
> (범전자, 이정합, 이기승, 고선출기자, 무궁여천지, 불갈여강하.)

전쟁을 하는 자는 정석으로 대적하고 변칙으로 승리한다. 고로 변칙을 잘 운용하는 자는 천지처럼 작전이 궁색해지지 않으며 강물처럼 고갈되지 않는다.

다른 난관이 기다리고 있었다. 차관을 받기 위해서는 영국 수출신용보증국(ECGD: Export Credit Guarantee Department)의 보증을 받아야만 했다. 보증을 요청했지만 배 수주를 받아오면 차관을 제공한다는 견해를 내놓았다. 정주영 회장은 롱바텀 회장으로부터 그리스 선박왕 오나시스의 처남인 썬엔터프라이즈 사의 리바노스 회장이 값이 싼 배를 구하고 있다는 소식을 전달받게 된다.

리바노스 회장을 찾아간 정주영은 조선소 건설 부지로 예정된 울산 미포만의 잡초 우거진 백사장 사진 한 장과 5만분의 1의 지도, Scott Lithgow에서 만든 26만 톤짜리 유조선 도면을 들고 '당신이 배를 사주면, 은행에서 차관을 받아 조선소를 짓고 당신의 배를 만들어 주겠다'라고 제의했다.

유럽에도 26만 톤 유조선이 건조된 적이 없었다. 당시 정주영도 26만 톤 크기가 얼마인지도 몰랐다. 조선소도 없고, 지어본 경험도 없는 현대조선이 세계 최대 선주인 리바노스로부터 당시 최대 규모의 선박을 발주받았다는 소식에 온 세상이 놀랐다.

약속을 지키지 못하면 계약금에 이자를 얹어주고 배가 하자가 있다면 원금을 다 돌려주겠다는 파격적인 조건이 리바노스의 마음을 움직였다. 리바노스 선박왕도 막강한 영향력이 있는 사업가이기 때문에 거물다운 결정을 하였다. 창업자 정주영의 배포와 리바노스의 배포가 맞아 결정된 것이다. 난관이 예상되었지만, 생각보다 쉽게 유조선 2척을 약 7,000만 달러에 수주하였다. 바로

1971년 10월에는 영국의 바클레이스 은행을 간사은행으로 하는 차관 컨소시엄을 구성해 차관 계약을 체결했다.

1972년 3월 23일에 창업 자금 6,300만 달러 중 4,300만 달러 외자 조달에 성공하여, 국내 최대 공사인 현대조선소를 기공하였다(정주영, 1991). 1972년 4월 10일에 그리스의 Livanos사로부터 26만 DWT급의 초대형유조선 2척을 수주하여 1973년 3월 조선소 건설과 동시에 초대형유조선 1, 2호선 건조에 착수했다.

손자병법 지혜와 같이 창업자 정주영은 사업을 시작함에 어떤 고정된 관념에 사로잡히지 않았다. 평소 농사 정신으로 든든히 무장하였기 때문에, 그것을 바탕으로 끊기지 않는 변화를 일으켜서 수많은 난관을 극복한 것이다. 정주영과 탤런트 최불암의 인터뷰를 소개한다.

> "제게는 연기도 가르쳤어요. '이봐, 낯은 그렇게 들면 안 돼' '쌀 한 가마를 들어 자전거에 싣던데 그렇게 들면 허리 부러져. 무릎으로 받쳐서 들어야 해' '지게를 그렇게 지면 안 돼. 지게는 목으로 지는 거야. 목이 핸들이야. 목을 빼서 지는 거야' 이 분은 모든 것이 농사 정신이었어요. 한번은 서산간척지를 어떻게 폐선(廢船)으로 막아 만들 생각을 했느냐고 물었더니, '논의 물꼬를 막으려면 젖은 지푸라기를 확 던져놓으면 돼. 그러면 이물질이 달라붙어 저절로 막혀'라고 해요."(조선일보, 2011. 2. 20).

변칙의 운용은 끝이 없는 변화를 의미한다. 정주영은 현대그룹을 경영하면서 갖가지 신화를 만들어 냈다. 기상천외한 공업을 동원하여 저명한 세계 공학도를 놀라게 하고 입을 다물게 하였다.

그 대표적인 사례가 두 가지가 있다. 하나는 주베일 산업항 건설 공사이고, 또 하나는 서산 방조제 물막이공사이다. 이에 대해서는 후에 기술한다.

당시 국내의 선박 건조 경험으로는 대한조선공사가 건조한 1만 7,000 DWT급이 최대였던 만큼 수십만 DWT의 대형 선박을 건조한다는 것은 상상하기도 어려웠다. 그러나 현대는 이들 선박을 성공적으로 건조하여 1974년 6월 28일 조선소 1차 준공과 함께 이들 선박 명명식(1호선 애틀랜틱 배론호, 2호선 애틀랜틱 배로니스호)을 가졌다.[4)]

정주영의 조선소와 선박 동시 건조 생각은 이랬다. 조선소를 지으면서 조선소 밖에서 선박을 건조하면 될 것 아닌가? 조선소 건설과 선박 건조를 별개로 진행한다. 선박을 건조하고 바다에 띄울 수 있도록 하는 일종의 콘크리트 독의 한가운데 콘크리트가 굳으면 바로 철판 놓고 배를 짓기 시작한 것이다. 양쪽으로 드라이 독이 건설되어 가면서 배도 같이 커 나간다는 것이다.

현대그룹 내 모든 장비를 투입했다. 공장도 없이, 도크도 없는 상태에서 리바노스가 주문한 배를 만들기 시작했다. 방파제를 만들고, 도크를 파고, 14만 평의 공장을 건설하기 시작했다. 당시 통행금지가 있었다. 정주영은 시간을 아끼기 위해서 경부고속도로에서 잠을 자면서 서울과 울산을 왕복했다.

4) 1974년 6월 28일 애틀랜틱 배런호는 그리스의 선주에게 인도된 이후, 1990년에 들어 중국의 선사로 넘어가 마지막에는 ABT Summer라는 이름으로 운행이 되었는데, 아쉽게도 1991년 화재로 인해 전손되었다.

당시 선진국의 경우 울산조선소 규모의 조선소를 건설하려면 공장 건설에만 3년이 걸렸다. 또한 그렇게 조선소를 짓고 나서 선박을 건조하는 것이 통례이고 상식이었다. 당시 조선소를 다 짓고 배를 만들려 했다면 그 막대한 투자 비용을 감당할 길이 없었을 것이며, 현대는 조선소를 짓다가 파산했을지도 모른다.

창업자 정주영은 현장주의의 현장맨이었다. 진수식 바로 전날 배를 띄우기 위해서는 바닥에 쌓인 모래와 암석을 파내는 준설 작업이 마무리되어야 했다. 배의 무게를 감당할 수 있는 수심이 부족하여 배의 일부가 바다에 뜨지 않을까 봐 밤새 배가 빠져나갈 수 있는 통로 구축 작업을 실시했다. 현대조선은 파도와 바람과 싸우면서, 조선소가 완공되기 전에 선박을 진수시켜야 하는 일이 벌어졌다. 이는 세계조선 역사상 전무후무한 일이었다.

결국 1974년 6월 현대조선소에서 뱃고동 소리가 울려 퍼졌다. 대한민국 선박 건조를 전 세계에 알리는 소리였다. 우리가 한 번도 못 했던 새로운 분야의 성취가 이뤄지는 순간이었다. 국가적인 관심을 바탕으로 공영방송이 TV 중계까지 하게 된 것이다. 최대 건조 능력 70만 톤, 드라이 도크를 2개 갖춘 조선소도 완성되었다. 현대조선이 세계 무대에 성공적으로 데뷔하는 순간이자 오늘날 한국이 조선 최강국으로 성장하는 시발점이었다. 2년 3개월 만에 조선소를 지으면서 동시에 유조선 한 척을 건조한 세계 조선사에 유일무이한 기록을 남겼다.

60년대 세계 경제는 IMF－GATT 체제의 자유무역 기조 하에서 전 세계의 무역량이 증가하고 있었다. 세계 무역량이 지속적으로 증가하여 1973년도 및 1974년도는 유례없이 각각 전년도에 비해 38.8%, 47.2%씩 증가하였다. 이에 따라 세계 조선시장의 호황을 직감한 현대조선소는 척당 최대 건조 능력 15만~25만 DWT급 규모의 조선소를 건설하려던 당초 계획을 대폭 수정하여 50만 DWT급 이상의 VLCC를 건조할 수 있는 초대형 조선소를 건설하기로 했다. 현대는 1차 공사 이후 70만 톤급 드라이도크 2기를 진행하면서 다시 확장공사를 시작해 1975년 5월 제3 도크를 완공함으로써 척당 최대 건조 능력 100만 DWT, 연간 건조능력 376만 DWT의 단일 조선소로서는 세계 최대 규모의 조선소가 되었다. 이러한 확장공사는 50년이 지난 현재 현대중공업의 경쟁력을 유지하는 데 결정적인 원인이 되고 있다.

3) 위기 극복과 신화창조

현대조선소 건설 기공식은 1972년 3월 23일이며 공사가 마무리되어 법적인 조치까지 끝나는 준공식은 1974년 6월이었다. 준공식 한달 후인 1974년 7월, 26만 톤(길이 345m 높이 27m 넓이 52m, 축구장 3배 크기) 유조선을 인도했다.

해외차관을 성공적으로 유치한 뒤 조선소를 설립하는 작업에 현대그룹 내의 풍부한 자원을 동원하였다. 창업자 정주영은 세계 일류 기술자와 최고의 기술자를 선호하는 국제 감각을 갖고 있었다. 그는 현대조선소 초대 사장으로 외국인인 스코(J W Schou)를 영입하였다. 그는 덴마크 사람이다. 덴마크가 원래 농업국가지만 우리하고 비슷한 환경에서 '오덴세 조선소'를 만들어 세계적으로 명성을 얻고 있었다. 그는 그 조선소의 기술이사로 있었다. 현대조선소가 그를 채용하면서 유럽의 최신 기술을 우리나라에도 적용할 수 있었다. 현대건설과 현대자동차 등 그룹 회사의 유사 계통 경력자들도 현대조선소에 투입하였다. 대한조선공사의 우수한 기술 인력을 확보하는 동시에 신규 투자프로젝트의 집행 경험이 있는 인사를 현대그룹에서 영입하였다. 특히 현대건설은 작업일정과 방법을, 현대자동차는 재고 처리 방법과 직원 교육 기술을, 현대시멘트는 제어시스템의 기술을 현대조선소 직원과 근로자들에게 전수하였다. 현대조선소 도크 건설기술과 모델은 영국에서, 생산 노하우는 일본의 가와사키중공업에서 전수 받았다.

현대조선소 사업 투자 비용은 제1차 확장공사 당시 약 520억 원에 달했다. 그 이전까지 건국 이래 최대의 역사라 불리던 경부고속도로의 총건설비 430억 원보다도 1.2배가 많은 액수였다. 동시에 현대건설의 총자산 135억 원의 3.8배였으니 말 그대로 사운을 건 공사였다. 공사는 창업자 정주영이 직접 총괄하였다. 창업자 정주영은 서울에 꼭 참석해야 할 회의를 제외하고는 공사 기간 내내 울산에 머물며 공사를 지휘하였다.

현대조선소는 조선 선진국에서도 유례가 없는 짧은 시간 안에 VLCC 두 척을 성공적으로 건조하고 조선소 도크 건설이란 두 개의 숙제를 한꺼번에 해결하는 진기한 기록을 남겼다. 이것이 세계 해운업계에 알려지자, 일감은 늘어났다. 그것도 잠시일 뿐이었다. 앞날에 조선소 건설에 이은 또 한 차례의 사운을 건 도전이 기다리고 있었다.

전 세계에 불어닥친 제1차 석유파동과 함께 세계 선박 수주량이 급격히 감소하였다. 1974년 2척의 VLCC 수주를 받았지만, 다시 VLCC 수주가 재개된 것은 그로부터 12년 뒤인 1986년의 일이다. 뚝심 하나로 일어선 현대중공업은 성공적으로 데뷔했지만, 위기는 바로 1973년 중동전쟁이 석유 전쟁으로 번지면서 조선 사업에도 위기가 왔다.

현대그룹은 1970년대 석유파동으로 현대조선에서 만든 배가 인도되지 못하자 초대형유조선(VLCC) 3척으로 1976년 아세아상선을 세웠다. 아세아상선은 현대조선소가 건조한 26만 톤급 현대조선 2, 8, 10호선 3척을 인수해서 내부 구조를 유조선으로 변경해서 석유공사 측과 원유수송 계약을 체결하여 운영하였다.

조선소 설립 후 현대조선소가 겪은 시련은 누구도 예측하지 못하였다. 포항제철이 설립 이후 초기 10여 년간 국내 수요만을 담당했던 사실을 감안할 때, 전적으로 수출을 목표로 1973년에 건립한 현대조선소가 겪었던 시련과 여건은 무척이나 혹독한 것이었다.

<그림 15-2>는 전 세계 유조선 수주량의 추이를 보여준다. 수주량이 1972년을 정점으로 1975년에는 1972년도의 3% 수준으로 급격히 하락하였다. 당시 한국의 유조선 수주량은 1974년 1억 9,690만 DWT를 정점으로 1983년에는 700만 DWT로 급격하게 감소하였다.

〈그림 15-2 〉 전 세계 유조선 수주량 1970~1976

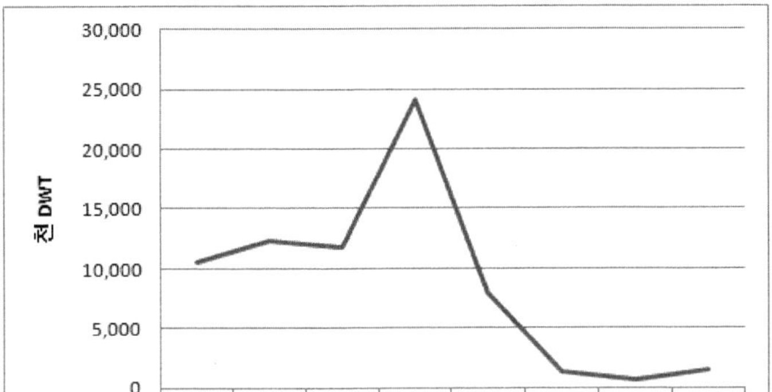

년도	1970	1971	1972	1973	1974	1975	1976
수주량	10,580	12,361	11,739	24,075	7,940	1,342	701	1,445

출처: Todd(1985)

전 세계 선박 수주 감소로 현대조선소 및 국내 조선업계들은 구조조정을 해야 했다. 한국의 조선업계들은 생산방식의 표준화와 제품생산 공정혁신(process development)을 통하여 가격 경쟁력을 향상하면서 기존 조선에서 수익성이 좋은 선박으로 생산 체제를 전환하였다. 한국은 짧은 기간 내에 선박의 다변화를 추구하였다. <표 15-1>과 같이 1983년 일본은 전 세계 수주량의 40.4%를 차지하였다. 컨테이너선의 비중이 전 세계 수주량의 22.5%, 탱커 24.1%, 벌크 선박이 50.2%로 벌크 선박 비중이 다른 선박보다 2배 이상을 차지하였다. 한국은 일본에 비해 수주 선박의 종류에 있어 훨씬 더 다양하였다. 한국은 전 세계 수주량의 13.3%를 차지하였는데, 컨테이너 선박은 전 세계 수주량의 11.7%, 탱커 선박은 12.7%, 벌크 선박은 13.8%를 차지하고 있었다. 벌크 선박은 표준화된 선박으로 다른 선박에 비해 디자인과 설계가 단순하다. 일본이 벌크 선박으로 세계시장의 50%를 차지했다는 것은 선박의 표준화를 이루어 선박 제조 비용을 절감했다는 것을 의미한다. 그러나 한편으로는 선박설계와 디자인의 개발을 소홀히 하였다는 것을 의미한다.

선박 설계는 선주의 요구에 따라 다양하며, 고부가 가치의 선박은 고도의 설계기술이 있어야 한다. 결국 표준화된 선박에 치중한 일본은 1980년대 초부터 선박 전문 설계사의 인원이 대폭 감소하면서 조선 기술의 경쟁력을 잃기 시작하였다.

〈표 15-1〉 1983년 주문된 선박 종류(세계 수주량의 %)

	컨테이너선	탱커선	벌크선	총
일본	22.5	24.1	50.2	40.4
한국	11.7	12.7	13.8	13.3
영국	1.1	1.8	2.1	1.9

출처: Todd(1985)

조선 선진국들은 70년대 불어닥친 불황의 여파로 조선소를 통합하거나 폐업했다. 그러나 한국은 불황 속에서도 공정의 혁신과 선박의 다변화를 통하여 조선산업을 꾸준히 성장시키고 있었다. 이때 소위 일본에서 산코(三光) 붐이라고도 부르는 조선업계의 작은 호황이 있었다. 70년대 후반부터 제1차 석유파동의 여파에서 벗어난 세계 해운업계는 그사이 유휴 선복량이 대폭 줄어들고 또 국제해상 협의기구가 유조선의 기름 유출 방지시설 및 환경오염 방지시설을 의무화함에 따라 80년대 들어 신조선 발주량을 늘리기 시작했다. 그러나 1979년의 석유파동 여파로 1983년 당시 세계 해운 경기는 불황 상태였다. 당연히 신조선 발주도 줄어들 것으로 예상되었으나 예상은 빗나갔다. 일본 최대 해운회사인 산코기센(三光汽船)이 예상되는 조선 불황을 선대 개편의 호기로 보고 일거에 100척 이상의 선박을 발주한 것이 도화선이 되어 세계 각국의 해운회사들이 신조선 발주에 나선 것이다. 이것을 산코(三光)붐이라고 부른다. 선주들은 일본 조선소에 발주하려 했지만 이미 산코(三光) 물량으로 일본의 도크가 차 있는 상태에서 주문이 한국으로 몰리고 그 결과 1983년 한국의 신조선 수주량은 전년 대비 3배 이상 늘어났다. 이러한 조선 미니 붐에 힘입어 현대조선소가 1983년에 66척, 207만 5,000GT의 선박을 신규 수주하면서 전 세계 수주량의 10.6%를 차지하였다. 이것이 계기가 되어 현대조선소가 세계 제1의 조선업체로 부상하게 되었다.

4) 주베일 산업항 건설공사

1970년대 초 현대건설이 현대조선소와 현대자동차 공장을 지으면서 엄청난 투자를 한 탓에 자금 사정이 나빠졌다. 무엇보다 석유파동 이후의 VLCC 주문 감소와 국내외 경기 위축으로 현대는 위기를 맞이하게 되었다.

창업자 정주영은 앞으로 다가오는 시련을 준비하고 있었다. 정주영은 해외 건설시장을 탐색하던 중 달러를 벌기 위해 중동으로 가야 한다고 판단했다. 달러가 세계 최대의 석유 시장인 중동으로 몰리고 있기 때문이었다. 주위의 반대도 거셌지만, 정주영은 중동시장 진출에 자신을 갖고 있었다. 다시 한번 그는 기업가정신으로 모험하였고, 그의 예상은 적중했다. 중동시장 진출 이후 1975년에 바레인의 아랍수리 조선소를, 12월에는 사우디 해군기지 해상공사에 착공하였으며, 1976년 7월에는 사우디 주베일 산업항 건설공사에 입찰을 시도하였다.

현대의 '공기 단축'을 포함한 치밀한 사업계획서는 20세기 최대의 초대형 심해 공사인 사우디아라비아의 주베일 산업항 건설공사에서도 그 효과를 발휘하였다. 1976년 입찰 결과 발표장에서 사우디아라비아의 관리는 "현대건설의 사업계획서는 완벽하다. 특히 44개월의 공사 기간을 조건 없이 8개월 단축하겠다는 제의에 감명을 받았다(정주영, 1991)"고 고백했다. 주베일 산업항 건설공사는 결국 현대로 낙찰되었다. 영국 바클레이스 은행을 감동하게 한 사업계획서가 6년 뒤 다시 한번 적중한 것이다.

'20세기 최대 역사'로 평가되는 주베일 산업항 건설공사는 9억 3,000만 달러 규모이다. 1976년 환율로 4,600억 원 정도로 그해 우리나라 예산의 50%에 해당하는 액수였다. 당시 공사 선수금으로 20% 계약금을 받는데, 2억 달러 수준이었다. 당시 한국은행 외환보유고가 2,000만 달러였으니 엄청난 외화가 유입되었다.[5)]

1975년 한국의 해외건설 수출액이 8억 3,000만 달러였던 점을 감안할 때 이 공사의 규모는 엄청났다. 현대중공업사(1992, pp.159)에 따르면 당시 GNP 증가 기여도는 1976년 4.5%에서 1979년에는 11.0%로 증가하였다.

---

5) 당시 현대조선(현대중공업 이전 이름)에서는 주베일 산업항 건설공사 이후 회사가 급성장할 것을 예상하여 인재 확보를 추진했다. 당시 병역미필인 필자를 포함하여 다수의 대학 졸업예정자들이 1977년도에 이례적으로 채용되었다.

사우디 주베일 산업항 건설공사의 규모는 차치하고 육상과 해상에 걸쳐 토목 부문의 거의 모든 공정과 건축, 전기, 설비 부문을 총망라한 종합 공사였다는 것으로도 특기할 만하다. 주베일 산업항 건설공사는 50만 톤급 유조선 네 척을 동시에 접안시킬 수 있는 해상 터미널 공사였다.

최초의 해외 대형 해양 공사로서 우리나라에서는 전혀 시공 경험이 없었던 해상 초대형유조선 정박시설 공사였다. 공사 기간 단축을 위해서는 신속한 수송 체계가 필수적이었다. 정주영의 구상은 이 공사에서 소요되는 철 구조물 전부를 울산 현대조선소에서 제작해서 해상으로 운반한다는 것이었다.

주베일 산업항 건설공사는 콘크리트 소요량이 5톤 트럭 연 20만 대가 동원되어야 하고, 철강재만도 1만 톤짜리 선박 12척분이 들어가는 공사였다. 참고로 설계상의 재킷이라는 철 구조물 하나의 규모는 가로 18m, 세로 20m, 높이 36m로 무게가 550톤이며 제작비는 당시 5억 원이었고, 웬만한 10층 빌딩과 같았다. 10층 빌딩만 한 이 재킷이 꼭 89개가 필요했다. 울산항에서 재킷을 제작해서 12,000㎞의 주 베일 항까지 옮기는 것이었다. 경부고속도로를 15번 왕래하는 먼 거리였다.

1만 마력 터크보트 3척, 대형 2만 톤 바지선 3척, 5천 톤 바지선 3척을 서로 연결해 10층 규모의 자켓을 실어 수송하는 것이다. 공학자의 논리로는 물론 말도 안 되는 막무가내의 정주영 공법이었다. 수심 30m나 되는 곳에서 중량 550톤짜리 자켓을 한계오차 5㎝ 이내로 20m 간격으로 심해에 설치한다는 것은 불가능에 가까운 일이었다. 오차가 5㎝만 넘으면 빔을 깎아 줄일 수도, 늘릴 수도 없어서 그냥 버려야 한다. 끝내 정주영 공법은 89개의 재킷을 5㎝ 이내의 오차도 없이 완벽하게 설치해 내서 전 세계 기술자들을 경악하게 만들었다.[6)]

주베일 산업항 건설공사에서 시공 능력을 인정받아 라스알가르 주택항공사, 알고바 젯다지역의 대단위 주택공사, 쿠웨이트 슈아이바항 확장공사, 두바이발전소, 바스라-하수처리공사 등의 대형공사를 수주했다.

주베일 산업항 건설공사는 기술 축적 면에서도 큰 이바지를 했다. 전 세계 극소수의 독점 분야였던 해상구조물의 시공 기술도 주베일 산업항 건설공사를 통하여 현대조선소가 습득할 수 있었다. 2006년도 현대중공업에서는 당시 세계에서 제일 비싼 부유식 해상설비(FPSO)[7)] 제1호선을 완공해서 미국의 엑슨 모빌에 인도하

---

6) 정주영 공법의 서산방조제 물막이공사: 1983년 말 충남 서산에 대규모 간척지를 만들려던 현대그룹은 고민에 빠졌다. 6,400m에 이르는 방조제 중 270m만 메우면 되는 상황이었다. 금방이라도 닿을 것 같은 거리인데 천수만의 거친 물살은 바다를 땅으로 만들려는 인간의 꿈을 허락하지 않았다. 현대그룹에서는 각종 아이디어를 짜냈다. 그러나 초속 80m의 물살을 이겨낼 해법은 쉽게 나오지 않았다. 그러던 중 정주영 현대그룹 회장이 아이디어를 냈다. 그는 당시를 이렇게 회고했다. 해체해서 고철로 쓰려고 30억원에 사다가 울산에 정박시켜놓고 있던 스웨덴 고철선 워터베이호를 끌어다 가라앉혀 물줄기를 막아놓고 바위덩어리를 투하시키면 될 것 같았다. 현대정공, 현대상선, 현대중공업의 기술진이 총동원됐다. 길이 322m의 대형 유조선은 서서히 정확하게 못다 이은 방조제의 틈을 막았다. 물살이 잦아들자 수많은 돌무더기를 바다로 던져 넣었다. 이른바, '정주영 공법'으로 서산방조제가 탄생하는 순간이었다. 정주영 공법은 여의도의 18배에 이르는 새 땅을 대한민국 국토에 추가했다. 공사기간은 3년이나 단축됐다. 행정구역은 충남 서산시, 홍성군, 태안군이 함께하고, 총 간척면적은 4,661만평, 총 답(논)면적 3,062만평, 제방길이 7,688m, 제방높이 26~28m, 연간 미곡(쌀) 생산량 54,000톤(336,280섬), 공사기간 1980.5~1995.8까지 15년 3개월 기간이 소요된 한반도 지형이 바뀐 대단한 공사이다.

였다.

주베일 산업항 건설공사로 인하여 당시 석유파동으로 대형 유조선 수주가 끊긴 현대조선소에 새로운 일거리를 제공하면서 현대조선소를 회생시키는 계기가 되었다. 그리고 풍부한 자금이 공급되고 기술이 축적되면서 현대중공업을 중심으로 세계적인 조선산업 클러스터가 울산에 형성되었다. 현대중공업은 조선사업본부, 해양사업본부, 플랜트사업본부, 엔진사업본부, 전기전자시스템사업본부, 건설장비사업 본부 등으로 구성되어 이들 6개 본부의 기술과 네트워크의 잠재력은 현대중공업을 세계 최대의 조선소로 도약시키는 계기가 되었다.[8)]

---

7) 부유식 해상설비는 바다 속 지하에 매장되어 있는 유정(油井, Oil Well)을 찾아 선박처럼 이동이 자유롭고(Floated), 시추(Drilling), 생산(Production), 저장(Storage), 하역(Off-shore) 기능을 가진 부유식 복합 생산 시스템이다. 해상원유채굴설비는 육상 유정에서 원유를 채굴하는 방법에 비해 투자비가 많이 소요되는 단점이 있다. 국제원유가격이 배럴 당 70달러 미만에서는 사업성이 부족하다. 2010년경부터 미국에서 새로운 천연가스인 셸(Shale)가스를 생산하면서 국제원유가격이 배럴 당 40~55달러 정도로 비교적 안정적인 상태에서는 해상원유채굴설비의 수익성은 악화되었다.

8) 기술과 지식은 전파가 잘되는 특성을 보인다. 민간투자가 활성화되면서 전문가와 기술자들이 습득한 지식을 전문화하고 이들에 의해 전파된 지식은 외부효과를 통하여 더 높은 지식으로 발전하기도 한다. 노벨상 수상자들은 활발한 의견 교환과 자유로운 연구주제 선정 등을 통하여 높은 지식을 얻었다고 주장한다. 국내에서도 비슷한 사례가 있다. 세계적인 조선소인 HD현대(구 현대중공업) 본사가 있는 울산은 조선산업 클러스터가 수립된 국내 최대 공업도시이다. 울산에는 기술자 친목 단체가 여럿 있다. 예를 들어 조선 전문기술자들의 모임은 비슷한 연배의 대학 또는 고등학교 선후배들로 구성되어 있다. 이들의 전문 분야는 엔진, 설계, 해양구조물, 특수함 등 다양하다. 친목 모임에서 주고받는 정보와 아이디어는 가상의 배를 즉석에서 건조하기도 하고 수리 중인 배의 고장을 즉시 해결할 정도의 엄청난 기술개발 효과를 갖는다. 이것이 HD현대(구 현대중공업)의 조선 해양기술이 전 세계 수준임을 보여주는 숨은 원동력이다.

5) 최근 미국 중국의 해양 패권전쟁

최근 조선산업의 환경은 크게 변화하고 있다. 그중에 대표적인 것이 미국과 중국의 해양 패권전쟁이다. 2024년 3월 미국의 5개 노동조합은 중국의 해운 · 물류 · 조선 분야의 행위가 미국 화주에게 불공정한 것으로 보고 '미국 무역법(Trade Act) 301조'의 위반 여부 조사를 USTR(미국무역대표부)에 요청하였다.

2025년 1월 USTR은 중국의 행위가 '미국 무역법 301조'를 위배한 것으로 결론 내렸다. USTR은 2025년 10월 14일부터 중국 선사와 중국 건조 선박의 미국 입항 시 항만 수수료를 부과한다고 발표하였다. 중국 선사가 운영하는 선박은 순톤수(NT) 당 50달러, 중국 건조선박은 순톤수 당 18달러 또는 하역된 컨테이너 박스(TEU) 당 120달러 가운데 높은 금액을 부과한다. 이 수수료는 매년 인상되어 2028년에 각각 140달러, 33달러, 250달러가 될 예정이다. 통상적으로 미국 방향 대형 컨테이너선은 최대 13,000TEU(73,000NT)를 싣고 운항하기 때문에 1회 입항 시 중국 선사는 최대 365만 달러, 중국 건조 선박은 순톤수 기준으로 131.4만 달러를 납부해야 한다.

이 조치들은 중국의 해양 패권을 견제하고 미국 해사 산업의 재건을 목표로, 장기적으로 추진될 것임에 따라 글로벌 해운 · 조선 경쟁 구도와 공급망 재편에 큰 영향을 미친다. 2024년도 기준 미국 수입 컨테이너화물의 50% 이상이 중국제품이며, 화물의 21%가 중국 건조 선박에 의해 운송되었다. 중국발 미국으로 향하는 화물의 운송 비중은 중국 선사인 COSCO가 71%로 가장 높고, 유럽 선사는 55~65%, 한국의 현대상선(HMM)은 54% 수준이다. 글로벌 선사들의 중국 선박 보유 비율은 평균 25% 이상이고 한국의 HMM은 2% 미만이기 때문에 상대적으로 한국의 HMM이 유리하다. 미국과 중국의 해양 패권전쟁에 따라 결과적으로 국내 조선업에 새로운 기회가 될 것으로 전망된다.

6) 박정희와 정주영

한국 조선산업의 성공은 정부의 장기적인 안목과 정주영의 기업가정신으로 세계 조선업계의 흐름을 파악하고 적시에 기회를 포착한 결과이다. 정부는 새로운 산업의 창업에 따르는 위험과 비용의 일부를 보존해 주면서 기업가의 모험을 적극 지원하였다. 잠시 여기서 짚고 넘어가야 할 것이 있다. 혹자는 박정희 대통령이 1974년 중화학 공업 선언에 앞서 현대를 지정해 조선소를 만들도록 권유했다고 한다. 그러나 정주영은 중화학 공업정책 선언 훨씬 전부터 기업 전략상 조선소 건설을 생각하고 있었다. 박정희 대통령의 조선소 설립 집념도 대단하였다.[9)]

---

9) 이와 관련된 일화를 소개한다(정주영, 1998, pp.179). 1972년 3월 23일 현대 조선소 기공식을 했다. 조선소 도크 공사 시작은 그 하루 전인 22일부터 시작하였다. 황무지에 천막 하나 쳐놓고 했던 기공식이었다. 당시 태완선 부총리가 사석에서 "조선소, 그거 어디 되겠습니까, 각하? 제가 보기에는 될 것 같지 않습니다." 이에 박정희 대통령은 호통을 치었다. "담당 부총리가 그런 말을 하면 어떡합니까? 아무리 어려운 일이라도 격려하면서 지원해야지. 생각 없이 하는 그런 말들이 바로 일을 어렵게 만든다는 거 모르시오? 앞으로 그런 말 다시는 입 밖에 내놓지 말고 모두한테 그 조선소 반드시 된다고 말하시오."

박정희 대통령은 1975년 건조 중이던 3대의 VLCC의 인도가 취소되었을 때 현대상선이라는 회사를 만들도록 주선하였다. 그는 현대조선소가 파산함으로써 오랫동안 꿈꿔왔던 '조국 근대화'라는 원대한 목표가 사라지는 것을 가만히 놔둘 수 없었다. 박정희 대통령은 나름대로 한국 조선공업의 발전을 위하여 최적의 기업가를 선택하였는데, 그 기업가가 한국의 조선산업을 성공적으로 창업하게 된 것이다. 박정희 대통령의 현명한 선택이었다. 정주영도 자신의 회고록에서(1998, pp.250) 박정희 대통령을 다음과 같이 서술하였다. '공통점이 많은 만큼 서로 인정하고 신뢰하면서 나라 발전에 대해서 같은 공감대로 함께 공유한 시간도 꽤 많았던, 사심이라고는 없었던 뛰어난 지도자였다.'

만일 정주영이 전후방 효과가 큰 조선공업을 성공시키지 못했다면, 우리나라의 산업 및 경제발전 인프라들은 얼마나 뒤처졌겠는가? 가령 국산 자동차의 생산, 조선공업 및 사우디아라비아 주베일 산업항 건설공사에서 현대가 참여하여 엄청난 철강을 소비하지 않았다면 포항제철(POSCO) 역시 오늘날과 같은 선진 우수기업이 되기는 힘들었을 것이다. 이는 정주영의 현대조선소 건설이 국가 경제뿐만 아니라 우리나라 다른 산업의 발전에 있어서 크게 기여했다는 것을 의미한다.

3. 한국 조선산업의 위상

한국 조선산업의 성공은 창업자 정주영의 뚝심과 독자개발의 의지로 이루어진 것이다. 현대조선소가 완성되었을 때인 1975년 세계 27위권에 있던 한국의 조선업계는 1993년부터 일본의 조선업계를 제치고 조선강국이 되었다. 2020년 현재 세계 1위인 한국의 조선산업은 전후방산업과의 연관효과가 크게 발생하며 노동집약적 · 자본집약적 · 수출기여도가 높은 산업이다. 전방산업으로 해운 · 에너지 · 레저산업, 후방산업으로 철강 · 기계 · 전기 전자 · 화학 · 비철금속 등이 존재한다.

조선업은 선주의 발주로 선박을 건조하는 주문 생산방식의 산업이며, 수출 선박 건조 시 외화획득과 수출기여도가 높은 산업이다. 조선업 수출액(비중)은 2016년 342억 달러(6.9%)에서 2017년 422억 달러(7.4%)이며 참고로 2017년 업종별 수출액은 1위는 반도체 979억 달러, 2위 조선업 422억 달러, 3위는 자동차로 417억 달러를 기록하였다.

한국의 조선산업은 수주, 건조, 수주 잔량 등의 지표에서뿐만 아니라 선박 조선 기술도 세계 조선산업을 주도하고 있으며 탱커선, 컨테이너선, LNG선, FPSO(해양설비), 그리고 초대형 선박 등 고부가가치 선박을 건조하고 있다.

코트라(KOTRA) 자료에 따르면 2024년도 중국 조선업의 세계시장점유율은 세계 1위로 건조량의 55.7%, 신규 발주량의 74.1%를 점유하고 있다. 발주량의 91.5%는 수출 물량이나 USTR의 조치로 중국조선소 발주를 취소하거나 연기하는 움직임이 나타나고 있다. 통상 한국의 선박 건조 가격은 중국에 비해 10~20% 비싸지만, 미국의 조치는 이러한 격차를 무색하게 만들기에 충분하다(자료:

하영석, 매일신문, 2025.6.10.). 2024년 선박 연간 수주잔량은 중국이 50%, 한국인 17%, 일본 13%이다. 향후 한국의 세계 선박 발주량이 높아질 것으로 판단된다.

제16장 자동차산업

자동차산업은 유럽에서 시작된 후 대서양을 건너 미국에서 꽃을 피우고, 다시 태평양을 건너 일본에서 제2의 전성기를 맞이한 후, 한국에서 번성의 결실을 보고 있다. 제2차 세계대전 후 세계 자동차산업의 판도를 좌우해 온 것은 국민경제의 규모가 크고 자본과 기술에서 앞서가는 소수의 선진국, 특히 미국, 서유럽, 일본 등지의 자동차업체들이었다. 1960년대까지만 하더라도 대부분의 국가는 자체의 힘으로 자동차를 생산하지 못하고 완제품을 그대로 수입하거나 선진국 자동차업체를 대행하여 생산하는 수준에 머물러 있었다. 현재 자동차를 독자 개발하여 미국 시장에 진출할 수 있는 나라는 몇 개국이며 이 가운데 선진국을 제외하고는 개발도상국에서 성공한 국가는 한국이 유일하다.

자동차는 산업의 총체적인 기술 수준과 한 국가의 경제력을 그대로 보여준다. 한 나라의 경쟁력 및 기술 수준을 대표하는 종합기계산업으로 무역수지에도 크게 기여하고 있다. 따라서 미국, 일본, 독일과 같은 선진국에서도 자동차산업을 대체할 만한 산업을 아직 찾지 못했기 때문에 자동차산업을 정부 차원에서 적극 육성하고 있다.

자동차는 2만여 개의 부품이 하나로 조립된 시스템 상품으로써 원재료에서 정비와 금융에 이르기까지 파급효과가 가장 큰 제조업이다. 또한 자동차산업은 기계, 철강, 전자, 유리, 섬유, 고무, 화학, 정유, 운수, 관광 등 전후방 연관 산업의 발전과 국가 경제에 미치는 영향이 지대한 산업이기 때문에 산업 중의 산업(IOI: Industry of Industries)이라 불리며 자동차산업의 경쟁력은 국가의 경쟁력과 비례한다. 자동차를 완벽하게 만드는 나라는 항공기를 비롯한 무엇이든 완벽하게 생산이 가능한 나라이다. 자동차산업은 34만 명의 일자리를 책임지는 우리 경제의 중추이다. 2만여 개 부품사로 이루어진 생태계가 촘촘히 생산활동을 하고 있다.

조선산업과 마찬가지로, 정주영은 한국 자동차산업의 발전 과정에서 탁월한 리더십과 기업가정신을 발휘하였다. 한 기업인의 도전과 개척 정신으로 건립된 현대자동차는 독자적 모델을 통하여 세계적인 자동차회사로 약진하고 있다. 본 장에서는 우리나라를 자동차 강대국으로 이끈 한 기업인의 성공 사례에 관해 서술하고자 한다.

1. 한국 자동차산업의 역사

1945년 우리나라 광복의 거리에도 자동차는 있었다. 우리의 기술력에 의해 생산된 것들은 아니었다. 이후 다양한 자동차가 생산

되었다. 6·25전쟁의 폐허를 딛고 1955년에 태어난 '시발(始發)자동차'를 시작으로, 1962년에 일본제 '새나라' 자동차가 등장하였고, 60년대 후반에는 신진자동차의 '코로나'가 생산되었다. 그로부터 60년이 지난 2025년 한국의 자동차들은 전 세계 승용차들이 경쟁하는 미국 시장에서 주목을 받고 있다.

한국 정부의 자동차산업 개발 집념은 중화학 공업 육성 정책에서 잘 나타난다. 자동차공업을 중화학 공업의 전략 산업으로서 선정한 정부는 1973년 6월 30일 「장기 자동차 공업육성계획」을 마련해 한국 고유형 소형차 양산화 계획을 수립했다. 이 계획의 목표는 자동차공업의 완전 국산화 체제 및 수출 기반 확립이었다. 그 주요 내용은 독자적이면서 저렴한 국산 소형차 개발, 자동차 국산화율 제고, 차종별 전문 생산 체제 확립, 부품공업 육성 등으로 되어 있었다. 특히 1,500cc 이하 고유 모델 자동차 생산을 적극 추진하고 이 조건을 충족하는 자동차 생산을 중점 지원한다는 것이다.

1973년 당시 국내 자동차공장들은 영세한 생산 체제에서 외제 차종의 부품조립을 하고 있었다. 정부에서 구상하는 경제적 생산 규모를 갖춘 종합 자동차공장으로 발전해 나갈 형편은 안 되었다. 부품공업이 발달하지 않은 상태에서 자동차공업 국산화는 요원할 수밖에 없었다. 정부는 영세한 자동차산업을 발전시키는 방안은 한국 실정에 적합한 승용차 양산 체제를 확립하는 것이라고 결론을 내렸다. 그리고 한국형 승용차 생산을 위한 사업계획서를 자동차 4사(기아, GMK, 아세아, 현대)에게 요구했다. 현대는 이미 고유 모델생산을 위한 사업계획서를 만들어 놓고 있었고 이 계획서가 정부 시책 방향과 일치했기 때문에 그 내용을 약간 추가 보완해 최단 시일 내에 사업계획서를 작성하여 제출할 수 있었다.

1980년 2차 석유파동은 한국의 자동차산업을 다시 위기로 몰아넣었다. 경제 불황에 위기의식을 느낀 전두환 정부는 1980년 8월 집권하자마자 자동차산업을 대상으로 본격적인 통폐합 조치를 단행한다. 정부 의도는 "자동차 부문에서 5개 사가 난립해 연산 35만 대의 생산설비를 구축했으나, 내수는 11만 대 수준으로 가동률이 34%에 불과하다. 너무 많은 자동차 제조회사를 승용차 1사, 상용차 1사로 통폐합한다"라는 것이었다.

정부의 조치는 처음부터 난항을 거듭했다. 가장 큰 문제는 승용차를 생산하고 있던 현대와 GM 간의 불협화음이었다. 현대는 수출 확대를 위해 독자적인 승용차 개발에 나서면서 정부 측에 신기술을 자유롭게 도입할 수 있으며, 동시에 해외시장을 독자적으로 개척할 수 있는 제도적 환경을 만들어 달라고 요청하고 있었다. 반면 GM 측은 '월드 카' 개념을 도입해 GM이 개발한 소형차 생산 및 GM 계열사로부터의 기술도입을 강력히 주장하고 있었다. 정부에서는 GM의 요구를 마땅치 않게 생각했으나 외국 기업인 GM의 반대를 무시할 입장도 아니었다. 결국 정부는 두 회사의 통폐합이 불가능하다는 것을 인정하고 승용차 생산업체를 현대로 통합하기로 했다. 이에 따라 현대자동차는 새한자동차를 통합해 승용차를 전문적으로 생산하게 된다. 현대그룹은 현대자동차를 지키기 위해 그동안 적극적으로 육성해 온 발전설비 업종을 포기

해야 했다.

정부는 난항을 겪고 있던 통폐합 조치를 수정해 1981년 2월 28일 '자동차공업합리화 조치'를 발표한다. 내용 골자는 승용차 부문을 현대자동차와 새한자동차로 이원화하고, 동아자동차는 특장차 생산을, 기아산업은 1~5톤 트럭과 중 · 소형 버스 생산을, 8톤 이상의 트럭, 대형버스, 장갑차, 지프차 등 기타 차종은 이전처럼 자유 경쟁에 맡긴다는 것이었다. 이 같은 조치로 현대자동차와 새한자동차는 통합을 면하게 되었으나 기아산업은 지난 5년간의 승용차 생산을 끝으로 다시 상용차 전문 생산업체로 돌아가야 했다. 그동안 인기 상품이었던 승용차 '브리사' 시리즈와 계열사인 아세아자동차의 '피아트' 생산을 중단해야 하는 상황에서 소형 트럭만 생산해 회사를 운영한다는 것은 거의 불가능한 상황이었다.

1982년 이후 경기가 회복되기 시작하면서 업체들의 생산 확장 계획도 순조롭게 추진되었다. 현대는 1985년에 포니 엑셀 연산 30만 대 규모의 공장을 준공하였고, 대우는 1986년 연산 17만 대 규모의 공장을 준공하였다. 이에 따라 우리나라도 자동차 양산 체제 단계에 진입하게 되었다. 한편, 현대가 개발한 전륜구동 승용차인 포니 엑셀이 1985년 11월 캐나다에, 1986년에는 미국 시장으로 진출을 시작하여 첫해에 20만 3천 대를 판매하는 놀라운 성과를 거둠으로써 수출이 비약적으로 증가하는 일대 전기를 마련하였다. 이어서 1987년에는 대우가 르망을, 기아도 프라이드를 미국에 수출하기 시작하여 자동차 수출의 토대를 마련하였다.

1987년 1월에는 정부에서 생산 차종 규제를 철폐함으로써 전

차종의 생산 자유화와 수입 자유화가 이루어져 자동차 업계는 자유 경쟁체제로 전환되었다. 아울러 자동차 업계는 국외적으로는 국제경쟁력을 확보하는 데 성공하고, 국내적으로는 자동차 대중화 시대의 도래에 따라 1988년에 100만 대를 생산하여 세계 10위의 생산국이 되었다.

1980년대 초에 있었던 정부의 자동차공업 통폐합 조치는 자동차회사로부터 큰 불만을 불러일으켰다. 특히 기아자동차의 피해가 컸다. 1986년 자동차공업 합리화 조치 해제 이후에 기아자동차도 승용차를 개발하였다. 그러나 자동차 통폐합 조치에 걸려 83년부터 시작된 3저(저환율, 저유가, 저금리) 현상을 통한 미국 시장 수출의 기회가 원천적으로 봉쇄되었다. 결국 기아그룹은 80년대의 대외적으로 수출하기 좋은 기회를 놓치게 되면서 1997년도에는 부도유예협약 대상 업체로 선정되었다. 법정관리를 받아오던 기아그룹은 1998년 현대자동차로 인수되었고, 양사의 통합 법인인 현대·기아자동차는 현재 국내에서 가장 큰 자동차 생산업체가 되었다.

2. 창업가의 기업가정신

1) 현대자동차 설립과 비용탐색(Cost Discovery)

우리나라 자동차산업의 발전에 주도적인 역할을 한 정주영은 자서전 '이 땅에 태어나서(1998)'를 통해 "지금 생각해도 출발부터 오늘까지 자동차만큼 많은 시련을 겪은 사업은 없었다."라고 고백한 바 있다. 승승장구하고 있는 한국의 자동차산업이지만, 그 역사의 굽이굽이에는 수많은 곡절과 좌절의 순간들이 숨어 있음을 읽을 수 있게 해주는 대목이다.

건설업을 통해 탄탄한 기반을 다진 정주영은 자동차공장을 설립하면서 해외 대 메이커와 제휴를 모색하였다. 정주영은 "이왕 기술 제휴할 바에는 자동차공업의 원조 격이며 세계적으로 정평이 난 名門과 손잡는다."라는 방침을 세웠다. 당시 세계 자동차공업의 선두 메이커는 GM과 포드였다. 포드와의 협상이 진척되자 정주영은 협상과 회사설립 작업을 병행하였다.

현대건설 기획부는 1967년 11월부터 본격적으로 설립 작업을 추진, 12월 21일에는 자동차 생산공장 건설 허가 신청서와 사업계획서를 정부에 제출했다. 정부는 1967년 12월 27일 현대의 자동차 사업을 허가했다. 이어 정주영은 12월 29일 회사 창립총회를 열고 당시 현대건설 상무이던 친동생 정세영을 대표이사로 선임했다. 한편, 정부는 "이미 허가된 신진, 아세아 이외에 현대를 자동차 제조업체로 추가, 자동차 제조업체를 3개 회사로 제한시키기로 했으며 더 이상의 공장 건설은 허가하지 않을 방침"이라고 밝혔다. 현대자동차 설립은 정주영이 오랫동안 간직해 온 꿈이 실현되는 출발점이었으며 현대로서는 그룹 기업화의 태동이자 중화학 공업 진출의 시발점이었다.

현대자동차는 미국 포드사와 합작 투자계획을 추진하였다. 정주영은 평소 "한국은 자원과 자본이 빈약해 모든 산업의 기반인

원자재를 수입해야 하므로 국내에서 만든 물건을 외국에 수출하지 않고는 부를 축적할 수 없다"라는 신념을 가지고 있었다. 이는 우리나라 경제의 개발 전략인 수출경제 체제와도 일치하는 것이다. 이 같은 기본적인 입장을 가지고 합작 협상에 임했지만, 미국 포드의 생각은 달랐다. 포드는 대단위 조립기지를 건설해서 중국과 아세안 시장 진출이 목적이었다. 포드의 한국 진출은 본래 시장 확충을 통해 자사 제품의 판매 확대에 뜻이 있었고 나아가 자신의 세계적 분업체계 가운데 한국을 단순한 부품생산기지로 편입시키고자 할 뿐이었다.

현대는 처음부터 종합자동차 공장 건설에 목표를 두고 자동차 공업 전반에 걸쳐 사업을 전개하고자 했다. 이처럼 현대와 포드 간에 본질적인 견해차가 드러나자, 현대는 합작 투자 자체에 강한 회의를 하게 됐다. 특히 정주영은 경영의 자주성이 없으면 기업의 장래성도 없으므로 어렵더라도 평소 그의 지론인 독자 경영의 길을 모색하고자 했다. 결국 현대와 포드의 합작 투자 계획은 1973년 1월 합작 계약 인가가 취소됨으로써 무산되고 말았다. 아우 정세영에게 우리만의 노력으로 1백 퍼센트 국산 자동차를 새 모델로 만들어 낼 방안을 세울 것을 지시하였다(정주영, 1991, pp.173).

2) 신화창조

포드와의 합작이 무산되자 현대자동차는 독자적인 자동차 생산의 길로 나간다는 결단을 내렸다. 3년여에 걸친 포드와의 협상을 통해 다국적기업과의 합작을 통해서는 자동차 양산과 수출이 어려우며 기술 축적에도 큰 도움이 못 된다는 사실을 깨달았다. 특히 다국적기업들이 합작 협상을 통해 흔히 내세우는 배타적인 조건, 그중에서도 그들이 진출해 있는 해외시장으로의 수출 불가 조건은 해외시장을 궁극적인 목적으로 삼고 있는 현대로서는 도저히 받아들일 수 없는 조건이었다.

협상 결렬 후 현대는 자동차산업은 국제 규모의 양산 체제를 갖추고 좁은 국내시장보다는 수출을 목표로 해야 한다는 계획을 수립하였다. 수출하려면 반드시 독자적인 고유 모델의 자동차를 생산해야 한다는 것이 1973년 3월 회사 경영방침으로 결정되었다. 되도록 독자적으로 투자하고, 필요할 때만 부문별로 기술을 도입하겠다는 정주영의 경영 철학이 반영된 것이다. 정주영으로서는 수출을 목표로 한 울산조선소를 독자적으로 건설한 직후여서 자신감에 차 있었으며, 자동차 사업도 그 활로를 세계시장 진출에서 찾아야 한다는 강한 신념을 갖고 있었다.

현대자동차는 고유 모델 승용차 생산을 위한 전략을 수립했다. 그 기본 골자는 첫째, 외국 설계 전문회사와 용역 계약을 체결해 차체설계를 의뢰하고, 둘째, 완성차 제작에서는 전문 분야별로 외국인 전문가를 초빙해 자문토록 하며, 셋째, 차체 스탬핑 및 금형 등 고도의 기술을 요하는 부분품은 1차에 한해 외국 전문 메이커의 기술지원을 받아 개발하며, 넷째, 스탬핑 및 금형제작 기술은 해당 요원의 해외훈련으로써 취득기로 한다는 것이다.

이 전략에 따라 현대자동차는 세계 최고의 기술력을 확보하려고 노력하였다. 이탈리아 디자이너 조르제토 주지아로(Giogetto Giugiaro)와 협업하고 자동차의 디자인은 이탈리아에 의뢰하였다. 엔진, 트랜스미션 등의 주요 부품 제작을 위해 영국 자동차회사와 기술 계약을 체결하였다. 1974년 7월, 1단계 조선소 건설비를 훨씬 초과하는 1억 달러를 투자하여 연산 5만 6천 대 규모의 국산 종합 자동차공장을 착공했다. 포드사와 결별하고 3년이 지난 1976년 1월부터 포니를 생산하여 수출하였다.[1]

정주영이 고유 모델 계획을 확고히 추진한 것은 성공시켜야 한다는 집념과 한국 자동차공업의 장래에서 매우 중요한 방향 설정 사명감이었다. 그 사명감은 현대가 외국 기업의 예속에서 벗어나 자립하는 것이다. 자동차공업을 수출산업으로 부상시켜 타 공업 발전을 촉진하고 여타 동종업체의 자립에 기여한다는 것이었다. 이 계획은 투자 규모가 큰 만큼 위험부담 또한 엄청나다는 점에서 사생결단(死生決斷)의 프로젝트였다. 그러나 국내 자동차회사의 견제도 만만치 않았다. 이에 대해 정주영(1991, pp.173)은 다음과 같이 회고하고 있다.

> 역설적일 수도 있겠으나… 지금은 없어진 당시의 신진자동차공업사가 권력 기관을 끼고 우리의 시작을 적극적으로 저지하려 했다… 그 고충이 오히려 기필코 해내겠다는 굽힐 수 없는 의지를, 지지 않겠다는 투지를 덧붙여 주었다… 지금 와서

1) 1977년 5월 미국대사 리차드 스나이더가 정주영을 만나 현대자동차 독자개발 포기 압박을 하였다. 창업자 정주영은 '자동차는 國旗이다. 내가 건설해서 번 돈을 다 들어, 실패한다고 하더라도 후대들이 자동차공업을 성공시키는 데 필요한 디딤돌을 내가 몇 개 놓을 수 있다면 나는 실패해도 후회가 없다.'라고 하였다.

는 오히려 고맙다는 기분이 든다. 그 때 그 사람에게 향한 고마움 비슷한 감사를 포드에게도 보내고 싶다.

3. 엔진 개발과 미래자동차

엔진은 자동차에서 가장 핵심적인 부품이다. 엔진을 만드는 기술은 고도의 정밀성과 안정성이 뒷받침되어야 한다. 80년대 이전에는 우리나라 자동차산업은 기술 불모지에 가까웠다. 자동차 기술의 핵심인 엔진은 전적으로 외국 기술에 의존하고 있었다. 그러나 1980년대 이후 한국은 선박 및 자동차 엔진을 자체 개발하여 생산하기 시작하였다. 다음은 현대자동차의 엔진 개발 이야기를 소개한다.

현대자동차는 1975년 이탈리아 디자이너 조르제토 주지아로(Giogetto Giugiaro)가 디자인하고 미쓰비시에서 제공한 엔진을 이용하여 포니자동차를 만들었다. 엔진을 자체 개발하기 위하여 현대자동차는 1984년 미국 제너럴모터스(GM) 자동차연구소에 근무하던 이현순 박사를 초빙해 5명의 연구원으로 엔진 개발을 시작하였다. 당시 회사 내에서는 엔진 독자개발에 회의적이었다. 엔진 독자개발로 인해 미쓰비시와의 관계를 악화시켜 원활한 엔진공급을 방해하였다는 이유 등으로 엔진 개발팀은 현대자동차 임원과 직원들로부터 홀대를 받았다.

그러던 어느 날 2차 세계 대전 당시 일본의 제로 전투기 엔진을 개발했던 미쓰비시의 구보 회장이 정주영 회장을 찾아와 엔진 개발을 중단하면 최신 자동차 엔진을 주겠다고 제안하였다. 정주영 회장은 이 제의를 거절하였다. 그 이후 1988년에 구보 회장이 또 다시 정주영 회장을 찾아왔다. 당시 현대자동차는 1년간 800만 달러의 이익을 냈으나, 그중 450만 달러는 일본 미쓰비시에 로열티로 지급하고 있었다. 다시 경기도 마북리 엔진연구소를 폐쇄하면 로열티를 절반으로 깎아주겠다고 제안하였다. 정주영 회장 특유의 뚝심이 발휘되었다. 그는 일본의 거듭되는 제의를 거절하면서 엔진 자체 개발에 확신을 갖게 되었고 엔진 개발을 더욱 격려하였다. 이후 구보 회장은 현대자동차의 엔진사업 진행 과정을 살펴본 후 오카자키에 있는 미쯔비시 엔진연구소에서 강연하면서 "미쓰비시 직원들이 정신을 똑바로 차리지 않으면 10년 뒤에 현대자동차에 엔진을 구걸하러 갈 것이다"라고 예견하였다. 당시 미쓰비시의 직원들은 그 의견에 동조하지 않았다. 일본은 자동차산업이 시작된 초기부터 엔진 사업에 뛰어든 반면, 현대자동차의 역사는 20여 년에 불과했기 때문이었다. 현대자동차는 결국 1991년에 1.5리터급 엔진인 알파엔진을 개발하는 데 성공했고, 그해 과학기술 발전에 이바지한 공로로 제1회 장영실상을 수상하였다. 알파엔진 개발은 우리나라 자동차산업이 기술 자립의 터전을 마련하는 계기가 됐다. 이후 베타, 델타, 오메가 등 현대자동차의 독자 엔진 개발 역사는 계속됐다.

이들 엔진은 당시 소음, 열효율, 무게 등 4가지 지표에서 세계 최고의 평가를 받았다. 최근 세계 굴지의 자동차 생산업체인 메르세데스-벤츠가 현대자동차의 유럽 전략차종인 'i30'의 엔진공급을 강력히 요청하였지만, 현대자동차가 개발한 소형엔진을 공급해 줄 경우 유럽 시장에서 벤츠 브랜드의 소형차와 i30가 경쟁을 벌이게 되므로 벤츠의 요구를 들어줄 수 없었다.

현대자동차의 빠른 기술 성장을 경고하였던 구보 회장의 예언은 적중하여, 10년 후인 2004년 미쓰비시가 현대자동차에 기술을 배우러 왔고, 1천억 원의 기술료를 지급하고 NF쏘나타 등에 탑재되는 2ℓ 급 세타엔진 설계 도면을 받아갔다(이현순의 공학한림원 CEO포럼 강연, 2007).

1991년 1.5리터급 알파엔진(α-Engine)이 개발된 이후 20년이 지난 현재 글로벌 자동차 시장에서 미래형 자동차 개발이 화두가 되면서 새로운 변화가 나타나고 있다. 현재 미래형 자동차와 가장 연관성이 높은 분야는 크게 세 가지이다. 첫째, 전기차로 대표되는 신(新) 에너지 자동차 분야, 둘째, 자율주행으로 대표되는 커넥티드 카(Connected Car) 분야, 셋째, 공유경제 분야다. 미래형 자동차는 어떤 모습일까? 상기에 밝힌 세 가지 개념, 신에너지 차량, 자율주행, 차량공유의 개념이 조합된 것이 미래형 자동차일 것이다. 미래형 자동차는 생산 환경 전체에 큰 변화를 초래할 것이며 기존 자동차 부품 중에서 엔진과 같은 부분은 사양 되거나 완전히 새로운 개념의 엔진으로 바뀌게 될 것이다. 이에 따라 기업들의 통폐합이나 소멸 역시 발생할 것은 분명하다.

4. 한국 자동차산업의 위상

한국 자동차산업 성공의 바탕은 한국의 조선산업과 마찬가지로 창업자 정주영의 뚝심과 독자개발의 의지로 이루어진 것이다. 1965년에 한국 자동차 생산량은 3천 대에 불과했다. 60년이 지난 2025년 우리나라 자동차산업은 양과 질, 모든 측면에서 국제적으로 인정받고 있다. 1983년 현대자동차는 포니를 캐나다에 처음으로 수출하였고, 1986년에는 엑셀을 미국 시장에 수출하였다. 당시 엑셀은 Fortune지(紙)에 'Best Product #10'으로 선정되었다. 현대자동차가 1988년에 독자개발에 성공한 소나타는 현대 · 기아자동차의 대표적 수출상품이 되었다.

세계 자동차 시장은 연간 1억 대 규모이며 중국, 미국, 서유럽이 전체 시장의 65.4%를 차지하고 있으며 국내 브랜드의 시장 점유율은 약 7.7%로 세계 4위 수준이다. 2018년 한국자동차 수출 금액은 409억 달러이며, 이는 한국의 전체 수출액 중 6.8%에 해당한다. 통계상 별도로 분류하고 있는 자동차 부품을 포함하는 경우에 수출 금액은 640억 달러에 달한다. 한국의 전체 수출 중 무려 10.6%에 해당하는 수치이다. 수입 금액이 175억 달러로 465억 달러의 무역흑자를 달성하였으며, 36년 연속 무역흑자 행진중인 대표적인 무역수지 흑자산업이다. 2018년 한국의 수출품 목록에서 자동차는 반도체, 석유제품에 이어 3위에 올라 있다. 2만여 개 부품으로 생산되는 전후방 연관효과가 가장 큰 자동차산업은 제조업 생산의 13.6%, 고용의 11.8% 및 부가가치의 12.0%를 차지(통계청 경제총조사 조사보고서, 2015)하고 있다. 제조업이 우리 경제에서 차지하는 비중이 30% 내외이므로, 국내 모든 경제활동의 4% 이상을 자동차가 담당하고 있는 셈이다.[2)]

2024년 현대 기아차는 세계적으로 723만 대 정도를 판매하였다. 이 중 23.7% 정도가 미국에서 판매되었다. 2024년 기준, 현대 기아차가 미국에서 약 171만 대 정도를 판매하였고 미국 시장 점유율은 10%를 차지하였다. 미국 내 자동차 판매량으로 보면 현대 기아차는 GM, 토요타, 포드 다음으로 4위 업체이다. 한국에서 125만 대가 판매되었으니 현대 기아차에게는 미국 자동차 시장이 한국보다 훨씬 더 큰 시장이다. 100만 대는 한국에서 생산되고 70만 대가 미국에서 생산되었다. 참고로 닛산이나 도요타와 같은 일본회사들은 50%를 미국 현지에서 생산하고 있어 현대 기아차보다 비중이 더 높다.

자동차산업의 미래 기술과 연관되는 과학기술 분야는 이미 세계화가 많이 진행되고 있으며 다양한 기술을 어느 한 군데 기업이 다 개발할 수는 없다. 적절한 가격을 지급하고 기술을 사 오는 것이 전 세계 기업들의 연구개발에서 하나의 패턴이 되고 있다. 즉, '기술 융합'에 있어서 얼마나 창의적이고 자유로운 마인드로 다양한 기술들을 섞어 새로운 융합 산업을 꽃피울 수 있는지가 중시되는 시대로 가고 있다.

우리 민족이 세계적인 자부심을 품는 음식이 있다. 바로 비빔밥이다. 여러 재료의 무한 조합을 통해 여러 조합의 맛을 창조하는

---

2) 2025년 3월 24일 현대그룹 정몽구 회장이 미국 백악관에서 31조 원 대미 투자를 발표하였다. 연간 생산능력을 30만 대에서 50만 대까지 확대한다는 계획이다. 미국 내 공급망의 현지화를 가속화 운영을 확장하면서 자동차 생산에 필요한 모든 것을 미국의 생산기지에서 조달하겠다는 계획이다. 향후 4년간 지속될 예정이며, 이는 미국 트럼프 대통령이 자동차 관세를 25%로 높이겠다는 미국 정책의 대응으로 판단된다.

음식이다. 이미 '비빔밥'적 자질을 충분히 발휘한 기술 분야는 휴대전화이다. 휴대전화에 TV를 집어넣고, 게임을 할 수 있도록 만든 것은 다른 음식 문화권에서는 불가능한 기술일 것이다. 훌륭한 '비빔밥'적 자질이 있는 우리 민족의 창의성과 다양성이 미래 자동차산업에서도 발휘되어 다시 한번 국가 경제에 큰 부를 축적하는 데 기여하기를 기대해 본다. 이러한 행위의 선발 주체는 창업자의 기업가정신을 이어받은 후배 창업자들이며 또한 국가 경제를 짊어지고 가야 할 이들의 의무이다.

제17장 반도체산업

세계 반도체산업은 1947년 미국에서 트랜지스터가 발명된 이후 1958년에 IC(집적회로)가 최초로 발명된 것이 주효했다. 이후 1981년 PC, 1987년 휴대폰, 1997년 디지털 TV 탄생 등 새로운 문명인 디지털 혁명이 지속되고 있다.

반도체산업은 1980년 전후부터 활성화되어 D-RAM으로 대표되는 메모리산업과, 시스템 IC로 불리는 비메모리 산업, 두 축을 중심으로 발전해 왔다. 메모리 반도체는 초기에 주로 PC에 쓰이다가 최근 모바일, 네트워크기기 등 타 정보통신기기로 수요가 확대되고 있다. 비메모리 반도체는 일명 주문형 반도체라고도 하는데 가정, 휴대폰, LCD 등 다양한 영역에서 쓰인다. 최근, 반도체 기술은 메모리 및 비메모리 반도체 여러 개를 사용하여 시스템을 구성하는 기존의 구현 방식에서 시스템 운용을 위한 모든 핵심 기능을 하나의 칩 상에 구현한 종합 반도체 즉, SoC(System on a Chip) 반도체로 변모하고 있다. 따라서 반도체산업은 디지털 가전과 통신은 물론 자동차산업, BT(바이오기술), AI(인공지능) 산업 등 모든 산업의 성장을 위한 필수 기술로 활용 분야가 확대되고 있다.

반도체산업은 태평양을 건너 일본에서 제2의 전성기를 맞이한 후 한국에서 꽃을 피우고 있다. 한국이 반도체산업에 뛰어든 것은 미국 등 선진국보다 30년 가까이 늦은 1970년대 중반이었다. 한국의 반도체산업은 국내 조그만 전자 회사에서 시작하여 단기간에 세계 정상급 산업으로 발전하였다.

오늘날 반도체산업은 수출 1위 산업으로 우리 경제의 든든한 견인차이자 고용을 책임지는 사회의 안전판이 되고 있다. 한국 반도체산업의 성공은 한국을 휴대전화나, 컴퓨터 산업 등을 기반으로 IT 강국이 되도록 하는데 초석이 되었다. 한국 반도체산업의 발전은 철강, 조선, 자동차와 다르게 산업 발전 초기에 정부의 적극적인 개입보다는 민간 기업들이 적극 참여하여 이룩한 것이다.

창업자 이병철은 한국 반도체산업의 발전 과정에서 탁월한 리더십과 기업가정신을 발휘하였다. 한 기업인의 도전과 개척 정신으로 건립된 삼성전자는 세계 반도체 업계의 매출과 기술 발전에 있어서 많은 신화를 창조하였다. 본 장에서는 우리나라 반도체산업의 성공 사례를 정리하면서 어떻게 한 기업인이 우리나라를 반도체 강대국으로 이끌었는지에 대해 서술하고자 한다.

1. 한국 반도체산업의 약진

한국 반도체산업은 1974년 10월 한국반도체가 준공한 부천 공장이 시초다. 한국반도체는 경영상 어려움으로 공장을 준공한 지두 달 만인 12월 삼성전자에 인수됐다. 당시 국내 전자산업은 노동집약적 단순 조립 형태였다. 반도체를 비롯한 핵심 부품을 수입해 납땜으로 조립하는 수준에 불과했다. 핵심 부품인 반도체의 국산화 없이는 이러한 상황을 탈피할 수 없는 현실이었다. 국내 기술로 처음 개발된 반도체는 일명 '워치 칩'이라 불리는 제품으로 전자 손목시계에 들어가는 반도체였다.

70년대 두 차례의 석유파동을 겪으면서 우리나라의 허약한 경제체질을 경험한 삼성전자 창업자 이병철은 미래 산업인 메모리 반도체 사업에 몰두하게 된다. 삼성전자는 첫 첨단 반도체 제품으로 64KD램 개발을 시도했으며 회사의 미래가 달렸다고 할 만큼 중요했다. 각고의 노력 끝에 삼성전자는 83년 11월에 64KD램 개발에 성공했다. 이로써 한국은 미국, 일본에 이어 세계에서 세 번째로 첨단 반도체 기술을 확보한 국가가 됐다. 삼성전자가 64KD램을 개발한 것은 선진국보다 이미 4년 반이나 뒤늦은 때였다. 이후 256KD램 개발로 기술격차를 3년으로 줄였고, 1MD램, 4MD램의 개발을 통해 지속적으로 격차를 줄여 나갔다. 마침내 삼성전자는 선진국과 같은 시기인 1989년 10월에 16MD램을 개발하는 데 성공했다. 삼성전자는 6년이라는 단기간에 5세대에 걸친 D램 개발에 성공하면서 기술 선두권에 서게 됐다. 1994년에는 삼성전자가 D램 산업의 패권국이던 일본을 제치고 세계 최초로 256MD램 개발에 성공하였다. 256MD램은 손톱만 한 반도체 칩에 트랜지스터 2억 5,600만 개가 집적된 첨단 메모리 반도체 제품이다.

1990년대는 세계적으로 D램 산업의 격동기였다. 크게 구분하면 90년부터 95년까지는 호황기, 95년 이후로는 불황기이다. 실제로 90년 세계 D램 시장의 규모는 65억 달러에 불과했으나, 5년 만인 1995년에는 약 6.5배 커진 422억 달러로 급성장했다. 1995년까지 D램 시장의 호황은 PC의 보급 확대와 윈도우 95의 등장이 주원인으로, PC의 주력 메모리로 사용되는 D램 제품의 수요가 급성장했기 때문이다. 이후 지속적인 불황으로 급기야 1998년 세계 D램 시장의 규모는 95년 대비 3분의 1 수준인 150억 달러 규모까지 축소되었고, 1999년에 230억 달러, 2019년에는 622억 달러 규모로 다시 급성장하였다.

2. 창업가의 기업가정신

1) 삼성전자 설립

삼성그룹이 전자산업에 투자하기 시작한 것은 1968년이다. 일본의 산요(Sanyo)와 기술이전과 합작 투자를 추진하여 1968년 10월 울산광역시 울주군 가천에 75만 평과 경기도 수원에 45만 평의 공장부지를 마련했다. 이듬해 1969년 1월 자본금 3억 3,000만 원, 직원 36명으로 삼성전자 공업이 문을 열었다. 이어 TV 세트를 만드는 삼성 산요전기, 브라운관을 만드는 삼성 NEC도 세워졌다. 삼성은 1974년 12월 6일 한국 최초의 웨이퍼(반도체 원판) 가공업체인 한국반도체를 인수하고 일본 도시바의 기술지원을 받아 반도체 사업을 시작했다. 당시 경영진은 TV도 제대로 못 만드는 기술력으로 최첨단 사업에 뛰어드는 것이 무모하다며 반대했으나 창업자 이병철은 천연자원이 없는 우리나라가 살아남을 길은 하이테크 산업밖에 없다면서 과감히 투자를 결정했다. 반도체 사업에 투자하기는 했지만, 몇 년간 별다른 실적을 내지 못했다.

2) 창업자의 비용탐색(Cost Discovery)

반도체는 중요한 산업 그 자체뿐만 아니라 전자산업 전반에 영향을 미친다. 일본은 미국의 지원으로 80년대 이전에 반도체 제작을 시작했다. 반면 한국은 1983년에 어떤 반도체를 투자할지 고민하고 있었다. 반도체는 자본 투입이 많아 실패 위험이 컸다. 시장이 확보된 것도 아니고 기술도 확실한 것이 아닌데 기술을 개발하면서 제품을 출하해야 하니까 자본 투입이 많았다.

반도체산업은 막대한 초기 투자가 필요한 산업이다. 80년대 초에 70년대 중화학 공업 정책의 여파로 경제가 침체하고 있는 한국 경제 여건상 반도체산업 투자는 투자 위험이 높은 사업이었다. 당시 재계 서열이 1위 현대, 2위 삼성이었으며, 현대와 선의의 경쟁 중이었으며, 이병철은 이를 극복하기 위해서 새로운 사업이 필요할 때 반도체 투자를 결정한 것이다.

1970년대 중화학 공업에 참가하지 않고 제일모직으로 부를 축적한 이병철은 1980년대 들어와서 사업의 변신을 시도하였다. 이병철에게는 자신만의 비용탐색 방식이 있었다. 매년 연말 일본 동경에서 조용히 신년을 맞이하며 세계와 일본 경제계의 지난 1년

회고와 신년 전망에 관한 방송대담 등 특별기획 프로들을 보면서 선진국 재계의 흐름을 파악하였다. 세계와 일본의 큰 흐름을 파악한 다음 삼성그룹의 진로를 구상하는 것이었다. 이러한 연례행사가 어느 때부터 시작되었는지는 확실치 않으나, 주변에서는 흔히 「동경구상」이라고 불렀다(강진구, 1996).

동경구상을 통하여 일본 재계의 동향을 철저히 알아보고, 우리의 실정에 비춰 사업 타당성을 검토하며 새로운 사업을 선정하였다. 재미있게도, 그는 미국에서 잘되는 사업이 일본으로 건너와 성공한다면 그 사업은 한국에서도 성공할 가능성이 높다고 판단하곤 했다. 이런 식으로 엄선해서 착수한 신규 사업들은 모두 하나같이 크게 발전하였다. 그 중 대표적인 산업이 반도체산업이다.

삼성전자가 전환점을 마련한 것은 이병철이 1982년 3월 미국을 방문한 이후였다. 두 차례에 걸친 70년대의 오일쇼크에 적절히 대처하지 못해 위축된 미국 산업계의 모습은 일본의 그것과 퍽 대조적이었다. 일본이 재빨리 하이테크에 주력하여 이른바 「중후장대(重厚長大)」형의 산업구조를 「경박단소(輕薄短小)」의 산업으로 전환해 성공한 것이 더욱 뚜렷이 드러났다.

이병철은 미국 방문을 마치고 귀국하자마자 추진하고자 하는 반도체 사업을 재평가하면서 기존의 반도체 사업과는 별도로 메모리(memory: 기억소자)를 중심으로 하는 신규 사업계획을 수립하였다. 아날로그 방식에서 디지털 방식으로 기술이 전환되는 과정에서 볼 때, 지금까지는 가전제품용의 LSI(Large Scale Integration: 대집적회로)를 겨우 제조하는 단계에서 그보다 몇 배의 첨단기술을 요구하는 VLSI(Very Large Scale Integration: 초대집적 회로)의 개발계획이다(강진구, 1996. pp.213). 이는 삼성그룹의 주력 사업이 반도체 사업으로 전환되었다는 것을 의미한다. 삼성이 반도체 사업에 투자한다는 '도쿄 선언'을 발표한 이후의 과정은 예상대로 험난했다.

3) 창업가의 기업가정신

초기의 창업자들은 사업계획에 확신이 섰을 때 전 재산을 투자하는 경향이 있다. 제일제당과 제일모직으로 성공한 삼성은 반도체 사업에 8,000억 원의 대규모 투자를 계획했다. 삼성그룹을 몽땅 팔아도 부족한 거액이었다. 이는 조선산업 분야에서 정주영이 전 재산을 들여 현대조선소 건립에 드는데 예상한 투자 금액과 비슷하다.

미 · 일 간에는 이른바 '반도체 전쟁'이 날로 치열해져 철저한 기술 보호 주의가 팽배해져 가고 있었다. 최첨단 기술의 도입 없이는 메모리 사업을 추진할 수가 없었다.

삼성에서 작성된 당시의 반도체 사업계획의 요지는 미국 Micron Technology 사에서 칩 설계기술을, 일본 Sharp 사에서 공정 기술을 도입하여 64KD램을 개발하는 것이다. 자체 기술을 확보하는 방안으로, 사내의 가용한 모든 고급 두뇌를 한곳에 모아 반도체를 집중 연구 개발하도록 하는 전략을 채택하였다.[1)]

1) 64KD램 개발의 공로가 높이 평가되어 84년의 제1회 기술진흥확대회의에서 개발의 주역인 이승규 이사가 동탑산업훈장을 받았다. 또 제17회 「과학의 날」에는 개발 총책임을 맡았던 이상준 박사가 역시 동탑산업훈장을 받았다(강진구, 1996). 당시 메모리반도체라고 해도 거기에는 D램과 S램,

국내에서는 VLSI 양산공장 건설에 착수하고, 첨단기술의 확보와 판매를 위해 미국에 연구개발 센터와 시제품 생산설비를 갖춘 현지법인을 설립하였다. 반도체 사업의 조기 발진을 위해 미국 현지법인 설립과 국내 공장 건설이 동시에 진행되었다.

1983년 7월에 반도체산업의 본고장인 실리콘 밸리에 현지법인 Tristar Semiconductor Inc. 가 문을 열었다. 이 법인은 85년에 삼성 세미콘덕터 인스티튜트(SSI)로 개칭되었다. 한국인 과학자를 중심으로 중국, 일본, 베트남, 인도 등 동양인 고급 인력 32명을 확보하였다. 건물도 확보하여 최신의 연구시설을 갖추었고, 최신 파일럿 생산설비도 사들여 설치하였다. 개발에 필수적인 공정 개발 전문 기술자와 개발된 제품을 시험 생산할 생산 전문요원 75명도 동시에 채용했다. 그들에게는 64KD램의 개발 과제가 부여되었다.

삼성은 마이크론과 설계기술 이전에 합의하면서 6명의 연구원을 미국 마이크론에 보냈다. 다행히 당시 마이크론이 자금난에 빠져 64KD램 양산에 차질을 겪는 중이었다, 마이크론과 협상으로 125만 달러에 64KD램 기술이전 계약을 하고, 기본적인 자료를 입수 분석하였다. 삼성은 3,000개의 64KD램 칩을 제공받아 조립작업에 착수했다. 몇 번의 시행착오가 있었지만 40여 일 만에 64KD램의 생산과 조립, 검사까지 일괄생산이 성공했다.

창업자 이병철이 반도체 공부를 하기 시작한 때가 1978년이었다. 5년 뒤인 1983년 3월 '도쿄 선언'을 통해 삼성은 반도체 사업

마스크 롬, EP 롬 등이 있는데, 그 중 어느 것을 할 것이냐가 문제였다. 당시 경험으로 봐서는 비록 가격경쟁이 치열하고 공급과잉이 예상되더라도 시장 규모가 큰 D램이 가장 유리하다는 결론이었다. 물론 이러한 결론을 도출하는 것까지는 쉬운 일이 아니었다.

의 공식 진출을 선언했다. 1983년 11월 7일 삼성은 마침내 자체 기술로 양질의 64KD램 칩을 개발하는 데 성공했다. 스피드 경쟁이었다. 64KD램 개발 성공은 미국과 일본에 이어 세계 세 번째로, 이는 미국과 일본이 20년 걸린 개발 과정(4K · 16K · 32K)을 3단계나 뛰어넘는 대도약이었다. 한국의 반도체 기술 수준을 4년 정도로 좁히는 성과이다. 삼성은 이후 반도체 신화를 써 내려가게 되어, 세계 1위 반도체 기업으로 자리매김하게 되었다.

TV도 제대로 못 만드는 삼성전자가 단기간에 64KD램 개발에 성공했다는 소식은 전 세계를 깜짝 놀라게 한 사건이었다. 당시 이병철은 73세였다. 반도체 신규 사업의 성공은 이병철의 치밀한 성격과 용인술이 아니었으면 불가능한 것이었다. 치밀하고 꼼꼼한 성격의 소유자인 창업자 이병철이 반도체산업을 선택하고 추진하여 성공시킨 사례를 보면서 관련된 손자병법의 지혜를 소개한다.

손자병법 군형(軍形)편에는 다음과 같은 지혜가 있다.

> 不特者, 其所措必勝, 勝已敗者也. 故善戰者, 立於不敗之地, 而不失敵之敗也.(불특자, 기소조필승, 승이패자야. 고선전자, 입어불패지지, 이불실적지패야.)

착오가 없다는 것은 그 착오에 대하여 미리 조치를 해두어 필히 승리할 상황을 만들어 놓고 이미 패배할 수밖에 없는 적을 상대하여 승리한 것이다. 그러므로 전쟁을 잘하는 자는 패배하지 않는 지형에 입장하여 적을 패배시킬 기회를 분실하지 않는다.

64KD램은 손톱만 한 칩 속에 6만 4,000여 개의 트랜지스터 등 15만 개의 소자를 800만 개의 선으로 연결해야 완성된다. 8,000자를 기억할 수 있는 용량이다. 당시로선 VLSI(초고밀도 집적회로)급 첨단 반도체였다.

64KD램 개발 당시 스티브 잡스 애플의 창시자가 귀국하여, 창업자 이병철과 독대하면서 애플의 컴퓨터를 소개하였다. 삼성에서 만든 반도체를 공급받고 싶다고 제의하면서 애플의 스티브 잡스는 삼성전자의 사업파트너가 되었다. 삼성은 64KD램 개발에 성공하게 되고 그때부터 삼성은 파트너로서 주요 부품을 애플에 공급하게 되었다. 결국 삼성은 애플의 아이패드와 스마트폰에 들어가는 반도체와 디스플레이 등의 주요 공급원이 되며 본격적인 스마트 시대를 개막하게 된 것이다.

삼성은 64KD램과 함께 256KD램의 개발도 동시에 추진하는 '병렬 개발시스템'을 채택했다. 오늘날 삼성의 강점인 '속도전'의 시발점이다. 256KD램의 본격 개발은 64KD램의 개발 성공 후 3개월 만에 시작됐다. 64KD램 개발에서 얻은 노하우를 바탕으로 7개월 만에 성공했다.

그러나 곧 삼성은 위기를 맞게 된다. 1984년 말부터 세계적인 공급과잉으로 불황이 닥친 데다, 일본 기업들의 가격덤핑으로 인해 1984년 중반 3.5달러 수준이던 64KD램 가격이 1985년 8월에는 30센트까지 급락하는 현상이 나타났다. 경험곡선효과가 큰 반도체산업에서 VLSI 생산을 시작한 지 얼마 안 된 삼성은 미국과 일본 같은 경쟁상대보다 더 큰 타격을 입을 수밖에 없었다. 앞에서 설명한 1970년대 현대조선소의 위기와 비슷하다. 당시 석유파동 여파로 현대조선소에는 대형 유조선의 주문이 중단되어 조선소 운영에 압박을 받았다. 현대는 중동진출을 통하여 위기를 극복하였지만, 삼성은 신제품 개발로 위기를 극복하게 되었다.

1986년 말부터 1987년 지나면서 세계 반도체 시장은 급변하고 있었다. PC시장 호황으로 D램 품귀현상이 빚어졌다. 인텔의 D램 사업 철수, 미일 반도체 통상 마찰로 일본 기업의 투자감소로 반도체 공급 공백이 발생한 것이다. 64KD램의 가격이 1달러에서 1988년 6달러까지 급상승하였다. 삼성은 1988년 한해에만 1,700억 원의 흑자를 기록하였다. 그동안 10년 누적적자 1,300억 원을 한꺼번에 만회하였다. 1988년은 우리 경제가 3저 호황으로 최대의 경상수지 흑자를 기록하던 시절이었다. 이병철은 이런 호황의 1년 전 1987년 타계하였다.

256KD램은 삼성이 글로벌 반도체 기업으로 성장하는 발판이 됐다. 후발주자인 삼성을 견제하기 위해 가격덤핑도 불사했던 미국과 일본 업체들이 1MD램으로 옮겨가면서 256KD램의 품귀현상이 나타났기 때문이다. 256KD램의 가격은 급상승했고, 88년 한해에만 3,200억 원의 순익을 냈다. 256KD램을 포함해 이후에 나온 1MD램 등은 모두 64KD램의 기술적 백그라운드가 없었다면 나올 수 없는 존재들이다.

반도체 신화는 이처럼 64KD램부터 시작된 개발 관성에서 비롯

됐다. 삼성은 92년 시장 점유율 13.5%로 12.8%에 그친 일본의 도시바를 제치고 드디어 세계 D램 시장 1위에 올랐다. 반도체 사업 진출을 선언하고 '황금알을 낳는 거위'인 64KD램을 개발한 지 10년 만이다.

1988년 11월 삼성그룹에서는 삼성전자와 삼성반도체 통신이 합병되었다. 이러한 통합을 통해 삼성은 삼성전자를 가전 부문과 반도체, 정보통신, 컴퓨터 및 산업용 전자기기 등이 합쳐진 종합 전자 메이커로 육성하였다. 이로써 삼성전자 반도체 부문은 도시바, 히다찌 등 일본의 경쟁기업과 유사한 기업 체계를 갖게 되었으며, 그룹 내 판매 비중을 높임으로써 매출구조를 더욱 안정적으로 갖추게 되었다. 또한 연간 2,000~3,000억 원에 달하는 반도체 부문의 투자재원을 더 쉽게 확보하고, 연구개발 분야가 효율적으로 통합되는 효과를 얻을 수 있었다.

4) TV 경쟁과 삼성

TV는 50년대 반도체산업을 일으키는 주역이었다. 거듭되는 반도체 기술혁신으로 1990년대는 차세대 TV 개발 경쟁이 치열하였다. 차세대 TV에 적용된 액정패널 종류는 LCD(Liquid Crystal Display: 액정표시장치), PDP(Plasma Display Panel). OLED(Organic Light Emitting Device) 등으로 구분된다. 이들의 차이는 전자를 형광체에 쏘이면 빛을 발하는데 그 기술 정도에 따라 선명도가 결정되며, 선명도는 액정재료에 따라 결정된다. 예를 들면, PDP의 장점은 화면에 잔상이 없기 때문에 스포츠와 게임 등에 적합한 화면을 제공한다. LCD는 잔상이 존재한다. 그러나 색상이 밝고, 대형 액정 패널 생산이 가능하다. OLED는 PDP와 LCD보다는 화질이 좋지만, 양산의 어려움이 따르는 패널방식이다. 1990년대 세계적인 TV 생산업체들은 어떤 패널방식이 차세대 TV에 적용될지 아무도 몰랐다. 이는 마치 하이브리드 카, 연료전지 자동차, 전기자동차의 3가지 기술이 경합하는 미래자동차 시장과 유사하다.

한국과 일본의 생산업체들은 불확실성에 도전하는 방식이 달랐다. 한국의 삼성과 LG는 PDP와 LCD에 자원과 인력을 분산 투자하였다. 반면 일본 회사들은 한 품목에 집중하여 투자하는 전략을 채택하였다. 분산 투자를 하는 과정에서 선도하는 TV 시장이 결정되면 신축적으로 자원을 한곳으로 집중투자하여, 국제시장의 수요에 바로 대응할 수 있는 장점이 있다. 그러나 투자자금과 인력이 분산되기 때문에 기업의 수입구조가 취약해지고 많은 자본과 인력이 충원되어야 한다. 삼성전자는 LCD를, 삼성SDI는 PDP를 개발하고, LG Phillips사는 LCD를, LG전자는 PDP를 각각 생산하였다. 한편, 일본은 PDP는 Pioneer에서, OLED는 SONY에서 만들어 주력상품이 되었다.

해외시장에서 액정패널의 경쟁이 심해질 때, 삼성전자는 1990년대 일본 업체보다 과감하게 12.1인치 LCD를 내놓은 것이 업계의 판도를 바꾼 계기가 되었다. 기회의 선점이었다. 일본 업체들은 당시 10.4인치 이후 11.3인치를 표준 크기로 삼았다. 그러나 삼성전자가 1994년 내놓은 12.1인치 LCD를 주요 노트북 컴퓨터 생산업체들이 채택하면서 LCD 크기 표준과 그와 관련한 기술에서 주도권을 쥐게 됐다. LCD 수요가 폭발적으로 증가하면서, 삼성과 SONY는 LCD 공동 생산이라는 전략적인 제휴를 맺게 되었다. 2004년 7월 삼성과 SONY는 충남 천안 근교 탕정에 패널공장을 공동 설립하였다. 이곳에서 생산된 LCD패널의 절반은 삼성이, 나머지의 절반은 SONY가 소비했다. 두 회사의 TV 패널은 동일하다. 두 회사는 각자 디자인과 기능을 독자적으로 개발하여 차별화된 TV를 만들어 수출하게 되었다.

최근 TV 시장 점유율도 크게 변화하고 있다. 삼성전자와 LG전자의 TV 매출 점유율은 2020년 31.9%에서 2024년 28.3%로 하락하였다. 반면, 중국 브랜드들이 TV 경쟁력을 강화하고 있다. TCL, 하이센스 등 중국 브랜드들의 매출 증가율이 크게 상승하고 있다.

5) 미 · 일 반도체 전쟁과 삼성

2차세계대전 이후 미국은 일본의 경제적 자립을 위해 재정적 지원하였다. 미국은 재정 부담을 줄이기 위해, 일본에 반도체 기술 특허를 제공하였다. 이후 일본은 정부 주도로 반도체 제조업체, 장치산업, 소재산업으로 이어지는 수직 산업구조를 형성하여 양산 능력을 갖췄다. 미국을 압도하는 투자와 연구로 미국 1등 반도체 업체였던 인텔과 비교해 무려 10%나 저렴한 가격으로 반도체를 시장에 납품하였다. 당시 저평가되었던 엔화 환율, 값싼 노동력 등 유리한 수출 환경 조성으로 1980년대 세계 반도체 시장을 순식간에 일본 반도체 업체가 장악하였다.

1984년까지는 모토로라, 인텔, 마이크론 등 미국 업체가 세계 반도체 시장을 주도하였다. 1985년 상황이 반전하여 일본산 반도체 수출이 미국 반도체산업에 치명타를 입혔다. 양산 능력을 갖춘 일본 반도체가 미국 시장에 들어오면서 메모리 가격이 폭락하였다. 1984년 초 3달러였던 64KD램 가격이 75센트로 급락, 31달러였던 256KD램은 3달러로 폭락하였다.

미국 최초 D램 생산업체인 인텔은 1984년 D램 산업을 포기하고 중앙처리장치인 CPU로 사업을 전환했고, 일본에 반도체 특허를 제공했던 RCA는 1986년 폐업하였다. 1990년 NEC, 도시바 등 6개 일본 기업이 D램 시장을 80% 차지하였다. 세계 반도체 상위 10위 기업 중에 미국기업은 인텔과 TI(Texas Instruments), 모토로라 등 3개 기업뿐이었다.

미국은 더 이상 일본 반도체 기업들의 약진을 두고 볼 수 없었다. 1985년 6월 미국 반도체산업 협회가 일본 정부를 상대로 미국 정부에 청원서를 제출하고 마이크론 회사도 일본 NEC, 히타치, 미쓰비시, 도시바 등을 반덤핑 혐의로 제소하였다. 미국은 무역적자 해소를 위해 1985년 뉴욕 플라자 호텔에서 영국, 일본, 서독, 프랑스와 서방 5개국 재무장관 회의를 열었다. 플라자 합의를 통하여 일본 엔화의 대폭 절상이 이뤄졌다.

1986년 미국의 강력한 반발로 일본 반도체 업체는 미국에 생산원가 공개를 해야 했고 일본 내 외국산 반도체 점유 비중을 20%까지 올린다는 것을 골자로 한 미일 반도체 협정을 체결하였다.

이 협정에 따라 일본 기업들이 생산량을 감축하였다. NEC의 경우 한 달에 1,500만 개 생산하던 256KD를 800만 개까지 감산하였는데, 시장에서 공급이 감소하자 D램 가격 상승 시작하였다.

한국과 대만 기업에는 기회였다. 2차, 3차 미일 반도체 협정으로 일본 기업들은 D램에서 하나둘씩 손을 뗐고 일본 최대 D램 업체 엘피다(NEC 히타치 합작회사)는 2012년 끝내 파산했다. 삼성전자는 반복된 호황과 미일 반도체 협정 30년 만인 2017년 세계 반도체 시장 1위에 올랐다.

반도체 호황 기회를 이용하여 1988년 삼성반도체 통신은 삼성전자에 흡수 합병하였다. 매출액 대비 투자액을 대폭 증대하였다. 사업 초창기 10여 년을 큰 적자를 감내하며 뚝심 있게 밀고 간 투자와 1986년 미일 반도체 협정이 만들어 준 기회를 잡았다.

1986년 미일 반도체 협정이 삼성에 기회를 준 것은 마치 현대건설이 1977년 사우디 주베일 산업항 건설공사 입찰을 딴 것과 유사하게 천운(天運)으로 작용하였다. 1987년에는 일본 정부가 미일 반도체 협정을 지키지 않는다며 미국이 통상법 301조를 통해 무역보복을 시행하였다. 일본산 TV에 100% 보복관세를 시행하였다. 미일 반도체 협정은 결국 1996년 일본에 미국산 반도체 점유율 20.2% 실현으로 종결되었다. 또한 엔화의 급등으로 일본 기업의 반도체 가격 경쟁력이 급격히 약화 되었다. 이것이 삼성에는 TV와 반도체 수출의 기회로 작용하게 되었다.

세계 1, 2위의 경제 강국인 미국과 일본의 반도체 분쟁은 일본의 반도체 가격을 올리고 생산설비 투자와 연구개발 기회를 막아

버리는 결과를 초래하였다. 1986년부터 1996년까지 10년간 미국의 환율정책과 무역 보복 등으로 일본 반도체는 결국 경쟁력을 상실하고 시장 점유율을 내주게 되었다. 결국 일본 반도체는 회생 불가능 상태가 되었다.

1997년 인텔은 CPU를 앞세워 세계 1위 반도체 기업의 자리를 되찾았고, 뒤를 이어 모토로라 등 미국기업들이 상위권으로 이름을 올렸다. 한국의 삼성반도체 매출 7위인 2023년 현재, 전 세계 반도체 매출 상위 10위 기업에서 일본 기업들의 이름을 찾아볼 수 없다.

반도체 전쟁은 단순한 경제적 이익의 문제가 아니다. 이는 기술 패권을 둘러싼 정치적 싸움이며 세계무역 질서를 재편하려는 전략적 계산의 결과이다. 우리나라 반도체산업 역시 이 갈등 속에서 기회와 도전을 동시에 맞이하였다.

6) 미 · 중 반도체 전쟁과 한국의 역할

미국과 중국 간의 반도체 전쟁은 2018년 무역 갈등에서 본격화되었다. 당시 미국은 중국이 지식재산권을 침해하고 기술을 불법적으로 취득한다는 이유로 대중국 관세를 부과했다. 이러한 조치는 2025년 트럼프 대통령 재선 이후 반도체와 같은 첨단기술 분야로 확대되었다.

미국은 오랫동안 글로벌 반도체 시장을 주도해 왔다. Intel, Nvidia, Qualcomm 등 세계적인 반도체 기업들이 미국에 본사를 두고 있으며, 반도체 설계와 소프트웨어 분야에서 압도적인 경쟁력을 갖추고 있다. 그러나 최근 중국이 반도체산업에서 급성장하면서 중국의 경쟁력이 향상됐다. Huawei, SMIC(중국 최대 반도체 파운드리 업체) 같은 기업들이 세계시장 점유율을 높이자, 미국은 중국을 견제하는 조치를 본격적으로 시행하기 시작하였다.

대표적인 제재는 화웨이 및 중국기업에 반도체 공급을 차단한 것이다. 그럴 뿐만 아니라 TSMC(대만), 삼성전자, SK하이닉스 같은 글로벌 반도체 기업들이 미국 기술이 포함된 장비나 반도체를 중국에 수출하지 못하도록 규제하고 있다. 또한 미국은 한국, 일본, 대만과 함께 CHIP 4 동맹을 추진하며, 반도체 공급망을 중국에서 분리하려는 전략을 추진 중이다.

미국과 중국이 반도체를 둘러싸고 계속해서 전쟁을 벌이는 이유는 기술과 경제 주도권을 차지하려는 경쟁에서 비롯된다. 반도체는 전기차, AI, 군사 장비 등 최첨단 산업에서 꼭 필요한 부품이기 때문에, 결국 반도체 기술을 갖춘 나라는 산업을 이끌어갈 힘을 가지게 된다.

한국은 반도체 전쟁의 핵심 플레이어 중 하나이다. 삼성전자와 SK 하이닉스는 메모리 반도체 시장에서 세계 1, 2위를 차지하고 있으며, 반도체 제조(파운드리)에서도 중요한 역할을 맡고 있다. 미국과 중국의 갈등 속에서 한국이 어떤 선택을 하느냐에 따라 반도체산업의 미래가 달라진다. 미국의 중국 반도체 제재로 인해 삼성전자와 SK하이닉스는 미국과 유럽 시장에서 영향력을 더욱 확대할 기회를 얻었다. 반도체 전쟁이 심화할수록, 첨단 공정 기술을 보유한 기업의 가치가 상승한다. 향후 미국과 중국의 반도체 전쟁이 한국 반도체산업에 유리하게 작용하는지를 끈기 있게 살펴보아야 한다.

7) 박정희와 이병철

이병철은 정주영과 다르게 1960년부터 박정희 대통령과 관계가 원만치 못했다. 1970년대 박정희 대통령이 주도하였던 중화학 공업 추진 과정에서도 삼성그룹은 소극적인 참여를 하면서 두 사람의 관계가 더 소원했었다고 한다. 만일 두 사람이 긴밀한 관계를 유지하고, 삼성이 중화학 공업 육성 정책에 적극 참여하였다면 우리나라의 산업구조는 어떻게 변화하였을 것인가? 중화학 공업에 매진하며 반도체산업에 필요한 우수한 인력과 자금을 확보하지 못했더라면 우리 국가 경제에 어떤 결과가 나타났을 것인가? 뒤돌아보건대, 삼성이 중화학 공업에 뛰어들지 않고 반도체산업에 집중함으로써 우리나라의 산업이 다원화되고 각 분야가 글로벌 경쟁력을 갖게 되는 결과가 되었다.

앞에서 가나공화국의 지도자가 코코아를 재배하는 소수민족을 징벌하는 과정을 소개하였다. 이를 통하여 가나공화국의 주력 산업인 코코아 산업이 붕괴된 사례가 다행스럽게 우리에게는 발생하지 않았다.

4. 한국 반도체산업의 위상

한국 반도체산업 성공의 바탕은 창업자 이병철의 도전과 개척 정신으로 이루어진 것이다. 현재 한국 반도체산업의 핵심제품은 휴대폰, 텔레비전 그리고 LCD패널 등이다. 또한 내수 시장에서 쌓은 휴대폰과 초고속 인터넷 기술로 한국은 세계적인 IT 강국으로 발돋움하고 있다.

IT산업의 육성에는 정부와 기업체 간의 코디네이션이 중요하게 작용하였다. 한국의 IT 강국으로서의 기반은 1989년대부터 시작되었다. 우리나라 IT산업이 세계적으로 성공할 수 있었던 가장 큰 이유가 정보통신부라는 행정조직을 세계 최초로 만들었기 때문이다(정홍식, 2007). 1989년 정부는 IBM PC를 교육용 PC로 채택하면서 16비트 컴퓨터가 본격적으로 보급될 수 있는 길을 터주었다. 학습기기, 교육 자재로써 컴퓨터가 주목받기 시작하며 자녀를 둔 가정을 중심으로 IBM PC AT 모델이 급격히 보급되었고 한국의 PC 시장을 세계적인 반열에 올려놓는 계기가 되었다. 이후 1990년대 중반에 초고속 인터넷의 보급과 1990년대 후반의 이동통신 보급에 정부가 적극 나서면서 한국은 IT 강국으로서의 가능성을 활짝 열었다.

정부와 기업의 코디네이션으로 성장한 한국의 반도체산업은 한국경제의 핵심산업으로 투자와 고용을 지속적으로 창출하고 있다. 국내에서 반도체산업 비중은 전체 산업 생산의 약 9.9%(2018), 고용 17.5만 명(2019), GDP 비중 6.7%(2019), 수출 939억 달러(2019)

를 차지하고 있다. 매출액은 미국에 이어 세계 2위(23.7%), 메모리 반도체 생산 세계 1위(61.7%), 국내 설비투자 비중 33.3%를 차지하고 있다. 매출액 기준으로 본 세계 반도체회사의 순위는 2024년 현재, 미국의 엔비디아가 1위이다. 삼성전자의 매출은 2위, 인텔은 3위, 4위는 SK하이닉스가 차지하였다.

제18장 주요 산업 수출과 경제성장 분석

한국은 1960년대부터 1980년대까지 고도성장을 기록하였다. 그러나 1990년대 이후에도 비교적 높은 경제성장률을 유지하면서 각종 경제 쇼크를 극복하였다. 고도성장을 경험한 개발도상국들이 지속적으로 높은 경제성장률을 유지하는 경우는 흔하지 않다. 한국이 유일하다. 이는 정부의 지원, 근로자들의 땀, 그리고 창업자들의 기업가정신으로 이룩한 산업들이 서로 보완관계를 가지면서 어떠한 외부 충격에도 견딜 수 있는 튼튼한 구조를 갖추고 있기 때문이다.

앞에서 소개하였듯이 철강산업은 든든한 국가 산업으로, 자동차, 조선, 건설 등에 저렴한 철강재를 공급하면서 경제성장에 크게 기여하였다. 조선산업과 자동차산업은 우리나라의 대표적 전략 산업으로써 70년대 이후 한국경제 성장의 견인차 구실을 해왔다. 반도체산업은 80년대 이후 국가의 부를 창출하는 데 결정적으로 기여하고 있다. 이러한 4대 산업의 성과는 바로 수출로 나타났다.

<그림 18-1>은 4대 산업 수출 비중을 나타낸다. 수출 비중은 1977년부터 지속적으로 증가하여 2010년에는 총수출의 51.5%, 국내총생산의 25.4%를 차지하고 있다. 비약적인 성장이 아닐 수 없다.

〈그림 18-1〉 4대 산업 수출 비중

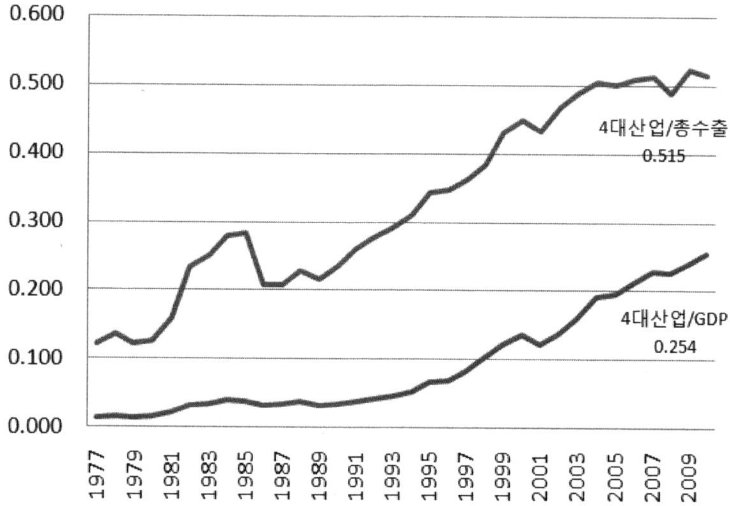

앞에서 서술하였듯이 창업자마다 경쟁력 확보의 전략과 선호하는 산업에는 차이가 있었다. 정도 차이가 있지만, 창업자의 기업가정신은 이후 각 산업의 수출구조에도 반영되었다.

<표 18-1>은 4대 산업의 수출과 경제성장률 간의 상관관계를 요약한 것이다. 철강 및 선박 수출은 경제성장률과 마이너스 상관관계로 각각 -0.075과 -0.057이다. 반면 반도체 수출은 철강, 자동차 수출 증가율과 양의 상관관계에 있으며, 경제성장률과는 가장

높은 상관관계(0.615)를 갖고 있다. 자동차 수출과 경제성장률의 상관관계는 반도체보다 조금 낮은 0.446이다.

〈표 18-1〉 4대 산업 수출 증가율 상관관계(1978~2010)

	철강	자동차	반도체	선박	경제성장률
철강	1				
자동차	0.176	1			
반도체	0.178	0.306	1		
선박	0.143	-0.276	-0.221	1	
경제성장률	-0.075	0.446	0.615	-0.057	1

출처: 한국무역협회(KITA.NET)의 '무역통계'에서 MTI 번호에 따라 4대 산업의 수출을 다음과 같이 분류하였다: 철강(613), 반도체(812, 813, 831, 836), 조선(746), 자동차(741,742).

경제가 지속적으로 성장하기 위해서는 불경기에는 경제를 이끄는 안전판 역할을 하는 산업이 필요하고, 호황기에는 경제를 선도하는 산업이 필요하다. 경제위기와 각 산업 수출의 변동률을 <표 18-2>에 정리하였다.

1979년 발생한 제2차 석유파동 때에는 철강과 선박의 수출이 경기침체 위기 극복에 기여하였다. 1980년 철강과 선박 수출 증가율은 전년도에 비해 각각 37.5%, 19.4%였으며, 이듬해인 1981년도에는 각각 30.4%, 127.1%로, 특히 선박 수출은 폭발적으로 증가하였다. 한편, 1997년 외환위기 이듬해인 1998년도의 자동차와 반도체 수출 증가율은 각각 12.8%, 28.1%를 기록하면서 자동차나 반도체 수출이 외환위기 극복에 크게 기여하였다. 2009년 글로벌 위기에서는 4대 산업 모두 수출이 증가하면서 위기 극복에 크게 기여하였다. 특히 자동차 수출은 급상승하여 46.5% 증가하였다.

산업별 수출의 변동성(표준편차)을 비교해 볼 때, 자동차와 선박 수출 변동성(표준편차)은 각각 43.4, 35.9로 다른 산업에 비해 매우 크다. 변동성이 크다는 것은 불확실성이 크다는 것을 의미한다. 그러나 이들 산업 간의 상관관계는 -0.276이다. 이는 한 산업의 수출이 심하게 변동하면 다른 산업이 그 불확실성을 완충시켜 주는 구조로써 산업 간 위험 분산이 절묘하게 맞아떨어진 구조이다. 반도체와 철강 수출의 변동성(표준편차)은 각각 21.9와 21.8로 다른 산업에 비해 비교적 안정적이다.

<표 18-2>에서 보여준 4대 산업의 수출구조는 창업자들의 기업가정신이 일부 반영된 것으로 판단된다. 선박 수출은 세계적으로 선박 선주들의 투기적 수요에 따라 변동하기 때문에 수출의 변동성이 크게 나타난다. 또한 울산 현대조선소 건설 이후 전 세계적 불황으로 대내외적 역경에 처했던 현대중공업이 사업을 다각화하면서 극복하는 과정에서 수출의 변동성이 크게 나타난 요인도 있다.

철강산업은 정부 후원과 조선 및 자동차산업의 호황으로 안정적인 수요를 확보할 수 있었기 때문에 수출에도 비교적 안정적으로 성장세를 이어갔다. 반도체는 기술 확보가 가장 큰 장애요인이었지만, 이것을 극복하고 지속적으로 신상품을 개발하는 등 세계시장을 주도해 나가면서 상대적으로 안전한 산업이 되었다. 자동차산업은 신생 자동차 수출국이 선진국보다 가격 및 기술 경쟁 면에서 뒤지지만, 환율 변동으로 가격 경쟁력이 크게 좌우되면서 수출의 변동성이 크게 나타난 것이다.

〈표 18-2〉 경제성장률과 각 산업 평균 수출 증가율

	연도	철강	선박	자동차	반도체	총수출	GDP
제2차 석유파동	1980	37.5	19.4	4.4	1.5	16.3	-1.9
	1981	30.4	127.1	29.4	5.1	21.4	7.4
외환위기	1998	24.8	22.4	-8.5	4.9	-2.8	-5.7
	1999	-16.5	-6.0	12.8	28.1	8.6	10.7
글로벌 위기	2009	-24.4	4.6	-24.2	0.4	-13.9	0.2
	2010	37.6	8.8	46.5	25.5	28.3	6.1
평균 증가율	1978~2010	15.1	20.3	30.9	21.0	11.5	6.7
표준편차		21.8	35.9	43.4	21.9	7.19	4.1

출처: 한국무역협회 홈페이지

앞의 표들을 종합하여 분석하면 다음과 같다. <표 18-1>에서, 철강과 선박 수출은 경제성장률과 마이너스 상관관계에 있다. 이러한 결과는 철강과 선박 수출이 국가 경제에 미치는 긍정적인 영향을 고려할 때 매우 이례적인 결과이지만, 이는 경기침체가 확대될 때마다 원화 가치가 하락하면서 철강과 선박 수출이 확대되었음을 반영한 것이다. 또한 세계무역의 흐름이 영향을 주었을 것이다. <표 18-2>에 따르면 2009년 글로벌 경제위기 이후 2010년 철강 및 선박 수출이 큰 폭으로 증가하였다. 이는 국내외 경제위기로 경제성장률 하락 폭이 커질 때 철강이나 선박 수출이 증대되면서 불경기를 완화해 주는 완충 역할을 하고 있음을 의미한다.

<표 18-1>에서 반도체 및 자동차 수출은 경제성장률과 플러스 상관관계이다. 반도체 및 자동차산업에 새로운 투자가 증대되면 이것이 국내경기를 활성화시켜 경제성장률이 높아진다. 새로운 투자설비는 생산성과 기술혁신을 창출하면서 수출 증대로 나타

나게 된다. 따라서 국내 경기가 좋아지면 이들 산업의 수출은 증대된다고 판단된다. 더욱 정확한 인과관계는 계량 분석으로 추정이 가능하다. <표 18-2>에서 보듯이 국내외 경제가 침체하였을 때 이들 산업의 수출이 지속적으로 높은 수출 증가율을 유지함에 따라 이른 시일 내 경기침체를 회복하는데 기여하였다. 이들 산업은 한국경제의 버팀목 역할을 하고 있다고 판단된다.

결과적으로 4대 산업 간의 수출과 경제성장률의 관계는 역방향(철강과 선박)과 순방향(자동차와 반도체)으로 어우러져 어떤 외부 충격에 대해서도 안정적인 구조이다. 한국의 창업자들이 일으켜 세운 4대 산업 수출구조는 산업간 수출 비중이 문제이지 국내외 경기 변화와 상관없이 수출이 지속적으로 증가하는 구조이다. 특히 미국 트럼프 대통령의 관세정책 등으로 세계 경제의 불확실성이 높아진 2025년에도 한국경제는 반도체 수출이 끌고 자동차가 밀고 가는 현상이 재연되고 있다(조선일보, 2025.8.1.). 이상 추정된 결과들을 <표 18-3>에 요약하였다.

〈표 18-3〉 4대 산업 수출과 국내외 경제

	국내 호경기	국내 불경기	해외 호경기	해외 불경기
철강 수출	-	+	-	+
선박 수출	-	+	-	+
자동차 수출	+	+	+	+
반도체 수출	+	+	+	+
플러스 산업 소계	2(+)	4(+)	2(+)	4(+)

제19장 한국 창업가들의 공통점과 차이점

한 국가에서 위기 극복과 경제의 도약을 만드는 것은 평범한 기업가, 평범한 국가 지도자에게는 기대하기 어렵다. 기업가의 재능과 노력의 대가는 이윤 창출이다. 기업가에게 이윤 창출이 적으면 그 가치도 작다. 개인의 부와 국가의 부를 축적한 한국의 4대 산업 창업가들은 근면하고, 프로 정신이 투철하였으며, 순발력이 있었다. 창업의 기회를 포착하는데 탁월한 재능이 있었으며 기업가정신으로 무장해 각종 난관을 극복하였다. 이들은 마치 굶주린 사자가 우리 안의 토끼와 닭을 눈 깜짝할 새 먹어 치우듯 짧은 시간에 세계시장을 석권하였다. 이들에게 시련은 있었지만, 실패는 없었다. 정부로부터 직접 또는 간접적으로 사업 지원을 받은 한국 창업자들은 비슷한 시기에 서로 경쟁하듯 사업을 구상하고 발전시켰다.

우리나라 대표 산업 창업자들의 창업 활동을 정리하면 다음과 같다. 우리나라의 제철공업 육성을 통하여 중화학 공업 정책 성공을 이끄는 데 기여한 포항제철의 박태준, 울산 현대조선소 건설

부지인 전하만의 지도를 들고 영국 바클레이스 은행 등 4개국 차관단으로부터 4천8백만 달러를 도입해 조선 사업을 시작하고, 고유 모델 개발 의지와 독자 투자 결단으로 자동차산업을 일으킨 정주영, 남보다 앞서 엄청난 투자를 결단하여 오늘의 반도체 강국을 이룩하게 한 이병철 등이 대표적이다. 이들은 우리나라를 부자 나라로 만드는 데 크게 기여하였다.

시중에는 창업자들의 기업가정신 관련 문헌과 자료가 풍성하다. 앞에서 소개한 내용과 선행 연구 및 자료들을 다시 정리하여 창업자들의 공통점을 정리하면 다음과 같다.

첫째, 창업자들은 개인적으로 큰 부를 축적하였지만, 국가 경제 발전에도 크게 기여하였다. 정도 차이는 있지만 자신들이 일으킨 산업은 단순히 개인이나 기업에 이윤을 가져다주는 것에 그치지 않고, 고용을 창출하고, 국민 생활의 수준을 향상했다.

둘째, 창업자들은 기발하면서 독창적인 발상을 통하여 경쟁력을 확보하려고 노력하였다. 철강산업에서 창업자 박태준은 설립 초기부터 적자를 최소화하기 위하여 제철소를 제선(쇳물작업) – 제강(철강제작) – 압연(가공작업)의 일반적인 순서와 달리 압연 – 제강 – 제선의 역순으로 건설했다. 압연 공장을 먼저 세워 외국에서 반제품을 수입, 압연 가공해 완제품으로 팔아 적자를 메우자는 역발상이었다.

조선산업에서 정주영은 차관을 얻고 작업 물량을 미리 확보해 조선소 건설과 선박 건조에 드는 비용을 충당하며 국제경쟁력의 우위 확보를 시도하였다. 조선소를 다 짓고 배를 만들려고 했다면 그 막대한 투자를 감당할 길이 없어서 조선소를 짓다가 쓰러졌을 지도 모른다. 반도체산업도 삼성전자가 반도체산업의 조기 정착을 위해 미국 현지법인 설립과 국내 공장 건설을 동시에 진행하였다.

셋째, 창업자들은 일본 및 선진국으로부터 직접 또는 간접적으로 기술제휴나 창업자금을 받아 투자하였다. 창업자들은 제한된 국내시장을 뛰어넘어 무한한 수요와 가능성의 세계시장을 내다보면서 대단위 공장을 짓고 규모의 경제를 통해 국제경쟁력을 확보하려 노력하였다. 기술력을 향상하기 위해 연구개발과 인재 확보에 과감하게 투자하였다. 예를 들면, 포항제철은 포항제철소와 광양제철소를 건설하는 과정에서 가장 최신의 설비를 적기에 도입했으며, 현대 울산조선소는 유럽에서 최고의 기술을 도입하였고, 현대자동차는 초기에 포드와 합작하였다. 창업자들이 기술혁신 추세에 적극적으로 대응하여 가장 최신의 설비를 도입했다는 점은 급변하는 국제사회의 기술력 변화에 신속하게 대처했다는 것을 의미한다.

넷째, 창업자들은 기회의 창출을 극대화하고 기회가 왔다고 판단하면 과감한 투자를 하였다. 박태준은 제철소 건설 자금으로, 일본으로부터 받은 대일청구권자금을 사용하면서, 투자의 결과에 대해 많은 고심을 하였다. 특히 포항제철소와 현대 울산조선소 건설은 창업자들이 직접 현장에서 공사를 총괄 지휘하였다. 공사기간 내내 현장 머물며 일에 몰두하였다. 또한 창업자들은 사전탐색을 철저히 하였다. 현대조선소를 설립하기 전에 정주영은 유럽의 많은 조선소들을 탐방하였고, 이병철은 동경구상을 통해 세계 산업의 흐름을 자세히 관찰하였으며, 박태준은 일본의 제철소를 돌아보며 신산업 창조의 계획을 구체화해 나갔다.

다섯째로 창업자들은 우리 근로자들이 머리가 좋고 부지런하다는 자질을 간파하였다. 창업을 통해 기업을 일으킴으로써 각 산업 분야에서 이들의 잠재력이 폭발적으로 발휘될 수 있도록 길을 열어주었다. 이병철은 정예를 모아 조직화하고 시스템화함으로써 '삼성전자'를 세계적인 기업으로 키웠다. 정주영은 야전 사령관처럼 진두지휘하면서 실천하는 의지를 몸소 행동으로 보여주었다. 현대그룹의 구성원들에게 '우리'(we-ness)라는 의식을 불어넣어 자발적으로 충성하는 기업문화를 만들었다. 박태준은 일본으로부터 받은 대일 청구권자금으로 제철소를 건설하였다. 30년 만에 일본을 능가하는 세계 최고의 철강산업을 일으킴으로써 우리 국민의 피해의식과 아픔을 치유하였던 창업자다.

마지막으로 선진국의 기업가정신과 비교하여 한국의 기업인들만이 갖고 있는 고유의 기업가정신도 있다. 한국 창업가들의 특성 중 하나는 국가가 어려움을 당할 때마다 기업들이 서로 협동하며 거국적인 노력을 기울였다는 점이다. 개별 기업 단위로 움직이는 미국이나 유럽과 달리, 한국의 기업가들은 국가가 도움이 필요할 때 개별 기업의 이익을 뒤로 한 채 서로 힘을 모아 국익을 위해 단결하는 모습을 보여 왔다. 한국이 유치하였던 88서울올림픽은 우리나라를 한 단계 도약시키는 계기가 되었다. 정부의 지원도 있었지만, 올림픽 유치는 정주영을 비롯한 민간 기업인들의 단합된 노력의 결실이었다. 88올림픽은 한국경제뿐 아니라, 문화 및 정치

전반에 걸쳐 세계화를 이루며 선진국 대열에 진입하는 전환점이 되었다.

국가 경제에 기여한 창업자들은 나름대로 특색 있는 슬로건을 만들었다. 박태준은 '제철보국'의 일념으로 포항제철소를 설립했으며, 이병철은 '사업보국(事業報國)'이라는 기치를 내걸고 제일제당 · 제일모직 · 삼성전자 등을 설립하였다. 한편, 현대는 현대중공업 선각장에 걸려있는 슬로건이 대변하고 있다. '우리가 잘되는 것이 나라가 잘되는 일이며, 나라가 잘되는 것이 우리가 잘 될 수 있는 일이다.'라는 캐치프레이즈를 내걸었다. 창업자들은 자신들이 국가 발전에 크게 기여한다는 자부심이 대단했으며 실제로 그 역할을 실천으로 수행했다.

창업자마다 경쟁력 확보의 전략과 선호하는 산업에는 차이가 있었다. 현대중공업과 현대자동차를 일으킨 정주영은 「중후장대(重厚長大)」형의 산업을 선호하였으며, 이병철은 「경박단소(輕薄短小)」형의 산업을 지향하였다. 경쟁력 확보를 위한 경영전략에서는 정주영은 독자 투자, 고유 모델 개발, 새로운 시장개척 등으로 경쟁력을 확보하였다. 이병철은 앞을 내다보는 도전적인 기업가정신과 '사람'을 중시하는 인재 양성 정책으로 경쟁력을 확보하였다. 박태준은 공사 기간 단축과 효율적인 설비구매, 유리한 조건의 차관 도입, 후방방식의 건설 방식 채택 등을 통하여 국제경쟁력 우위를 차지하였다.

정도의 차이가 있지만, 인재 활용과 철저한 사업성을 따지는 데는 이병철, 집념과 목표 의식에 있어서는 박태준, 직관력과 돌파력으로 역경을 극복하는 데 있어서는 정주영이 탁월한 리더십을 발휘했다. 특히, 정부로부터 막강한 후원을 받고, 조선 및 자동차 산업의 호황으로 안정적인 철강 수요를 확보할 수 있었던 포항제철보다는 조선소 건설 이후 전 세계적 불황으로 대내외적 역경에 처했던 현대중공업이 더 혹독하고 가혹한 기업 환경을 극복했다. 어려운 환경을 헤쳐 나간 현대는 정주영의 특유 뚝심과 리더십에서 나온 것이다. 이러한 이유에서 창업자 정주영이 우리나라 창업자 중에 유일하게 아시아판 타임스에서 영웅으로 선정되었다. 2006년 11월 타임지 아시아판은 아시아에서 활약한 영웅 65명을 선정하였는데, 한국 기업인 가운데 정주영을 다음과 같이 소개한다. "한국이 대형 유조선을 건조하여 수출한다는 것에 대해 당시 국내는 물론이고 해외에서도 무모한 일이라고 했지만, 그는 한국산 대형유조선을 처음 건조하여 수출했다." 또한 "현대그룹의 정주영은 '하면 된다'는 정신 하나만으로 전쟁으로 폐허가 된 한국경제를 짧은 기간 내에 세계 11위 경제대국으로 이끈 신화의 주인공 중 한 사람이다."라고 소개하고 있다.

제 IV 부

한국경제와 운(運)

일반적으로 운(運)은 때가 있고 걸음걸이도 불규칙하여 그것을 따라잡기가 쉽지 않다. 국가 경제가 발전하기 위해서는 어느 정도 운도 따라야 한다. 정부의 경제정책 선택과 생산요소(자본, 노동, 기술 수준 등)들은 경제성장 추세에 영향을 준다. 반면 운은 경제성장 장기 추세에 변동을 일으킨다.

능력 있는 정부나 창업자는 인내심을 갖고 행운의 때를 기다리다, 일단 행운의 시기가 도래하면 망설이지 않고 그 행운을 포착하고 적극적으로 활용하게 된다. 한국경제는 비교적 운이 좋았다. '공산주의는 국가의 경제발전을 더디게 만들어왔다'라고 Lester Thurow가 지적한 것처럼, 60~70년대에 공산주의가 중국과 동유럽 국가들의 경제발전을 더디게 하였다. 냉전체제 덕분에 한국은 국제무대에서 큰 경쟁을 겪지 않고 해외시장을 개척하며 고도성장을 이룩하는 행운을 얻을 수 있었다.

제 IV 부에서는 한국경제 발전에 좋은 운과 나쁜 운, 소득불평등 원인과 대책, 외환위기의 특징과 종류, 부(富)의 창출을 위한 규칙들 그리고 한국경제 성장을 이끈 원동력들을 서술한다.

제20장 경제성장과 운(運)

국가 경제를 운영하다 보면, 각종 불확실성과 경제위기에 직면하게 된다. 경제위기를 예측하고 사전에 준비하는 국가들은 지속적인 경제성장을 유지할 수 있고, 경제위기로 사회적 갈등이 증폭되는 국가들은 경제가 침체하게 된다. 변화무쌍한 국제경제 흐름에서 행운의 별을 잡기 위해서는 각국의 지도자들은 자국의 경제 상황을 세심하게 관찰 · 진단하고 가능한 처방까지 준비하고 있는 것이 무엇보다 중요하다.

1. 공룡, 피라미드, 그리고 천재지변

천재지변은 지구환경과 인류 문명에 지대한 영향을 미친다. 2010년 국제과학계가 지구상의 모든 공룡이 갑자기 사라진 원인에 대해 '운석 충돌설'이라는 주장을 인정하였다. 공룡은 중생대 트라이아스기 말에 시작해 백악기 말까지 번성했던 육상 파충류의 한 집단이다. 약 2억 3천만 년 전에 출현해 6천5백만 년 전까지 생존했다는 것이 공룡학자들의 추정이다. 그렇다면 공룡이 번성했던 기간은 무려 1억 6천만 년에 달한다. 45억~46억 년으로 추정되는 지구의 나이에 비하면 짧다. 그러나 인간이 지구상에 존재했던 기간에 비하면 엄청나게 긴 시간이다. 실제 최초의 인류로 볼 수 있는 오스트랄로피테쿠스의 조상인으로 추정되는 '아디(Ardi)' 원인(猿人)이 4백4십만 년 전에 출현했다는 연구가 2009년 10월 사이언스 잡지에 공식 발표됐다.

인류가 지구를 지배한 것은 길게 잡아도 4백만 년 전, 현생 인류로 불리는 크로마뇽인이 나타난 것은 불과 4만~5만 년 전이다. 공룡이 멸종한 이유가 운석이 지구에 떨어져서 그 충격으로 기후가 변한 것 때문이라면, 아무리 오랫동안 번성한 공룡이라도 운석의 영향을 피할 수는 없는 것이다. 즉 운(運)이 공룡의 진화를 정지시킨 것이다.

비슷한 사례로, 이집트에는 인류가 자랑하는 피라미드 유적이 있다. 이집트 역사상 가장 특징 있고 웅대한 피라미드가 건설된 시대는 BC 2200년경 이집트의 고대 왕국 시대이다. 기록에 따르면 고대 왕국이 갑자기 붕괴하였는데, 과학자들은 그 이유가 가뭄이라고 한다. 가뭄과 기근이 서서히 나일강의 풍요로움을 앗아 가면서 찬란했던 고대 왕국의 발전도 정지시킨 것이다.

경제는 자연재해나 전쟁 등에 취약하다. 특히 가난한 국가들은 부자 국가들보다 천연재해에 더 취약하다. 부자 국가 경제성장률의 변동 범위는 가난한 국가들보다 작아서 천연재해에 따른 경제적 피해가 상대적으로 작게 나타난다. 관련 연구에 따르면 1960년과 1990년 사이 가난한 15개 국가의 평균 경제성장률은 -2%(Zaire)에서 6%(Botswana)이다. 반면 15개 부자 국가의 경제성장률은 1.6%(Switzerland)에서 3.2%(Italy)이다(Easterly, 2001). 부자 나라 경제성장률의 변동은 가난한 나라의 변동률의 4~5배나 된다.

실제로 1990년과 1998년 사이 전 세계 568개 주요 자연재해의 94%, 재앙 관련 사망사고의 97%가 가난한 국가에서 일어났다. 경제성장이 침체한 상태에서 겪는 천연재해 또는 전염병은 경제성장을 오랫동안 멈춘다. 2010년 23만 명의 목숨을 앗아간 Haiti(아이티) 대지진과 같은 천재지변은 국가 경제를 쇠락의 길로 내몰았다. 2019년 현재 아이티의 1인당 국민소득은 1,330달러로 세계에서 제일 가난한 국가가 되었다.

2019년부터 발생한 코로나19 위기는 보건 위기가 경제위기로 이어진 경우이다. 전 세계적으로 보고된 코로나19(COVID－19)로 인한 사망자 수는 2024년 6월 기준으로, 약 700만 명이다. 대규모 봉쇄, 소비감소 등 여러 요인이 복합적으로 작용하면서 경제활동이 위축되었고, 경제회복에 큰 어려움을 주었다. 글로벌 공급망에 큰 혼란을 일으키면서 여러 국가에서 공장이 문을 닫고, 물류가 차단되면서 원자재와 부품공급이 중단되었다. 제조업과 기술 산업은 필수부품을 확보하는 데 더 어려움을 겪었고, 이는 상품 가격 상승과 생산 차질로 이어졌다.

2. 세계 경제 흐름과 운(運)

경제학에서는 운(運)을 어떻게 해석하는가? 경제가 성장하면 기회도 많아지고 좋은 운도 발생하게 된다. 모든 국민이 경제가 성장할 것이라고 기대하면 투자할 것이고, 회의적이라면 투자를 미룰 것이다. 좋은 운은 좋은 인센티브와 희망적인 기대를 주지만, 나쁜 운은 반대의 결과를 제공한다. 국민은 이러한 인센티브에 반응하게 된다.

세계 경제를 보면 급속한 경제성장과 침체를 겪는 국가들이 많이 있다. 급속한 경기 변동은 운과 관련이 있다. 실증적 연구들에 따르면 전 세계 표본 100개 국가 중에서 1957년부터 1992년까지 35년 동안 적어도 60개 국가가 한 번 이상의 급속한 성장을 경험하였다(Hausmann, Pritchett, & Rodrik, 2005). 국가들이 급속한 경제성장을 경험할 확률은 60%로 비교적 높지만, 급성장의 주요 원인은 교역조건의 변동이었다(Jones & Olken, 2007).

경제성장 연구(Easterly et al., 1993)에 따르면 10년 주기로 분석할 때 생산함수의 생산요소(자본과 노동 등)들의 기간 간 자기상관(autocorrelation) 계수가 0.6에서 0.9로 높게 나타났다. 한편, 경제성장률은 기간 간 자기상관 계수가 0.1~0.3으로 상당히 낮게 나타났다. 경제성장률의 분산은 생산요소의 분산보다 크기 때문에 예측이 어렵다. 그러나 경제성장률 분산 규모는 다른 생산요소(자본과 노동 등)의 분산 규모보다 교역조건(외생적인 요인)의 분산이 비교적 더 잘 설명하고 있다.[1)] 교역조건 이외에도 투자지출 증대, 실질환율의 평가절하로 인한 무역 증가, 정치체제의 변화 등도 경제성장의 주요한 변동 원인이 된다.

지속적인 경제성장을 위해서는 외생적인 쇼크로 인해 발생하는 경제위기도 잘 극복해야 한다. 2019년부터 발생한 코로나19 위기는 그 충격이 전 세계에서 동시다발적으로 파급됐다. 외환위기, 글로벌 위기와 비교할 때 국가 간·부문 간 더 극명한 형태로 차별화되어 나타났다. 코로나19를 겪으면서 많은 나라들은 경제회복을 위해서 대내적으로 통화정책 및 재정정책을 실시했다. 자국의 소비와 투자를 늘리고 대외적으로 자국의 화폐가치를 경쟁적으로 떨어뜨려 수출 증대시키는 환율정책을 추진하였다. 특히 미국, 유럽과 일본 등 선진 국가들이 경기침체를 우려하여 사상 유례없이 통화량을 남발하였고, 그 부작용으로 시차를 두고 인플레이션이 폭발하였다. 각국은 높아진 인플레이션을 진정시키기 위해서 통화량을 축소하였다. 이것이 다시 경기침체로 이어지면서 세계 경제는 침체기로 들어서고 있다.

최근 세계 경제 흐름을 보면 우리가 자주 사용하는 사자성어 중에 과유불급(過猶不及)이 떠오른다. 욕심이 너무 지나치면 오히려 화(禍)가 될 수 있음을 의미한다. 여기서 욕심은 국가들의 경제성장을 향한 집착이고 화(禍)는 경기침체를 의미한다.

이와 같이 세계 경제는 외부적인 요인에 의해 크게 영향을 받고 있다. 이러한 도전들은 어떤 국가에는 행운이 될 수도 있고 다른

---

1) 교역조건은 한 나라의 수출품 가격과 수입품 가격 사이의 관계를 나타낸다. 수입품 가격에 비해 상대적으로 수출품 가격이 높아지면 그 나라의 교역조건은 유리한 방향으로 움직인다.

국가에는 불행이 될 수도 있다. 좋은 정부는 스스로 대내외적인 도전을 기회로 삼지만 이와 반대인 정부는 이러한 도전을 완전히 노출해 호재를 잡을 기회를 놓치게 된다.

세계 경제는 끊임없이 변화한다. 환율, 국제 석유 가격, 국제금리, 전염병 등 이들 외생적 변수의 예측은 불가능하다. 세계 경제를 보면 아이러니하게도 보유 자원의 가격이 오르거나 유전이 발견되는 등 행운이 있었지만, 정부가 돈을 낭비해 버려 아무것도 이루지 못한 국가들도 많다. 그러나 실제로 천연자원이 부족하고 지리적으로 불리한 국가들이 경제적으로 좋은 성과를 이루어 냈다. 대표적인 국가가 한국이다.

한국의 경우 1970년대 중반 중동 건설 진출, 1980년 중반에 일어난 3저 현상(원화 가치 하락, 국제금리 하락, 석유가격 하락)이 오히려 운으로 작용하면서 한국경제 도약의 기회가 되었다. 1997년 외환위기, 2008년 글로벌 위기에서도 한국은 제도 개혁, 구조조정 및 수출의 힘 등으로 위기 극복을 하였으며 이 시련을 딛고 극복하면서 다시 도약하였다.

3. 위기관리

국가 경제의 위기는 불규칙적으로 발생하여 앞날을 예측할 수 없다. 불규칙한 위기를 관리하기 위해서는 국가는 항상 국제경제 변동 흐름에 파인튜닝(fine tuning) 하면서 조심스레 경제를 운영해야 한다. 경제위기를 슬기롭게 극복하여 오랫동안 높은 경제성장률을 유지하는 국가들은 부를 창출할 것이고, 극복과정에서 내부 계층 간의 갈등으로 극심한 경제침체를 겪는 국가들은 경제발전의 기회를 놓치게 된다.

경제위기가 발생하면 각국의 대응은 정책, 노동, 사회 분위기 등의 요인에 의해 영향을 받는다. 다음은 70년대 제1차 석유파동으로 야기된 경제위기에 대하여 한국, 브라질, 터키의 대응 전략과 효과를 비교해 보면서 경제위기 관리가 얼마나 중요한지를 살펴보자.

1970년대 석유파동은 세계 경제에 인플레이션과 실업을 발생시켜 경기침체를 초래하였다.[2] 각국의 대응도 다양하였다. 당시 원유를 전량 수입에 의존하는 한국경제의 경제적 손실은 터키와 브라질보다 컸다. <표 20-1>에 따르면, 1970년대 교역조건의 악화로 한국이 입은 소득 손실은 연평균 0.51%로 터키(0.41%)나 브라질(0.25%)보다 크다. 그러나 1975년부터 1989년까지 제1차(1973)와 제2차(1979) 석유파동을 겪으면서 한국경제의 성장률은 터키와 브라질의 경제성장률을 상회하고 있다. 한국경제의 위기관리가 터키와 브라질보다 잘 되었다는 것을 의미한다.

2) 제1차 석유파동은 1973년 10월 6일 중동전 발발을 계기로 OPEC 제국이 석유 무기화를 선언하고 생산량 감축과 가격 인상을 단행함으로써 야기되었다. 이에 따라 국제표준원유인 아라비안나이트의 공시가격은 1973년 1월 1일 배럴당 2.591달러이었던 것이 10월 16일 5.119달러로, 12월 23일에는 11.651달러로 상승하여 1년 동안 거의 4배의 폭등세를 보였다.

〈표 20-1〉 외부쇼크에 따른 경제적 효과(연간 평균 %)

	교역조건의 변화 (1970~1979)	GDP에서 총무역이 차지하는 비중 (1970~1979)	교역조건 변화로 인한 소득소실	1인당 소득 증가율 1960~1975	1인당 소득 증가율 1975~1989
한국	-1.4	57.2	-0.51	6.5	7.0
터키	-6.2	17.3	-0.41	3.8	1.2
브라질	-2.3	16.6	-0.25	4.6	1.3

출처: Rodtrik(1999)

한국은 1973년 제1차 석유파동과 중화학공업육성정책으로 인하여 외채 규모가 위험한 수준으로 급증하면서 국가 부도 위기에 몰렸다. 정부의 대응은 매우 신속했다. 부족한 석유를 확보하고, 통화 및 재정긴축정책을 시행하면서 인플레이션을 억제하였다. 부족한 외화를 확보하기 위하여 정부는 신속하게 중동으로 인력을 수출하고, 베트남에서 숙달된 기술자와 장비를 중동 지역으로 이전시켰다. 정부는 석유 위기와 정면 승부를 겨루면서 중동진출로써 한국경제와 한국인의 새로운 활동공간을 창조한 것이다.

1980년 한해에만 농작물 냉해 피해와 정치적 불안으로 마이너스 경제성장을 기록하였지만, 이후 한국경제는 완만한 인플레이션을 유지하면서 대외 여건이 회복되길 기다렸다. 마침, 1980년 중반부터 국제금리의 하락, 국제 석유가격 하락, 원화 가치 하락인 3저 효과가 발생하였다. 3저 효과는 해외부채가 많은 한국경제에게는 천운(天運)이었다. 3저 효과 덕분에 한국경제는 1970년대 중화학 공업 육성 정책에 따른 누적된 각종 폐해를 단기간에 회복할 기회를 얻었다. 수출도 회복되면서 1986년부터 4년간 연속 경상수지 흑자(1986~1989년)를 기록하였고 10% 이상의 경제성장률을 기록하였다.

터키의 대응은 한국의 경우와 사뭇 다르다. 터키는 석유파동 이후 인플레이션을 진정시키는 노력을 하지 않았다. 당시 터키 정부는 민중을 의식한 인기주의 정책을 폈다. 인플레이션을 방지하기 위한 긴축정책이 필요한 시점에 오히려 민간의 해외자금 도입을 장려하였다(Celasun and Rodrik, 1989, pp.196). 도입된 외화 자금으로 정부나 민간의 투자를 증대시켜 경제 부양을 시도하였다. 당연히 통화량도 긴축시키지 않았다. 이러한 부양 정책은 단기적으로 경제를 성장시키는 효과는 있었지만, 그 효과는 잠시일 뿐이었다. 경기부양 정책으로 인하여 정부 재정이 악화하였고, 국내 비교역재 상품 가격 인상에 따른 실질환율이 절상되면서 수출품 가격 경쟁력이 떨어져 국제수지가 급격히 악화하였다. 터키는 5~6년 후에 나타난 제2차 석유파동 이전에 이미 외환위기를 맞이하게 되었다. 1980년도에는 IMF로부터 제시된 구조조정을 단행하였지만, 이미 경제정책의 타이밍을 놓쳤다. 거시 및 통화정책으로 인플레이션을 억제하고자 노력하였지만 진정되지 않았고 경제는 잠재 능력에 미달하는 상태로 운영되었다. 실질임금 악화, 실질환율의 절상 등으로 농촌과 도시 근로자들의 소득이 공공부문으로 이전되면서 소득의 불평등이 심화되었다.

브라질의 경우도 한국의 대응과 사뭇 다르다. 브라질은 인플레이션을 방지하기 위하여 소득정책을 시행하고 있었다. 소득정책은 경제 전체의 물가수준을 안정화하기 위해 임금 등 각 소득의 증가율에 규제를 가하는 정책이다. 인플레이션이 발생하면 인플레이션만큼 임금을 인상하여 노동임금의 인상 이외의 다른 요인에 따른 더 이상의 인플레이션을 방지하는 정책이다. 그러나 임금과 물가 구조가 비 신축적으로 운영되면 소득정책의 효과는 사라지는 단점이 있다.

제1차 석유파동으로 1974년 35%의 인플레이션을 겪은 브라질은 인플레이션을 억제하기 위하여 긴축 통화정책을 실시하고 소득정책으로 임금인상을 억제하였다. 그 결과 1978년까지 35~40%의 비교적 안정적인 인플레이션을 유지하였다.

이러한 안정화 정책 노력에도 불구하고 이후 정부와 노동자 간의 밀착관계로 인하여 최악의 인플레이션을 경험하게 되었다. 제2차 석유파동을 겪으면서 브라질 정부는 이자율을 억제하기 위한 통화팽창 정책과 새로운 임금법을 시행하였다. 새로운 임금법에 따르면 노사협의 지수 조정을 기존의 1년 단위가 아니고 대폭 단축하여 6개월 단위로 하는 것이다.

새로운 임금협상 조건에 따르면 인플레이션이 확대되는 시기에는 임금도 빨리 상향 조정하게 된다. 임금-물가 구조가 경기변동을 억제하지 못함에 따라 재정수지가 악화하고 경제정책의 효율성이 감소하였다. 결국 정책 실패로 브라질의 인플레이션은 1979년 100%, 1983년 200%, 1987년 400%, 1988년 1,000%, 1990년에는 2,000%로 상승하게 되었다. 1994년 인플레이션이 안정되기까지 임금-물가 간의 비 신축적인 관계가 정부의 금융과 재정정책의 효과를 절감시키면서 브라질의 인플레이션을 증폭시켰다 (Simonsen, 1988).

<그림 20-1>은 이들 세 국가 GDP의 추세를 비교한 것이다. 제1차 및 제2차 석유파동을 겪으면서, 한국은 1980년대 초에 터키의 GDP를 추월했다. 한편, 45년이 지난 2025년 한국의 GDP 규모는 세계 13위, 브라질은 세계 10위로 한국경제 규모가 자원 부국인 브라질 경제 규모에 근접하게 접근하고 있다.

〈그림 20-1〉 한국, 터키, 브라질의 GDP 추세 비교(단위: 백만 달러)

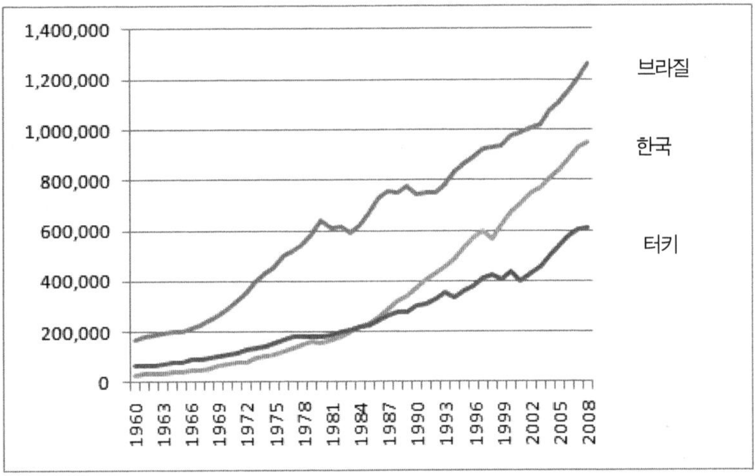

출처: http://www.ggdc.net/maddison

경제위기 상태에서 재정, 금융정책의 적절한 배합은 거시경제의 안정화를 위하여 중요하다. 정책 외에도 제도적 결함과 리더십의 부재, 사회갈등 등이 경제를 침체시킨다. 특히 국내의 사회갈등은 지속적인 경제성장에 장애가 된다(Rodrik, 1999).

외부 쇼크에 따른 사회갈등을 최소화하기 위해서는 제도적으로 대응하는 것도 중요하다. 한국은 노동임금을 합의하는 제도적 장치가 마련되어 있었다. 그러나 그 제도가 마련되기에는 많은 진통이 있었다.

한국은 1997년 외환위기가 발생하면서 IMF에 구제 금융을 신청하였다. IMF는 구제 금융 지원의 대가로 기업 부문 개혁과 노동시장 유연화를 요구했다. 한국은 외환위기를 극복하기 위하여 노·사·정이 합의하여 정부의 구조조정 계획을 수긍하고 노동자, 기업가들이 뜻을 같이했다. 1998년 2월 6일 여의도의 한국노동연구원 10층 회의실에서 노·사·정 합의를 통한 '경제위기 극복을 위한 경제사회협약'이 체결됐다. 이로써 한국은 경제위기를 극복할 수 있는 제도(institute)가 마침내 구축되었다. 기업은 지배구조를 개선하고 수익성 중심의 경영으로 전환하게 됐으며 노동계는 정리해고를 수용한다는 것을 결정하였다. 한국 정부의 개혁 의지를 확인한 외국 채권단들은 지급 유예를 선언하면서 외환위기 극복을 위한 초석을 마련했다.

한편, 인도네시아는 외환위기 이후 이러한 조정 기구가 없었다. 외환위기 이후 노동자들이 구조조정을 반대하면서 데모를 시작했으며, 이로 인한 사회적 혼란이 경제성장 회복을 상당 기간 늦추게 되었다. <그림 20-2>는 한국과 인도네시아의 GDP 추세이다. 한국은 1997년 외환위기 이후 잠시 경제가 침체하였지만 곧 빠르게 회복되었다. 한편, 인도네시아의 경제는 한국과 비교하여 깊게 더 오랫동안 침체하였다. 이후 한국 GDP는 인도네시아를 역전하게 되었다.

〈그림 20-2〉 한국과 인도네시아 GDP 추세 비교(단위: 백만 달러)

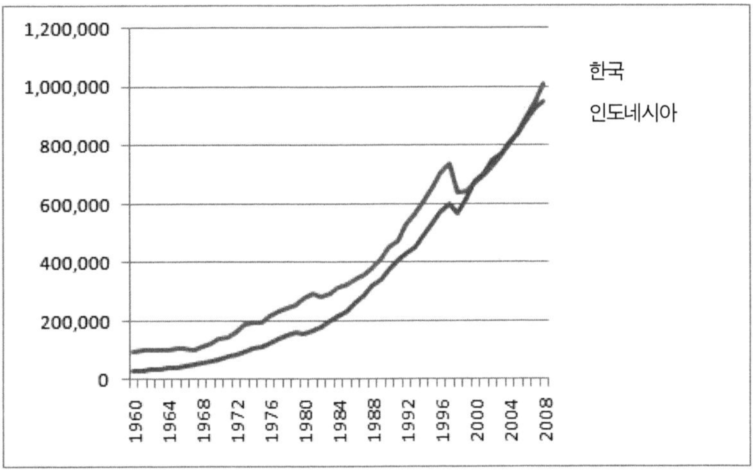

출처: http://www.ggdc.net/maddison

제21장 한국경제와 운(運)

한국경제의 성공은 국민, 기업, 정부가 합심하여 각고의 노력으로 이루어 낸 한 편의 드라마이다. 자원이 부족한 한국은 주변 여건을 정확히 인식하고 효율적인 정책과 좋은 제도를 구축하면서 사회적 공감대를 형성하여 불리한 환경을 타파해 나간 것이다. 이미 앞에서 언급하였지만 1960년대 섬유제품이나 신발 등 경공업 제품의 수출만으로는 당시 인구 3,000만 명에 이르는 대규모의 경제를 지탱하기에 역부족이었다. 중화학 공업과 같은 부가가치가 높은 산업을 육성해야 하는데 이를 위해서는 투자와 기술이 확보되어야 한다. 한국은 베트남, 중동진출 등 세계시장 참여를 통한 기술력 확보로 동분서주하였다. 이러한 노력 이외에도 한국은 대내외적인 운도 따랐다.

1. 국내외 정치 상황

개발도상국을 보면 이데올로기, 종교, 인종 갈등 등이 경제성장의 발목을 잡는 경우가 많다. 한국에서는 1960년대와 70년대 경제성장을 시작할 때, 다른 개발도상국과 달리 사회주의, 민족주의, 민중주의 등 자본주의 체제를 반대하는 세력이 존재하지 않았다. 그 원인은 한국전쟁이다. 자본주의와 공산주의 간 이념대립이었던 6.25전쟁은 자본주의의 반대 세력을 제거하거나 침묵시키는 결과를 가져왔다. 이후 한국은 강력한 리더십으로 북한의 군사적 압박을 막으면서 비교적 정치적으로 안정된 상황에서 산업화를 추진할 수 있었다. 정부는 제도적 지원으로 산업화의 주역인 기업인들의 활동을 최대한 지원하였고, 기업인들도 어려운 상황에서 소임을 성실히 소화해 내었다.

1960년대 한국이 수출주도형 경제정책을 실행할 때, 일부 학자들은 우리나라가 농본 국가이기 때문에 농촌 경제 활성화를 통하여 산업화해야 한다고 주장하였다. 이러한 주장은 토지가 넓고 농업 생산성이 높은 국가들에 적용되는 이론인 것이다. 한국과 같이 토지가 협소하고 제조업 분야에서 저렴한 상품을 생산할 수 있는 국가에서는 농업 부문의 저렴한 노동력을 산업 부문에 투입할 때 산업화에 더 큰 효과를 얻을 수 있다는 사실을 몰랐다.

제2차 세계대전 이후 동서 냉전체제도 한국에는 좋은 기회가 되었다. 잠재 성장력이 큰 국가들이 사회주의나 공산주의 체제 하에서 대내 지향적 경제정책을 추구할 때 한국은 수출주도형 경제정책을 통해 상대적으로 큰 이득을 누릴 수 있었다. 당시 선진국 경제는 호황으로 1964~1969년 동안 OECD 국가들의 실질 GDP 성장률은 거의 매년 5%를 웃돌았다. 당시 중국과 같은 거대한 경쟁자가 없는 국제시장 환경 덕분에 한국은 급속한 경제성장을 달성했다.

2. 이웃 나라의 역할

환경에 따라 몸의 색이 변하는 카멜레온과 같이 우리도 주변 인물에 따라 행동이 달라진다. 주변 친구나 이웃의 행동에 내가 영향을 받는 것을 '동료 압박(peer pressure)'이라고 한다. 그 크기를 재는 것은 쉽지 않지만, '동료 압박'의 영향력은 우리가 생각하는 것보다 크다. 국가 간의 관계도 마찬가지이다. 국민이 경제성장을 추구할 때, 주변 국가들이 부유하다면 경제발전에 도움이 될 것이고, 가난하다면 경제개발 기회가 상대적으로 적어지게 된다.

경제 부흥에 성공한 국가들을 파악하여 긴밀한 관계를 유지하고, 실패한 국가들을 분석하여 관계를 되도록 피해야 한다. 국가경제가 실패하는 것은 잘못된 경제정책을 실행했거나 제도 확립을 게을리하여 국민에게 경제성장 인센티브를 소홀히 한 결과이다. 인기주의 정책이나 과다한 복지 예산 지출 등은 경제발전에 실패한 국가들의 공통적인 특징인데, 이러한 특징은 다른 나라에도 쉽게 전파되는 경향이 있다. 아무리 작은 것이라도 잘못된 경제정책은 용인될 수 없다. 실패된 정책을 일정 기간 유지하면 곧 더 큰 경제적 재앙이 쏟아져 들어오기 때문이다.

역사적으로 보면 한 나라의 경제발전 과정은 자생적인 창조적 혁신의 과정보다는 앞서 발전한 나라의 모방을 통한 학습과 추격(catch-up)의 과정인 측면이 훨씬 더 강하다. 기술 습득 과정과 경제발전 전략 수립과 정책 수단 모색 과정이 그러하다. 쉬운 것부터 시작한다는 의미에서 'low hanging fruit' 전략을 앞에서 소개하였다.

이런 관점에서 보면 산업화 혹은 본격적인 경제발전을 앞둔 개발도상국들이 앞서 산업화에 성공한 나라들의 경험에 깊은 관심을 두고, 모방 가능성을 탐색하는 것은 당연하다.

본 저서에서 소개한 이웃 나라에 관한 사례를 정리한다. 앞에서 서술하였지만, 박정희 대통령이 서독을 방문해서 당시 총리로부터 경제개발과 관련해 여러 조언을 받았다. 이러한 조언들이 박정희 대통령이 한국경제 뿌리 만들기 사업을 계획하고 추진하는 데 긍정적으로 기여했다고 판단된다. 당시 박정희 대통령이 소련이나 중공 지도자들과 교류했다면, 고속도로 건설 등 경제발전에 좋은 제안을 받을 수 있었을 것인가? 박정희 대통령과 서독 총리의 만남은 한국경제 발전에 큰 행운으로 작용한 것이다. '좋은 운을 부르고 싶으면 좋은 사람과 어울리세요'라고 하는 일본 니시나카 변호사의 조언(2017)이 국가들에도 적용될 수 있다고 판단된다.

미국은 해방 이후 각종 원조 제공, 6.25 전쟁 참전 및 인적교류를 통해서 한국 경제발전에 지대한 공헌을 하였다. 여기에 기술발전의 초석이 된 KIST 설립은 미국 정부가 보내준 깜짝 선물이었다. 미국과의 긴밀한 관계를 유지하면서 얻은 행운이었다.

한국과 거리가 가장 가까운 일본의 영향도 대단했다. 1960년대부터 한국은 일본의 선진기술을 도입하여 한국의 주력 산업인 철강, 조선, 자동차, 반도체산업 등을 일으켰다. 한국은 이웃 나라인 일본보다 훨씬 뒤늦게 경제발전에 뛰어들었지만, 일본의 성공 사례를 철저히 분석하고 배우면서 기술개발 단계를 몇 단계 건너뛰어 약진할 수 있었다.

일본도 이미 비슷한 경험을 하였다. 일본은 1853년 미국의 페리(Matthew Perry) 제독에 의해 문호가 개방된 지 1세기 만에 세계 3위의 경제 강대국이 되었다. 짧은 기간 내 고도성장 한 일본의 성공 사례는 우리에게는 새로운 기회로 다가왔다. 일본에서 발전시킨 제도나 산업이 한국에는 좋은 사례로 작용한 것은 분명하다. 대표적인 사례가 1970년대 중화학공업육성정책이다. 일본은 이미 중화학공업정책으로 수출 100억 달러 달성을 1967년도 달성했다. 우리 정부는 중화학공업정책을 수립하면서 일본 사례를 참고하면서 육성 정책을 수립하였다. 또한 포항제철소 건립, 경부고속도로 건설, 반도체산업 발전 등도 일본과 직접 또는 간접적으로 영향을 받게 되었다는 사실을 앞에서 기술하였다.

〈그림 21-1〉 미국, 일본, 중국과의 무역액(단위:천 달러)

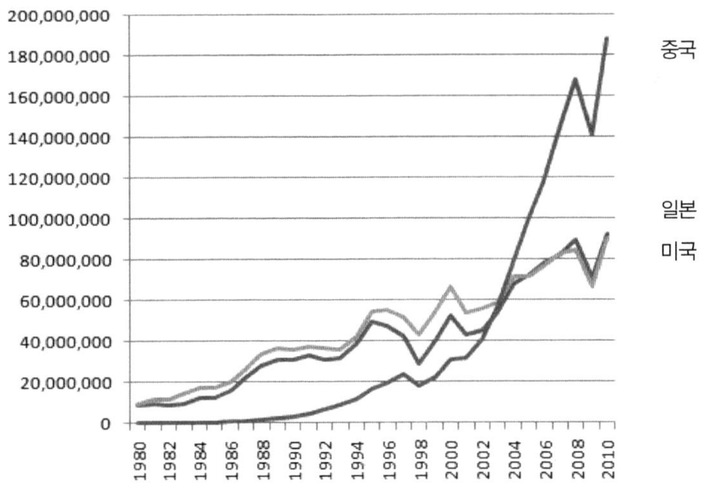

출처: 한국무역협회

최근 중국경제의 부상이 한국 경제에게 많은 희망과 도전을 주고 있다. 1997년 외환위기와 2009년 글로벌 위기에서 중국 대상 수출 증대는 위기를 극복하는 데 크게 기여하였다. 중국경제의 개방과 경제개발은 한국에 거대한 시장의 등장이라는 긍정적 측면도 있지만, 한국의 주요 수출 상품의 가격 경쟁력을 둘러싼 싸움이 치열해질 것이라는 부정적인 측면도 있다.

2004년부터 중국은 미국과 일본을 초월하여 한국의 최대 무역대상국이 되었다. <그림 21-1>에 따르면 2010년의 한 · 중 무역액은 1,884억 달러에 달하여 한 · 일(925억 달러) 무역과 한 · 미(902억 달러) 무역 합계보다 크다. 이러한 현상은 2020년 현재까지 지속되고 있다.

한국은 이웃 나라와 대외경제 여건을 최대한 활용하면서 경제를 성장시켰다. 60년대에는 미국의 원조와 시장 개척, 70~80년대는 일본 기술 수입, 90년대는 중국 수출 등이 한국경제에 큰 영향을 미친 대외 여건들이다.

니시나카 쓰토우(2017)에 따르면 '좋은 사람을 사귀는 것, 이는 행운을 부르는 비결 중의 하나이다. 좋은 사람 주변에는 좋은 사람뿐이고 나쁜 사람 주변에는 나쁜 사람뿐이라는 신기한 사실을 알게 되었다고 한다.' 마찬가지로 좋은 국가들을 이웃으로 두면 그 국가의 운도 좋아지게 된다.

3. 3저 효과 역할

한국경제는 대외의존도가 높아서 수출과 경제성장과 사이의 상관관계가 매우 높다. 수출 규모는 외국의 수요와 환율에 따라 결정된다. 미국의 달러와 일본의 엔화 가치가 상승하면 한국 수출 상품의 가격 경쟁력이 상승하게 되어 미국과 일본 시장에서 한국 상품의 수출이 증가한다.

달러나 엔화는 1970년대부터 10년마다 반복하여 큰 변동을 하고 있다. 1985년 플라자 합의 이후 엔화는 1년 만에 달러당 235엔에서 150엔대로 50%가량 상승하였으며 이외에 국제금리 하락, 저유가, 저환율 등 3저 효과가 발생하였다.

1980년대 중반부터 발생한 3저 효과에 힘입어 1986년 최초로 경상수지 흑자를 기록하였다. 저유가는 무역수지를 개선 시키고, 저환율(원화가치 하락)은 우리나라 수출상품의 가격 경쟁력을 향상시켰으며, 국제금리 하락은 외채 부담을 경감시키는 효과가 있었다. 3저 효과로 인해 수년간 경상수지 흑자가 지속되면서 노태우 정부는 '수정된 제6차 경제개발 5개년(1987~1991)'을 통하여 70년대 중화학 정책으로 인해 누적된 대외부채를 모두 정리하고 제6차 경제개발 5개년계획이 끝나는 1991년도에는 당초 외채 규모 목표(135억 달러)를 수정하여 순 채권국이 되려고 시도하였다(Cho, 1995).

3저 효과는 한국경제가 통제할 수 있는 단순한 변수들이 아니었다. 앞에서 서술하였듯이, 한국경제는 3저 효과를 통하여 경상수지 흑자를 기록하면서 70년대 중화학 정책으로 인해 누적된 대외부채를 대부분 정리하였다.

1980년 후반의 호황은 60년대부터 꾸준히 추진해 온 경제정책에 3저 효과와 같은 천운(天運)이 경제성장에 영향을 준 것이다. 3저 효과를 통하여 축적된 자본은 국민총생산에 영향을 미치고, 이것이 소비, 투자, 그리고 재투자 등의 일련의 순환을 통하여 장기 경제성장에 영향을 미치게 되었다.

4. 지도자, 기업가, 근로자의 역할

우리 역사를 돌이켜 보면, 시대가 요구하는 뛰어난 지도자는 그리 많지 않았다. 조선시대가 시작된 1392년부터 2025년까지 약 600년 동안 우리가 손으로 꼽는 위대한 지도자는 도대체 몇 명인가? 세종대왕, 이순신 장군, 또 누구인가? 그만큼 시대가 요구하는 위대하고 훌륭한 지도자는 희귀하다.

박정희 대통령은 우리 민족의 오랜 숙제인 가난을 극복하고 산업화에 큰 업적을 남겼다. 박정희 대통령의 존재는 한국경제에는 분명 좋은 운(運)이 작용한 것이라고 부인할 사람은 없을 것이다.

축구 시합에서 훌륭한 선수들이 경기를 선도하듯, 한국경제에서는 저력 있는 기업가들이 전면에 나서면서 국가의 부가 축적되기 시작하였다. 정부는 경제성장을 확대하기 위해 학습효과가 큰 산업을 기업가들에게 제안하였다. 철강은 박태준에게, 토목공사로 기술과 부를 축적한 정주영에게는 조선산업을 제안하였다. 한편, 자동차는 정주영이 맡았고, 반도체는 이병철이 맡게 되었다. 앞에서 설명한 창업자들의 성격은 서로 뚜렷하게 다르다. 이러한 것이 반영되어 그들이 일궈놓은 산업이 결과적으로 황금 분할구조를 갖게 되었다. 불경기에는 경제를 이끄는 안전판 역할을 하는 산업이 필요하고, 호황기에는 경제를 선도하는 산업이 필요하다. 자동차와 반도체 수출 증가율은 경제성장률과 같은 방향으로 움직이고 있으며 조선과 철강 수출은 상반된 방향으로 움직인다. 이러한 황금 분할구조로 인하여 1997년 외환위기, 2009년의 글로벌 위기, 2019년 코로나19 위기에도 우리 경제는 잠시 침체를 겪은 이후 빠르게 회복세로 돌아설 수 있었다. 2025년 트럼프 관세정책 이후 우리 경제는 다시금 도전을 받고 있지만 빠르게 적응할 것으로 기대한다.

1960년대 수출이 국력이라고 믿었던 시기에 경공업 수출을 통한 달러를 벌어들여 국가 발전에 기여하였다. 가발과 섬유제품 수출을 통하여 10억 달러 수출을 달성했다는데 이는 여성 근로자들의 힘이 컸다.

한국 정부는 100억 달러 수출을 달성하기 위하여 중화학 공업정책을 시행하였다. 1970년대 석유파동으로 국가 경제가 위태로울 때 중동의 어려운 공사 현장에서 열심히 일하여 달러를 벌어들여 석유파동 위기를 극복하게 되었다. 이는 남성 근로자들의 힘이 컸다.

경제성장의 주역을 남성과 여성들의 역할면에서 구분할 필요는 없지만, 1960년대는 여성 근로자의 노력과 1970년대는 남성 근로자들의 노력으로 오랜 역사에서 찾아온 한국경제의 운이 사라지지 않도록 근로자 모두 노력한 것이다.

마지막으로 1976년 석유파동으로 우리 경제가 어려울 때 한 기업에 의해 큰 행운이 발생했던 사례 하나를 소개한다. 앞에서 서술한 주베일 산업항 건설공사는 9억 3천만 달러로 20세기 최대의 대역사로 불렸던 일감이었다. 현대건설이 수주에 성공한 주베일 산업항 건설공사는 경제위기 극복에 큰 도움이 되었다.

현대입찰팀은 우여곡절 속에서 입찰금 및 서류 작성을 마쳐 8억 7천만 달러를 응찰 가격으로 정했다. 당시 전갑원 상무는 입찰 가격 8억 7천만 달러가 너무 싸다고 생각하였다. 입찰에 실패하면 걸프만에 빠져 죽겠다는 결심으로 6,000만 달러를 더 얹어 9억 3,114만 달러를 써놓고 나왔다고 한다. 결국 9억 440만 달러로 입찰한 미국 브라운 앤드루트사가 낙찰되고, 현대는 2등으로 탈락하고 말았다. 그러나 낙찰받은 회사가 서류에 결함이 생겨 무효처리되고 2등인 현대가 재낙찰받는 기적이 일어났다. 이 수주로 말미암아 공사대금의 20%로 선수금 2억 달러가 한국은행에 입금되었다. 이 금액은 한국은행 역사상 해외에서 유입되는 최대 금액으로 당시 해외부채 부담을 해결하는 구국의 장이 펼쳐진 것이다. 지성이면 감천이라는 격언이 있다. 국가나 기업에도 간절한 마음과 끈기 있는 노력으로 불확실한 미래를 처절히 준비하면, 하늘도 감동하여 행운도 들어온다는 것을 보여주는 좋은 사례이다.

당시 한반도 이곳저곳에 운(運)이 들어오고 있다는 것이 직감으로 느껴졌다. 1984년 봄에 성철스님 칼럼이 한 신문에 실렸다.

칼럼 내용은 1980년대 후반부 세계의 운(運)이 한반도로 집중하게 되니, 천운을 맞이할 준비를 철저히 하라는 내용이었다. 1980년대 초 한국은 광주사태 이후로 불안한 정치 환경으로 천운이 들어올 가망이 전혀 없어 보였다. 그러나 성철스님의 예견이 적중하였다. 86년부터 3저 현상(저국제금리, 저환율, 저유가)으로 한국경제는 역사상 최초로 경상수지 흑자를 기록하였다. 기술한 바와 같이 3저 현상은 한국경제가 전혀 영향력을 줄 수 없는 외생변수들이다. 즉 외부 조건에서 결정되는 경제 변수들이다. 3저 현상 덕분에 경상수지가 흑자가 되고, 국가의 부(富)도 축적되기 시작하였다. 정부도 오랜 채무국 오명에서 벗어나 처음으로 채권국으로 위상 변화를 시도하였다.

1988년 서울올림픽 개최 이전 서울의 거리는 격렬한 민주화 데모로 어수선할 때였다. 1988년 서울올림픽식 개막식이 TV 생중계되면서 TV에 비친 아름다운 서울 거리가 전 세계 시청자들에게 신선한 충격을 주었다. 성공적인 올림픽 개최로 한국은 과거 어두운 이미지에서 벗어나고 세계국가로 진입하는 계기가 되었다. 성철스님 예견과 같이 1980년도 후반에 국운이 한반도로 들어오고 있었다.

손자병법 구지(九地)편에 보면 다음과 같은 구절이 있다.

知己知彼, 勝乃不殆. 知地知天 勝乃可全.

(지기지피, 승내불태. 지지지천 승내가전.)

나를 알고 적을 알면 위태롭지 않게 승리할 수 있다. 지형을 적절히 이용하고, 기상조건을 알면 완전히 승리할 수 있다.

손자병법에서 지적한 '지형과 기상'은 천운(天運)으로 해석한다. 천운이 도래하면 어떠한 고난도 극복하고 완전 경제성장을 이룰 수 있다고 해석한다.

국가는 다가오는 천운을 정확하게 감지하여 행운을 잡아야 하며 조금이라도 그때를 놓쳐서는 안 된다. 천운이 들어오는 시기에 한국경제는 정부, 창업자 그리고 노동자들의 활약으로 이룬 성과의 파급효과가 엄청났다. 3저 현상과 올림픽 개최 등은 천운으로 작용하면서 단기간에 가난한 국가에서 부자 국가로 발돋움하는 데 결정적으로 이바지하였다.

제22장 소득불평등과 한국경제

동양철학에서 주장하듯이, 양이 있으면 음이 존재한다. 한국경제가 이룩한 고도성장이 양이라면 음은 최근 심화하고 있는 소득불평등(자산불평등 포함) 문제일 것이다. 소득불평등 문제는 세대 간, 지역 간 갈등과 정치적 불안정으로 이어지면서 60년대부터 이룩한 국가경쟁력을 심각하게 훼손할 수 있기에 한국경제의 나쁜 운으로 작용한다. 이에 그 원인과 해결 방안에 관해서 서술하고자 한다.

1. 소득불평등 원인과 지니계수

최근 우리 사회는 소득양극화가 급속하게 진행되고 있다. 1인당 국민총소득(GNI) 3만 달러 이상 달성, 사상 최대의 가계 부채, 노동시장의 경직화, 일용직 · 임시직 일자리 지속적 감소, 실직자 유입으로 영세자영업자의 경쟁 심화, 부동산 가격의 폭등, 인구의 고령화 등에 따른 중저소득계층의 소득 감소와 직접 관련이 있다. 한편, 장기간 누적되는 경상수지의 흑자는 무역에 간접적으로 참여하는 고소득계층에 높은 소득 증대로 연결되어 소득양극화 확대를 유발했으며, 최근에 발생한 코로나19는 소득양극화를 더욱 더 확대했다고 판단된다.

통계청이 발표한 '2016년 소득분배지표'를 보면 우리나라 소득불평등도가 최근 급속히 악화한 것으로 나타났다. 시장 소득으로 추정한 도시 가구(2인 이상)의 지니계수가 2016년 0.317을 기록하였는데, 이는 2015년도 지니계수 0.305에서 0.12 상승한 것이다. 글로벌 금융위기를 겪던 2009년도 지니계수는 0.320으로 역대 최고치를 기록하였지만, 최근에 다시 큰 폭으로 상승(소득불평도 악화)한 것이다.

지니계수뿐만 아니라, 소득 5분위 배율과 상대적 빈곤율 등 소득불평등을 나타내는 지표들도 상승했다. 2017년 1분기 가구당 월평균 소득은 459만 3,000원으로 전년 같은 기간보다 0.8% 증가했지만 실질 기준으로 1.2% 감소하였다. 상위 20% 가구의 가처분 소득과 하위 20% 가구의 가처분 소득을 비교한 소득 5분위 배율은 2017년 1분기 5.35배로 전년 동기보다 0.33 증가해 소득불평등 증가세가 지속되고 있는 것으로 나타났다. 또한 처분가능소득 기준 상대적 빈곤율도 2015년 13.8에서 2016년 14.7로 0.9 상승하였다. 결과적으로 2016년 현재 우리 경제는 명목소득은 증가하고 있지만 개인의 실질적인 소득은 개선되지 않고 지니계수뿐만 아니라 소득불평등도를 나타내는 각종 지표가 상승하였다.[1)]

경제학에서 사용하는 대표적인 소득의 불평등지수는 로렌츠곡

---

1) 통계청은 2017년부터 기존 가계동향 조사를 바탕으로 한 지니계수 산출을 더 이상 하지 않고 가계금융복지 조사를 기반으로 한 '새 지니계수'를 발표하고 있다.

선과 지니계수이다. 지니계수는 0과 1 사이의 숫자로 나타나기 때문에, 경제시스템 내 실제로 발생하는 소득의 분배에 관한 자세한 정보를 제공하지 못하는 한계가 있다. 문헌에서도 지니계수가 소득불평등 수준을 적절히 대변하고 있는지 많은 논쟁이 있다. 그러나 Derininger et.el(1996)는 국가 간 소득불평등의 비교를 위해서는 보편적으로 사용되는 지수를 사용해야 한다고 주장하고 있다.

지니계수는 로렌츠 곡선에서 도출된다. 지니계수는 대각선과 로렌츠곡선 사이의 면적(A)을 대각선 아래 삼각형 전체의 면적(A+B)으로 나누어 얻은 값(지니계수 = A / (A+B))과 같기 때문에 로렌츠 곡선을 이용하여 계산한다.

소득분배가 완전히 평등하다면, 즉 모든 사람의 소득이 같다면 대각선과 로렌츠곡선 사이의 면적이 0이 되어 지니계수 역시 0이 된다(참조, 지니계수 = 0/(0+B)). 반대로 소득분배가 완전히 불평등하다면 로렌츠곡선은 직각의 형태를 보이게 된다. 이때는 대각선과 로렌츠곡선 사이의 면적이 대각선 아래 삼각형 전체의 면적과 일치하여 지니계수(=A/(A+0))는 1이 된다.

경제학자 사이먼 쿠즈네츠(Simon Kuznets)가 산업화 과정에 있는 국가의 불평등 정도는 처음에 증가하다가 산업화가 일정 수준을 지나면 다시 감소한다는 쿠즈네츠 가설(1955)을 주장했다. 이 가설을 그림으로 표시하기 위하여 종축에 소득분배의 불평등도(지니계수)를 표시하고 엑스축에 경제 발전단계 또는 1인당 국민소득의 크기를 표시하여 그래프로 나타내면 <그림 22-1>과 같다. 마치 U자 모양과 반대의 형태가 된다고 하여 '역U자형 가설'이라고 한다.

〈그림 22-1〉 쿠즈네츠 곡선

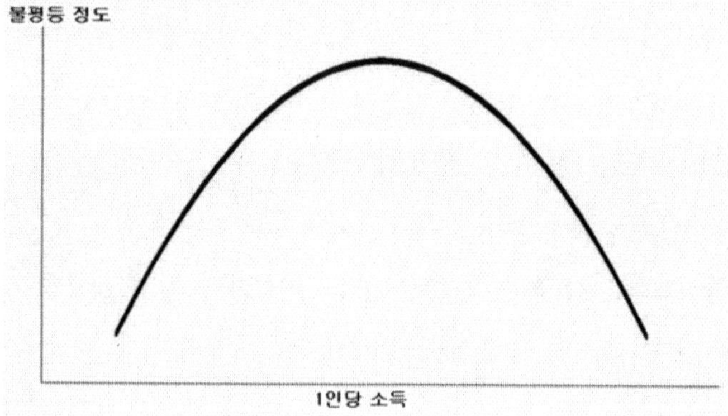

출처:mk.co.kr

〈그림 22-2〉 로렌츠 곡선

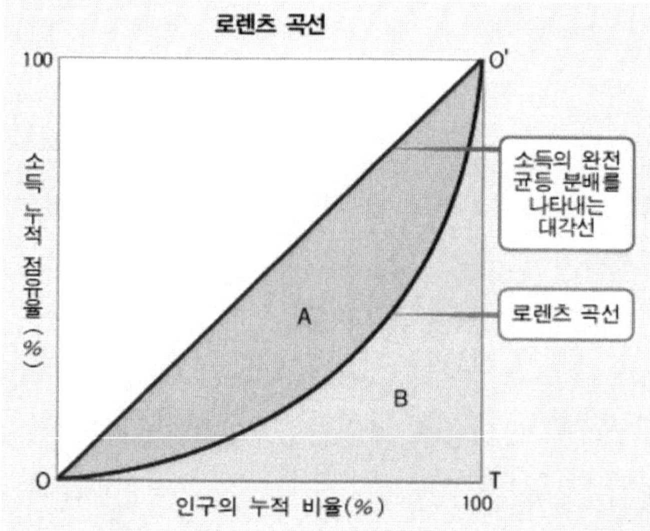

출처:blog.daum.net

통계청 자료를 이용하여 우리나라의 쿠즈네츠 곡선을 도출하였다(조재호, 2018). <그림 22-3>에는 두 개의 곡선이 있는데, 위쪽에 있는 곡선은 증가하는 쿠즈네츠 곡선으로 2016년 지니계수와 개인소득을 포함한 그림이고, 아래쪽에 위치한 곡선은 역U형태의 쿠즈네츠 곡선으로 2015년 자료까지만 사용한 것이다. 2016년 자료를 더 포함한 위쪽에 있는 쿠즈네츠 곡선을 보면 곡선 자체에 변화가 발생하였다. 즉, 2016년을 기점으로 소득이 증가하면서 지니계수도 상승하는 형태이며 이는 2016년부터 소득불평등이 더 심화하고 있음을 나타내고 있다.

〈그림 22-3〉 1인당실질개인소득과 지니계수 간의 관계(2000~2016)

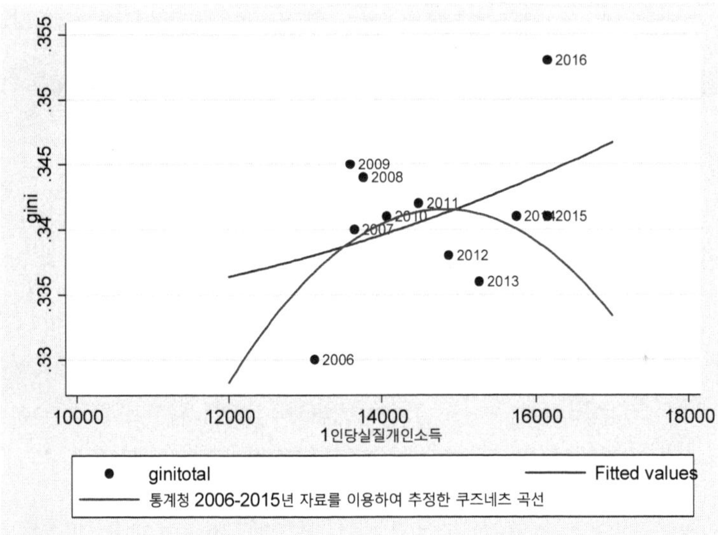

주: 조재호(2018), 출처: 통계청

소득불평등 정도를 입체적으로 확인하기 위해서 우리나라 7대 광역시의 지니계수를 도출하여 쿠즈네츠 곡선을 추정하였다. <그림 22-4>에서 실석치의 추정선(그림에서 'Fitted values'로 표시)을 보면 소득이 증가하면서 지니계수가 증가하였다. 추정 결과 단순히

역 U자 형태가 아니고 체감과 체증하는 파동 형태의 쿠즈네츠 곡선 형태를 띠고 있다.

이상 전국 자료를 이용한 <그림 22-3>과 지역별 자료를 이용한 <그림 22-4>를 비교해 볼 때, 우리나라의 소득불평등 정도가 악화하고 있다고 판단된다. 한편, 2019년 발생한 코로나19 사태 이후 자료를 수집해서 분석한다면 소득불평등이 더욱 심각하게 악화하여 곡선이 새로운 고점을 향해 가고 있다고 판단된다.

〈그림 22-4〉 7대 광역시 자료를 이용한 쿠즈네츠 파동곡선

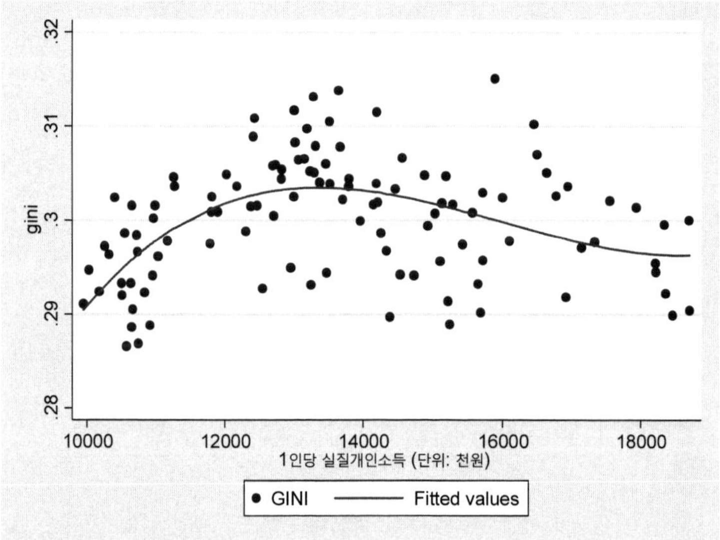

주: 조재호(2018), 출처: 통계청, Oxford Economics자료

2. 소득불평등의 확대 원인

20세기 초 경제학자 파레토(Pareto)는 80대 20 법칙으로도 불리

는 '파레토 법칙'을 주장하였다. 이는 소득의 상위 20%에 해당하는 사람이 전체 소득의 80%를 차지한다는 이론으로 개인 간 또는 시대 간 소득불평등 구조가 암묵적으로 존재함을 암시하고 있다. 파레토의 견해와 다르게 경제발전에 따라 소득분배의 구조가 달라질 수 있음을 체계적으로 주장한 사람은 앞 절에서 소개한 쿠즈네츠이다. 쿠즈네츠의 주장을 바탕으로, 단기적으로 발생하는 소득불평등의 확대 원인은 아래와 같이 경제발전, 국제화 그리고 소득양극화 요인 등으로 구분하여 정리한다.

1) 경제발전과 소득불평등

'쿠즈네츠 가설'은 미국과 영국 등 일부 선진국에서 타당할지 모르지만, 개발도상국들에서는 입증하지 못하고 있다. Deininger and Squire(1996)의 주장에 따르면 역사적으로 소득불평등이 뿌리 깊은 라틴국가 자료를 분석한 결과 국가별로 역U자형 모양이 아닌 여러 형태의 쿠즈네츠 곡선이 도출됨을 밝혔다. 또한 Lempert (1987)는 역사적 측면에서 인구, 경제정책, 소득불평등 추이 변화를 동시에 분석하면 쿠즈네츠 곡선은 역U자형 같이 단순한 곡선 형태가 아니고 시간에 따라 변화하는 나선구조(helix) 형태와 같다고 주장하였다.

한국의 경우 경제개발 단계를 거치면서 쿠츠네츠 가설이 성립하였다. 모두가 가난했던 경제발전 초기에는 소득불평등이 큰 사회적 문제가 되지 못했다. 그러나 산업화를 추진하면서 정부는 기업가정신을 갖춘 기업가들의 자본 형성을 돕기 위해 정책적으로 지원을 하였다. 창업자들이 성공하여 경제가 성장하고 재벌 그룹이 형성되면서 소득불균형이 발생하기 시작하였다.

마산, 울산, 포항 등 새로운 산업단지가 생기면서 새로운 일자리가 창출되었다. 전국의 잠재 노동력이 이들 지역에 이동하였다. 새로운 산업이 성장하면서 창업자들도 소득이 늘어났지만, 한편으로는 노동 참가자들의 소득도 향상되었다. 한국경제가 비약적으로 발전한 1990년대 노동조합의 역할이 확대되면서 노동 참가자들에게 안정된 임금이 제공되었다. 이들은 이후 중산층을 형성하였다. 앞에서 기술하였듯이 1970년대 후반부에 젊은 고등학생들에게 기능공 교육을 통해 중동진출 등을 장려하였다. 각종 공사에서 경험을 쌓은 이들이 귀국하여 고급 기술 인력으로 그 역할을 하면서 우리 사회의 중산층으로 자리 잡았다. 산업 일꾼들의 소득이 안정적으로 확보되면서 중산층이 두껍게 형성되면서 소득불균형을 완화하게 되었다.

한국은행에 따르면 2022년 피용자보수 비율2)은 68.7%로, 전년(67.5%) 대비 1.2%포인트(p) 상승한 것으로 나타났다. 피용자보수 비율이 상승하면 이는 국민계정에서 노동을 대가로 가계에 돌아가는 몫은 늘어난 것을 의미한다. 즉 노동 소득분배가 개선된 것이다.

이와 같이 한국경제는 산업화 초기 단계에는 소득불평등이 악

2) 피용자보수는 국민소득 중 노동의 대가로 가계에 분배되는 임금 등을 의미한다. 피용자보수 비율은 요소비용국민소득(피용자보수+영업잉여)에서 피용자보수가 차지하는 비중을 나타낸다.

화하였지만, 경제가 성장하면서 노동자의 소득이 안정화되면서 소득불평등이 비교적 개선되었다. 그러나 다음에 설명하는 자산 불평등이 문제가 되고 있다.

2) 부동산 쏠림현상과 자산 불평등

한국경제에서 소득불평등도의 흐름과 다르게 부동산 가격 변동으로 자산 불평등도는 급격히 악화하고 있다. 한국은행과 통계청이 발표한 2024년 국민대차대조표에 따르면 1인당 순자산 2억 5천251만 원으로 지난해보다 3.3% 상승하였다. 중윗값(총인구가 5,000만이라고 가정하면 2,500만 1번째 국민) 자산은 1억 40만 원(성인 1억 2,400만 원)이다. 평균값(2억 5,251만 원)이 중윗값 (1억 40만 원)의 2.5배가 되었다. 이는 소수의 자산(부동산) 부자들이 평균값을 올렸다는 것을 의미한다. 대부분 국민(평균값)은 1억 원대 자산을 소유한 것으로 추정된다.

한국의 자산 불평등은 지속적으로 확대되었다. 순자산으로 계산된 지니계수는 2017년 0.584, 2023년 0.612, 2025년도에는 더 확대됐을 것으로 판단된다(자료, 박종훈의 지식 한방 YOUTUBE). 참고로 미국, 일본, 벨기에는 각각 0.75, 0.54, 0.45이다.

한국의 특이점은 가처분 소득으로 계산된 소득 지니계수는 <그림 22-4>에서 확인할 수 있듯이 0.31 수준으로 세계적으로 낮은 편이다. 이는 한국 소득의 평등도는 비교적 양호하다는 것을 의미한다. 그러나 자산 지니계수는 소득 지니계수의 2배로서 부동산 가격 폭등과 부동산 양극화가 그 원인이다.

어떻게 부동산 가격이 폭등하게 되었는가? 그 원인의 하나는 정부의 양적완화 통화량 정책이다. 경기침체 될 때마다 정부는 통화량을 확대하여 이자율을 낮춰서 투자를 확대하는 경기부양 정책을 시도하였다. 다른 국가들도 경제침체 시 유사하게 활용하는 정책이다. 양적완화 정책은 인플레이션이 발생할 때까지 지속되는 경향이 있다. 중앙은행이 더 이상 통화량 증대를 할 수 없을 때 자산 불평등 문제가 발생한다.

중앙은행의 통화량은 시중은행을 통해 유통된다. 신용이 양호한 부자들에게는 일반인보다 더욱더 낮은 이자율로 대출이 가능하다. 상대적으로 낮은 이자율로 대출받은 부자들이 부동산에 투자하고, 만일 부동산 가격이 폭등하면 부자들은 계속 부자가 된다. 한국경제에서도 이러한 현상이 수십 년 동안 반복되었다. 여기에 정부의 미숙한 부동산 정책이 계속 실패하면서 공급의 한계가 있는 부동산 가격은 양극화가 되어 버렸다.[3)]

한국은행에 따르면 2024년 말 한국인 순자산 중 총 부동산 비중은 74.6%이다. 일본은 38%, 미국은 34%, 유럽 평균은 47%로 한국인의 부동산 쏠림현상이 다른 나라보다 훨씬 심하다. 이는 상대적으로 한국의 금융자산 성장은 미약하다는 것을 암시한다. 경제성장을 통해 주가가 오르면 한국의 기업들은 유상증자를 계속 시도하는 경향이 있었다. 지난 15년간 주식시장 시가총액은 5.4배

---

3) 한국경제는 남북 대립, 경제정책 불확실성이 상존하고 있다. 부자들이 자신의 자산을 부동산으로 저장(asset parking)시키려는 욕구가 강한 측면도 있다.

로 증가하였지만, 코스피는 2.7배 상승하였다. 일반주주 수익보다는 대주주들의 수익이 더 증가하는 현상으로 해석된다. 이는 건전한 주식시장의 모습이 아니다.

부동산 상승 악순환에는 여러 가지 요인이 있다. 단기적으로 부동산 소유한 유권자 눈치를 보는 선거 경향도 있으며, 경제관료나 정치인들이 부동산 투자를 선호한 이유도 있다. 부동산 경기 하락 시 발생하는 경제적 충격을 우려한 일면도 있어 부동산 가격 상승에 대응하는 신속한 정책 수립이 현실적으로 어렵다.

장기적으로 볼 때 경제개발 초기 모든 국민이 가난에 허덕일 때는 자산불평등도 크게 문제가 안 되었다. 한국경제가 고속 성장이 되면서 지역 간 자산 불평등도가 악화하는 현상이 발생하였다. 1970년 경부고속도로 개통 이후 경제개발이 탄력이 붙으면서 영호남 자산 가격 격차가 더 벌어진 것이다.

경부고속도로 개통으로 인해 고속도로 주변 산업단지들이 형성되고, 도시가 발전하였다. 이들 공장과 지역의 부동산 가격 상승으로 나타났다. 반면 호남 지역에서는 그러한 기회가 상대적으로 적었다. 실제로 호남 지역의 목포나 광주에서 울산으로 자동차를 몰고 가면 영남 지역의 대구나 진주 근방부터 새로운 아파트 및 많은 자동차가 확인된다. 지역 간 자산 불평등이 발생했다는 것을 간접적으로 확인할 수 있다.

서울 부동산 가격 폭등과 지역 간 부동산 양극화 등이 자산불평등 악화하는 원인으로 작용하였다. 부동산 쏠림 현상은 국가경쟁력에 위협이 되고 있다. 금융시장의 활성화를 통해 부동산 쏠림현상을 제어할 수 있는 제도 확립이 필요하다. 금융자산을 통해 기술 투자 등이 이뤄지는 현상을 고려하면, 부동산 편중 현상은 기술 투자 기회를 상대적으로 소홀히 할 수 있어, 미래 경제발전에 걸림돌이 되고 있다. 부동산 집중 현상은 소득의 부의 편중으로 인한 갈등 증대와 기술 투자 여력의 기회를 박탈하는 바람직 못한 효과를 잉태시키고 있다.

3) 국제화와 소득불평등

국가 간 소득의 불평등을 측정한 연구(Bourguignon & Morrison, 2002)에 따르면, 1820년부터 1992년까지 전 세계의 소득 지니계수(Gini coefficient)는 30% 증가하였다. 지니계수가 증가하였다는 것은 국가 간 부익부, 빈익빈이 심화되었다는 것을 의미한다. 최근 중국과 인도 경제가 성장하면서 전 세계 소득 불평등지표가 개선되고 있지만, 빈곤이 집중된 아프리카 지역의 상대적인 소득 불평등은 더욱 심화하고 있다.

21세기 이후 국가 간 추진되고 있는 국제화와 시장의 확대를 통한 세계화의 전개는 기업에 다양한 사업의 발전 기회를 제공하고 있다. 국제화에 따른 이득은 균등하게 분배되지 않는다. 국제화에 참여하여 성공한 계층에게는 참여하지 않은 계층보다 더 큰 이득이 수반될 것이고, 참여하지 않은 계층도 있기 때문이다.

Lakner외(2015)와 Milanovic(2016)는 지난 30여 년간 세계화가 진행되면서 국가 간 불평등 지니계수가 소폭 등락하고 있는데 이는 중국과 인도의 경제성장으로 중간 소득층(<그림 22-5>에서 'China's middle class' X 표시)이 증가하고 반면 선진국에서는 소득 중하위층(<그림 22-5>에서 'US low middle class' X 표시)의 소득이 정체되었기 때문이라고 주장하였다. 특히 Milanovic(2016)에 따르면 1988년부터 2008년 사이 세계 소득 상위 1% 계층의 소득이 급등하였고, 선진국의 소득 중하위층의 소득 증가율은 평균적인 소득 증가율보다 낮은 증가율을 기록하였다. 그는 선진국의 중하위층 정도의 소득수준인 아시아 국가들의 중산층 소득(그림에서 X 표시)이 뚜렷하게 증가하면서 세계 소득분위별 소득 증가분포 그림이 '코끼리 곡선' 형태로 나타난다고 주장하였다. 선진국 입장에서는 국제화를 통하여 소득 중하위층이 패배자로 남게 됨으로써 소득불평등도가 악화하였지만, 전 세계적인 경제를 고려한다면 국제화를 통하여 소득불균형이 개선되었다고 주장하였다.

미국에서도 세계화 이후 백인 노동자들의 소득 증가율이 상대적으로 둔화하였고, 반면 아시아 신흥 국가들의 소득이 증가하였다. 상대적 박탈감을 체감한 노동자(화이트칼라) 계층에서 불만이 표출되어 미국의 대통령 선거에서 공화당 후보 트럼프가 대통령이 되었다고 판단된다. 이러한 현상은 '코끼리 곡선'으로 분석이 가능하다.

21세기 들어 IT 및 소프트웨어 산업 및 서비스 그리고 AI(인공지능) 기술은 빠르게 발전하며 산업의 다양한 분야에 변화를 일으키고 있다. 그러나 이러한 기술 발전이 소득 불평등에 미치는 영향에 큰 우려가 있다. IT산업이 발전할수록 고급 기술을 가진 사람들의 소득을 증가시키는 반면, 상대적으로 낮은 기술력을 가진 사람들의 일자리는 위협받고 있기 때문이다.

〈그림 22-5〉 코끼리 곡선

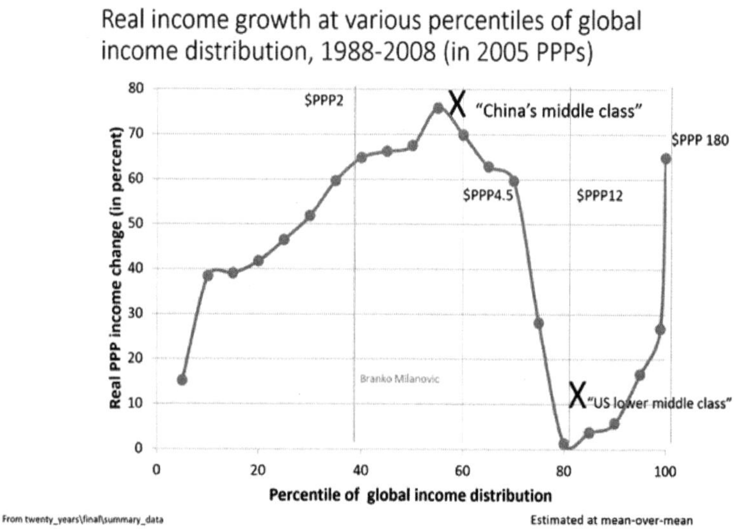

4) 코로나19와 양극화 심화

코로나19가 전례 없는 방식으로 우리 사회를 변화시켰다. 바이러스 감염은 모든 사람에게 공평하게 전파되는 것 같으나 실상 그 피해는 임시 · 일용직과 대면 업종 자영업자, 저소득층(자녀), 청년 등 일부 계층, 집단에 차별적으로 발생하였다. 결과적으로 우리 사회의 소득불평등을 더욱 악화시켰다.

통계개발원에서 발간한 '한국의 사회 동향 2022' 자료에 따르면 코로나19 기간에 결혼과 출생 감소는 뚜렷하게 나타났다. 결혼 감소는 출생의 추가적인 감소로 이어졌다. 물론 결혼과 출산은 2020년 이전에도 지속적으로 감소했지만, 코로나19로 결혼을 연기하게 되면서 2020년 10.7%, 2021년 9.8%로 더 감소했다. 출생아 수 또한 2019년 30만 명대에서 2020년 27만 명, 2021년 26만 명(합계출산율 0.808)으로 빠르게 하락했다.

코로나19 시기에 초 · 중 · 고 학생 그리고 대학생들은 어떠했을까? 전반적인 학업 성취는 확실하게 낮아졌는데 2020년에는 중학생(6.4%→9%)과 고등학생(5.5%→9.6%) 모두 기초학력 미달 비율이 급증했으며 고등학생(10.4%)은 2021년에도 더 증가했다. 특히 수학과 영어 과목에서 중위권 학생들 가운데 일부가 하위권 또는 상위권으로 이동함으로써 학력 양극화가 발생했으며 남학생과 읍·면 지역은 기초학력 미달 비율이 더 높게 나타났다. 또한 도시에 거주하는 고소득층, 특히 고등학생은 코로나19 기간 사교육에 더 많이 참여하였다. 그 밖에도 청소년의 스마트기기 의존도 증가해 사회성 발달 저해 발생에 대한 고민도 더욱 깊어졌다.

코로나19는 대학생의 원활한 학교생활과 취업에도 상당한 충격을 주었다. 상위권 대학과 1학년생을 중심으로 휴학생이 증가했으며 수도권 사립대학에서는 학사학위 취득 유예생이 증가했다. 대학 강의가 온라인(on-line)으로 실시됨에 따라, 강의 집중도가 떨어지면서 학습 능력도 현저히 떨어졌다. 이러한 현상이 3년간 지속됨으로써 학생들의 캠퍼스 활동도 저조하여 지식 전달 외 부효과와 공감 능력도 감소하였다. 캠퍼스 분위기도 이전과 다르게 침체하고 젊음의 활기가 사라졌다. 학업성취도가 낮아진 대학생들이 사회에서도 생산성이 현저하게 차이가 나면서 이것이 국가경쟁력 하락의 원인이 되고 세대 간 소득불평등으로 나타날 수도 있다.

노동시장에서는 플랫폼 노동(배달 · 배달 · 운송업 등)이 매우 빠르게 확산하였다. 3년 가까이 지속된 사회적 거리 두기로 인해 택배와 음식배달이 폭발적으로 증가했다. 그에 따라 플랫폼 노동자는 2020년 22만 명에서 2021년 66만 명으로 급증했다. 주로 30대 전후 남성, 배달 · 배송 · 운수업이 약 76% (2021년)로 나타났다. 이들은 업무 과정에서 교통사고나 실업 등 위험에 노출되어 있으나 사회보험 가입률은 제도적 지원에도 불구하고 절반 이하로 낮았다.

코로나19 기간에 수도권을 중심으로 주택 가격이 급등함에 따라 가구 간 자산 격차 또한 확대되었다. 2018~2021년 1주택자 가구는 25.0% (서울 57.1%), 다주택자 가구는 37.9% 증가하였다. 특히 주택 가격 급등기에 대출을 통해 주택을 구매한 청 · 중년층 가구는 최근 서울 일부 지역을 제외한 기타 지역 집값 내림세와 금리 부담으로 이중고에 직면하고 있다.

제 I 부에서 서술하였듯이 천연재해에 따른 국가별 피해 정도 차이는 선진국보다 개발도상국의 피해가 더 심했다. 마찬가지로 코로나19로 인한 충격도 우리 사회의 저소득층 또는 상대적으로 취약한 계층에게 그 피해가 훨씬 더 컸다. 코로나19로 인한 소득불평등 확대와 부동산 가격 폭등으로 자산불평등 확대는 국회의원 선거 및 대통령 선거를 통해 그 불만이 표출되어 우리 사회는 다시 한번 격심한 정치적 갈등을 겪고 있다.

5) 소득양극화와 소득불평등

소득 중위계층의 가구 수가 감소하고 소득 상위계층과 하위계층의 가구 수가 상대적으로 늘어나는 소위 소득의 양극화 현상이 발생할 때는 지니계수 도출식 (지니계수 = A / (A+B))의 분모의 증가보다는 분자가 상대적으로 더 많이 증가하여 지니계수가 상승하게 된다. 즉 소득양극화가 심화하면서 지니계수가 상승하여 소득불평등도 악화하게 된다.

통계자료에 따르면 2008년 금융위기 이후 지니계수는 완만하게 증가해 온 것과 대조적으로 양극화 지수는 상당히 빠른 속도로 증가해 왔으며, 이러한 양극화의 급진전은 주로 비근로소득에 의해 주도된 것으로 분석되었다. 또한 양극화의 진전에 따라 중산층의 비율은 전반적으로 감소했는데 중산층에서 이탈한 가구들은 저소득 집단과 고소득 집단 양방향으로 모두 상당 규모로 이동한 것으로 나타났다. 중산층이 이탈하면서 발생하는 소득양극화의 진전은 결과적으로 소득불평등을 악화시키게 된다. 따라서 소득양극화와 소득불평등은 상관관계가 매우 높다.

앞에서 서술하였듯이, 최근 AI 발전으로 소득불평등이 더욱 악화하는 경향이 있다. 대기업들이 막대한 자본으로 자료를 수집하고, AI 알고리즘을 최적화하여 경쟁 우위를 차지하고 있다. 이러한 데이터 독점은 소수의 대기업에게 경제적 권력을 집중시키고, 시장에서 경쟁을 억제한다. 이는 소규모 기업이나 창업자의 기회를 줄이고, 결국 대기업과 상위계층의 소득이 증가하는 현상을 초래할 수 있어 소득불평등도가 개선될 여지가 없다. 인구 고령화, 로봇 등 기술 발달 등도 소득분배를 악화시키고, 결국 정치적 불안으로 이어지게 되어 정부에게 많은 부담을 주고 있다.

3. 소득불평등 해결 방안

1990년대 이후 경제학계가 일반적으로 수용하는 가설은 소득 불균형 심화 현상이다. 주요국들이 경제적 약자를 위해 정부지출을 늘리고, 산업정책과 보호무역 등 국가 이기주의를 강화하는 근본 이유도 소득불평등 확대를 막기 위해서이다.

앞에서 서술했듯이 한국경제의 소득불평등도는 국제적으로 양호하다. 그러나 자산 불평등도는 계속 악화하고 있다. 앞 절 <그림 23-4>에서 지적하였듯이 파동 형태의 쿠즈네츠 형태는 최근 소득 불평도가 악화하고 있음을 암시한다. 또한 한국은행 발표 자료에 따르면 자산 불평등도는 더욱더 악화하고 있다.

최근의 소득불평등이 악화한 주된 원인은 지속되고 있는 저성장과 부동산 쏠림 현상이다. 소득불평등을 해소하기 위하여 중앙정부와 지방정부가 현실적으로 채택할 수 있는 정책의 선택은 제한적이다.

소득불평등 개선을 위해 어려운 정책과 쉬운 정책으로 구분한다. 어려운 정책은 사회 구성원 간의 이해관계가 얽혀있어 어느 정도 합의가 필요하다. 노동시장의 유연화, 최저임금 인상, 조세

제도의 개편 등이 있다.

노동시장의 유연화와 고소득자 대상 누진세 강화 등 조세제도 개편은 사회 구성원의 합의가 필요하므로 점진적으로 추진되어야 할 정책과제들이다. 최저임금 인상 정책은 저소득층의 소득을 증대시켜 단기적으로는 지니계수를 개선할 수 있겠지만, 장기적으로는 물가 상승을 유발하고, 일자리를 감소시켜 결국 실질소득 감소로 이어져 지니계수를 더욱 악화시키게 된다. 아울러 임금 상승은 실질환율의 상승으로 연결되어 결과적으로는 국가경쟁력을 하락시키게 된다.

정부가 소득불평등을 개선하기 위하여 비교적 정책 수립이 쉽다고 판단되는 최저임금 상승에 주목하고 있지만, 정책의 부작용 측면에서 보면 일자리 창출 전략이 더 우월한 전략이다. 좋은 일자리 창출은 정부나 시민단체가 하는 것이 아니고 기업이 하는 것이다.

저성장의 원인은 대내외적으로 기업의 활동이 위축되고 있기 때문에 발생한다. 기업들의 생산성이 높아지면 고용 창출 능력이 높아지고, 일자리 창출도 가능하다. 기업의 성장동력이 살아나면 내수 부족 문제도 해결되면서 새로운 투자도 활성화된다. 따라서 기업가에게 기업가정신을 확대해서 국제경쟁력을 갖출 수 있도록 정책적인 지원을 할 수 있는 전략을 우선으로 고려해야 한다.[4)]

---

4) 지속적으로 추진해야 할 비교적 쉽고 중요한 과제들도 있다. 저소득층 지원 확대이다. 저소득자를 위하여 복지제도를 강화하면서 실업급여 및 기초생활보장 제도를 강화해야 한다. 최근 고령화로 인해서 노인 복지 개선도 필요하다. 국민연금의 보장성 강화 및 기초연금 확대하는 연금제도 개혁이 필요하다. 노인 일자리 창출하는 차원에서 적정 임금을 보장하는 고

한편, 부가 공정하게 축적되고 있는지 확인할 수 있는 사회 제도 확립이 중요하다. 한국경제의 과거 성공 경험을 보면서 현명한 지도자가 앞장서서 부의 축적이 공정하게 이뤄지게 하는 제도 확립에 나서야 한다. 올바른 정책을 선택하고 유능한 전문기술관료(테크노글라라트)가 추진할 때 제도 확립이 가능해진다.

령 친화적 일자리가 제공되어야 한다.

제23장 외환위기와 최근 한국경제

외환위기가 발생하면 경제발전을 통해서 어렵게 축적한 국가의 부(富)가 한순간 사라지게 되기 때문에 국가 경제에게는 아주 나쁜 운에 해당 된다. 외환위기가 발생하면 국가신용도의 하락은 물론 기업들이 구조조정을 실시하며 외국자본에 국내 기업이 헐값에 정리되는 일도 빈번히 발생한다. 외환위기를 발생시키는 공통 요인으로는 지속적인 경제 불황, 과대평가 된 환율, 누적된 경상수지 적자, 과다한 외환 차입금 등이 있다. 외환위기는 주로 누적된 경상수지 적자의 결과이기에 국제수지 위기(balance of payments crisis)라고도 한다.

최근 미국의 관세정책으로 세계무역 질서가 미국 중심으로 개편되고 있다. 2025년 4월 2일, 미국 트럼프 대통령은 상호 관세(Reciprocal Tariffs)정책을 공식 발표했다. 이는 모든 수입품에 대해 기본 10%의 관세를 부과하고, 미국의 무역적자가 심각한 국가들에 대해 추가적인 관세를 매기겠다는 정책이다.

외환위기도 미국의 관세정책 이전과 이후로 구분해서 설명한다. 특히 미국의 관세정책 이후에 관해서는 한국경제 원화 변동에 초점을 맞춰 서술한다.

1. 트럼프 관세정책 이전의 외환위기 종류와 특징

외환위기(currency crisis)란 중앙은행의 외환보유가 고갈되어 환율을 유지할 수 없을 때 발생한다. 외환보유고가 감소했다는 사실은 외환시장에서 국내통화(예, 원화)를 사들이고 외국통화(예, 달러)를 공급했다는 것을 뜻한다. 외환보유고가 고갈되고 있다고 의심되는 중앙은행은 환투기 세력의 공격 대상이 된다. 투기 세력의 공격이 시작되면 단기적인 투기성 외화 자본이 급격하게 유출되면서 외환시장에서 국내 통화를 투매하고 국제결제 통화인 미국 달러 수요가 급증하면서 달러 표시 국내 원화 환율이 급등하는 현상으로 나타난다. 보유 외화 부족으로 시중의 자국 화폐를 매수하지 못하면 환율을 방어하지 못하고 결국 급속하게 평가절하되면서 외환위기가 발생한다. 급속한 화폐의 평가절하는 국내 증권, 건물 등의 국제가격 폭락으로 이어진다.

미국의 관세정책 이전 세계 경제가 경험한 외환위기 중에서 대표적인 것은 1980년대 초반의 중남미 외환위기, 1990년대 초반의 유럽 외환위기, 그리고 1997년 동아시아 외환위기이다. 일련의 외환위기를 경험하면서 많은 연구자들이 외환위기의 발생 원인과 가능성 예측 연구를 활발히 진행하였다.

1) 제1세대 모형

제1세대 모형은 1970~1980년대 중남미 금융위기를 배경으로 만들어졌다. 당시 중남미 국가들은 과도한 재정적자에 따른 높은 인플레이션으로 인해 경제의 기초 여건(fundamental)이 손상된 상태였다. 환율을 안정적으로 유지하고 있는 상황에서 발생한 높은 인플레이션은 통화가치 하락 우려를 부추겼다. 반면 정부는 대외적으로 환율을 계속 안정적으로 유지한다고 약속했다.

재정적자를 충당하기 위해서 화폐를 추가 발행하면 결과적으로 인플레이션을 유발하고 환율 안정을 더욱 어렵게 한다. 이러한 상태가 지속된다면 대외적으로 환율 안정 보장이 불가능해진다. 결과적으로 통화를 추가 발행하려는 국내정책과 환율을 안정적으로 유지하려는 대외 정책 간의 불일치가 발생하게 된다. 이를 탐지한 환투기 세력은 안정적으로 유지할 수 없다고 판단한 그 나라 화폐를 외환시장에 대량 공급함으로써 평가절하를 유도한다. 해당 국가들은 환율 방어를 위하여 보유한 외환을 이용하여 자국의 화폐를 급격히 회수한다. 그러나 환투기 세력의 투매를 막기에 외환보유고가 부족할 때는 환율 방어에 실패하게 된다. 외환위기를 경험한 멕시코 사례를 보면 당시 피해 규모가 상당하다. 1994년 1월 멕시코 중앙은행의 외환보유고는 270억 달러였다(출처: Banco de México, http://www.banxico.org.mx). 외환위기 이전 환율 방어를 위해 1년 동안 210억 달러를 사용함으로써 그해 12월에는 외환보유고가 60억 달러로 급격히 감소하였다. <그림 23-1>은 외환위기 당시 멕시코 화폐의 급격한 평가절하 흐름을 보여준다.

〈그림 23-1〉 멕시코 외환위기 당시 페소화의 흐름

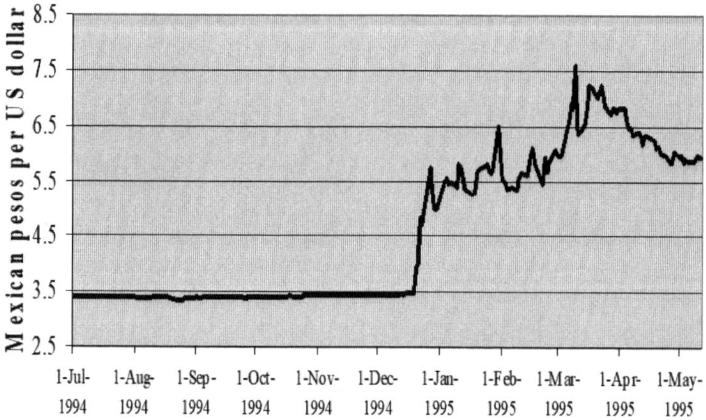

Source: Saint Louis Federal Reserve

2) 제2세대 모형

제2세대 위기 모형은 1990년대 초반 유럽 금융위기를 배경으로 만들어졌다. 당시 유럽 국가들은 독일 마르크화 중심의 유럽통화시스템(EMS, European Monetary System)을 만들어 유럽공동체 통화의 안정을 추구했다. 1990년 동서독 통합에 따른 독일의 통화량 확대 정책으로 통화가치 하락 기대심리를 부추기면서 안정적으로 운영되었던 EMS 시스템에 균열이 발생했다. 경제력이 취약한 국가들 사이에서는 EMS 시스템에서 자국의 통화가치가 고평가되었다고 주장하기 시작했다.

환투기 세력들은 자국의 화폐가치가 고평가되었다고 주장하는 국가들의 통화가 곧 평가절하할 것으로 예상하고 이들 국가를 대상으로 투기적 공격에 나서게 되었다. 경제적으로 취약해서 EMS 시스템을 지속적으로 적용하기 어렵다고 주장하는 국가(영국)는 곧 평가절하할 수밖에 없다고 예상되어 환 투기자들에게 공격 빌미를 제공하였으며, 경제적으로 체질이 튼튼하여 현재의 환율을 충분히 유지할 수 있다고 주장하는 국가(프랑스)는 투기자 공격에서 제외될 수 있었다. 취약하다고 판단되는 국가들에 투기자 공격이 시작되면서, 체질이 약한 국가들만 대상이 되었다고 해서 자기실현적인(Self-Fulfilling Effect) 외환위기 모형이라고 한다. <그림 23-2>는 외환위기를 겪은 영국이 EMS 시스템에서 탈퇴하면서 영국 화폐 파운드화가 독일 마르크화(DM)에 대하여 급격하게 평가절하하였다는 것을 보여준다.

〈그림 23-2〉 영국 화폐 파운드화의 흐름

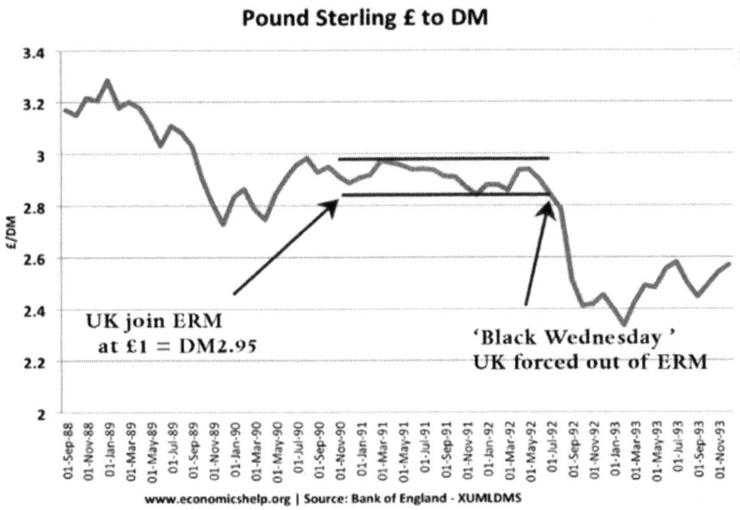

3) 동아시아 외환위기 모형

미국 경제학자 크루그먼은 1994년 '아시아 기적의 신화'라는 글을 통해 아시아의 경제성장은 기술 진보와 생산성 향상에 의해서가 아니라 노동과 자본의 투입 증대로 이뤄졌는데, 요소 투입 증대가 한계에 달해 성장도 곧 끝날 것이라고 지적했다. 당시 아시아 경제를 낙관하던 때에 그의 지적은 많은 논란을 불러일으켰으며 실제로 향후 동아시아 국가들의 화폐가치가 평가절하를 피할 수 없다는 전망으로 외국인 투자자들의 자금이 유출되기 시작하여 1997년 아시아는 외환위기를 겪었다.

1997년 7월 태국 '바트'화 폭락에 이어 필리핀 페소의 폭락 등이 나타나면서 아시아 전역으로 외환위기가 확산하였고 한국의 경우 정부가 모든 수단을 동원해서 환율 방어를 위해 외환시장에 개입하였으나 외화유동성 부족으로 결국 국가 부도 상황에 직면하게 되었다. 이에 따라 한국 정부는 1997년 12월 국제통화기금(IMF)[1]에 구제 금융 양해각서를 체결하여, 국제통화기금으로부터 195억 달러, 세계은행(IBRD)과 아시아개발은행(ADB)으로부터 각각 70억 달러와 37억 달러를 지원받아 외환위기를 가까스로 넘겼다. <그림 23-3>는 당시 외환위기를 겪은 아시아 국가들의 통화가치 흐름을 보여준다.

1) IMF(International Monetary Fund, 국제통화기금)란 특정 국가에 달러가 부족할 경우 달러를 빌려주는 기구이며, 각 선진국들이 일정량 기금 형태로 출자해 기금을 조성한다.

〈그림 23-3〉 아시아 국가들의 화폐 흐름

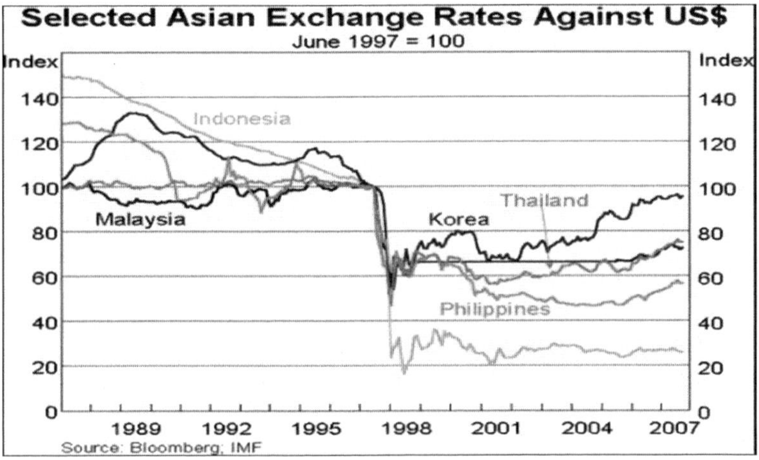

당시 동아시아 국가들의 경제성장률은 여전히 높았고 인플레이션 또한 적정한 수준에서 관리되고 있었다. 한국 또한 1997년 전까지만 하더라도 직전 3년간 8.8%, 8.9%, 7.2% 등 높은 경제성장률을 유지했다. 재정적자 또한 문제 될 여지가 없는 상황에서 외환위기가 발생하였다. 이는 국내외 경제정책의 불일치로 설명하는 1세대 모형, 자기실현적 효과로 분석하는 2세대 모델로 설명할 수 없기에 동아시아 외환 모형으로 구분된다.

한국의 외환위기 원인에 대해 보다 자세히 설명하면 다음과 같다. 1986년 일본은 플라자 합의로 인해 엄청난 엔고 현상을 맞게 되면서 한국의 수출경쟁력이 높아졌고, PC 반도체 수요의 증가에 따라 수출 활황을 맞게 되었다. 이에 대해서는 앞에서 우리나라 3저 현상을 설명하였듯이, 엔화 가치 상승은 상대적으로 원화 가치 하락을 의미하고, 수출이 확대되면서 국내 투자가 확대되었다.

국내 투자자금이 필요하다 보니 국내 고금리 대출(두 자릿수 금리)보다는 해외 저금리 달러 대출(부채)을 많이 받게 되었다. 당시 외채는 종합금융사를 통해 조달받았으며 단기로 달러 부채를 받은 뒤 국내 기업에 장기 부채로 대출해 주었다. 또한 한국은 관리변동 환율제를 사용했는데 원 달러 환율이 거의 800원대에서 유사한 수준으로 높게 유지되고 있었다.

1995년 4월 일본이 역 플라자 합의로 엔화 약세를 국제사회로부터 약속받고 급격한 엔화 약세 기조로 변하면서 한국의 수출경쟁력이 약화하였다. 또한 반도체의 가격이 하락하여 한국의 수출 규모가 축소됨과 동시에 달러 부채의 상환 압박이 본격 시작되었다.

1997년 당시 동남아 국가들이 하나둘 상황이 어려워지는데 중국의 급격한 위안화 절하를 통해 동남아 국가에서 외국인 투자자금이 이탈하였다. 한국 역시 전망이 어두워 기업들이 하나둘 파산하는 상황에 외국인 자금이 이탈하기 시작하면서 달러 부족, 원화 환율 급등을 겪게 되었다. 달러가 유출되면서 동시에 기존 800원대의 환율을 유지하기 위해 국가 외환보유고의 달러를 계속해서 시장에 공급해야 하는데, 결국 이를 방어하지 못한 채 외환보유고가 바닥을 보였고 최종 IMF에 구제 금융을 요청하게 된 것이다. 요약하면, 한국의 외환위기 원인은 동아시아 외환위기와 유사하게 기업 부문의 과잉투자, 금융 부문의 취약성에 따른 과도한 단기차입으로 판단된다.

외환위기를 경험한 국가들은 공통으로 성장률 하락, 실업률 상승, 금융시스템 붕괴 등을 초래하였고, 외환위기로 인한 사회 및 경제적 혼란의 극복을 위해 많은 시간과 비용을 소모하였다. 그러나 우리나라의 경우 비교적 이른 시일에 외환위기를 극복할 수 있었다. 이미 지적하였듯이, 외환위기 발생에 따른 원화 가치의 급격한 상승은 수출주도형 경제정책으로 수립된 우리나라 주력 수출품인 반도체, 철강 및 선박과 자동차의 가격 경쟁력을 향상하면서 수출을 증가시켰다.

또한 정부도 국제통화기금으로부터 이행을 약속한 긴축재정, 금융 및 은행 부문의 건전성 제고, 자유변동환율제도 채택, 산업구조와 기업지배구조의 개혁, 전면적인 자본자유화 조치 등 일련의 정책을 시행하였다.

정부의 강력한 구조조정, 주력 산업의 수출 증대 그리고 금융시장의 전면적인 개혁을 통해 예정보다 훨씬 빠르게 2001년 국제통화기금으로부터 받은 구제 금융을 모두 상환할 수 있었으며 외환위기를 극복하였다.

2. 미국 관세정책 이후의 원화 환율 전망

미국 관세정책 이전의 외환위기는 주로 국가 간에 발생한 금융사건에 의해서 발생하였다. 기술한 바와 같이, 제1세대 모형, 제2세대 모형 그리고 동아시아 외환위기로 구분해서 설명하였다. 외환위기를 겪었던 대부분의 국가는 채권국이나 IMF에서 요구하는 금융 및 노동시장의 구조조정을 통해서 환율의 안정화를 추구하였다. 그 과정에서 국가의 부(富)의 이동도 발생하였다.

미국 관세정책 이후의 외환위기는 다른 형태가 될 것이다. 관세정책 이후 세계 경제는 미국 중심의 경제 구도로 전개될 것이기 때문이다. 미국과 호흡을 같이하는 국가는 외환위기 위험에서 벗어날 수 있지만, 미국 관세정책에 상반된 정책을 추진하는 국가는 외환위기 위험성에 노출될 것이다. 그리고 외환위기가 발생한다면 과거와 같은 구조조정을 통한 해결 방법으로는 환율 안정화가 쉽지 않을 것이다.

미국 관세정책은 사실상 최근까지 유지한 한미 자유무역협정(FTA)의 무력화로 평가하고 있다. 자유무역협정(FTA) 하에서는 미국의 관세가 0%로 부가되었다. 여기서 주목해야 하는 것은 한국 수출 상품에 추가로 관세가 부과된다면 대외의존도가 높은 우리나라 경제성장에 큰 장애가 되어 결국에는 우리나라 경제의 성장률이 둔화할 것이다. 또한 국내적으로도 민생회복지원금 등을 전 국민에게 지급하면서, 마치 헬리콥터에서 전단을 뿌린 것 같이 시중에 수조 원의 자금이 풀렸다. 그 효과로 인플레이션이 발생하고 원화 가치는 하락할 것이 분명하다.

최근 미국 관세정책의 배경에는 제조업 강국으로 태어나는 중국을 견제하기 위한 고도의 전략이다. 미국은 코로나19와 우크라이나 전쟁을 통해서 공급 유통망과 제조업의 중요성을 다시 한번 확인하였다. 미국은 제조업 강국인 한국의 자동차, 반도체, 조선업체가 미국 국내에서 생산활동을 하도록 유도하고 있으며 지분 소유도 고려하고 있다. 한편, 한국의 제조업체들도 미국의 관세를 피하려고 미국 국내 공장설립을 추진하고 있다.

미국 내 한국 제조업 공장 설립 등의 효과는 미국에는 무역수지가 개선되어 국가부채도 감소하고, 일자리도 창출되는 장점이 있다. 당연히 해외투자 자금이 미국에 유입되면서 미국 달러는 강세를 유지할 것이다.

미국 관세정책 이후 우리 경제는 원화 가치의 하락으로 어느 정도 우리나라 수출품의 가격 경쟁력이 상승할 수 있다. 그러나 이재명 정부의 민생지원금과 같은 보여주기식 선심 정책 등은 인플레이션을 유발한다. 국내 비교역재 상품 가격도 인상됨에 따라 실질환율이 절상되면서 수출품 가격 경쟁력이 약화될 것이다. 결국 원화 가치 하락으로 인한 경쟁력 상승효과는 인플레이션으로 잠식하게 되면서 수출 감소로 이어져 대외의존도가 높은 한국경제에 큰 부담이 될 것이다.

더욱 우려스러운 것은 한국의 잠재성장률이 낮아지고 있다는 예측이다. 잠재성장률은 물가 상승을 자극하지 않으면서 달성할 수 있는 최대 성장률이다. 국내 잠재성장률은 2000년대 초반만 해도 5% 안팎에서 현재 2.0% (2021~2022년)까지 떨어진 상태다. 그나마 경제활동참가율 등이 현재 수준으로 유지됐을 때를 가정한 수치다. 경기가 활력을 잃어 자본 및 노동 투입이 제대로 되지 않을 때 잠재성장률은 더욱 하락하게 된다.

트럼프 관세정책 이후 원화 가치 하락, 잠재 경제성장률 침체 등으로 경제침체 상황이 도래할 것으로 예상된다. 한국경제 침체의 골이 깊어지면 다시금 정부는 확장적 통화정책을 통해 이자율을 감소시켜 경기부양을 촉진하려고 노력할 것이다. 그러나 시중에 자금이 이미 많이 풀린 상황에서 추가적인 통화량 확장 정책의 효과는 제한적이다.

역사적으로 한국의 지정학적 위치의 운명은 고달팠다. 최근 미국과 중국 간의 무역전쟁으로 고래 싸움에 새우 등 터지는데 이것이 한국경제의 상황이다. 과거에도 강대국들이 서로 산업 패권 경쟁하는 싸움에서 한국은 자신을 위협하지 않을 믿을만한 협력 파트너로 부상하기도 하였다. 사례로 1980년대 미국과 일본 무역전쟁 그리고 2000년대 미국과 중국의 무역전쟁도 한국경제의 기회이자 도전으로 작용하고 있다.

한국은 강대국 간의 무역전쟁에서 강대국의 경제정책 방향에 민감하게 대응해야 한다. 국가 간의 통상외교를 통하여 금리, 환율 등의 국제간 정책 공조도 필요하다. 그러나 국제간 정책 공조는 강대국의 경제적 욕심으로 자주 균형을 잃게 되고, 강대국의 경제침체가 심해지면 다시금 합의점을 찾으려는 정책 공조 게임이 반복적으로 이뤄지게 된다.

국가 경제는 마치 암흑 속에서 국민을 싣고 헤드라이트 없이 달리는 버스와 같다. 불확실성을 줄이기 위해서는 정부 훌륭한 리더십과 유능한 전문기술관료들에 의해 올바른 경제정책이 계획되고 진행되어야 한다. 특히 다가오는 경제 침체기에는 정부 리더십이 더욱 중요하다. 이 과정을 극복하여 한국경제가 잠재성장률도 높아지고 일자리 창출이 확대되는 상황을 기대한다.

3. 외환위기와 통화스와프의 필요성

코로나19 이후 미국에서 제공한 통화스와프(currency swap)는 외환위기에 직면했던 국가들에게 그 중요성을 다시 한번 강조하게 되었다. 통화스와프는 국가 간 단기적인 자금 융통을 하기로 하는 계약이다. 국가 간의 통화스와프 협정은 필요할 때 두 나라가 자국 통화(예: 원화)를 상대국 통화(예: 달러)와 맞교환하는 방식으로 이루어진다. 경제학적 리스크를 대비하기 위해서 국가 간 통화스와프를 체결하면 급박하게 외화가 필요할 때 해당하는 한도 안에서 자국 통화를 상대국 통화로 교환 가능하다. 따라서 지나치게 많은 외화를 묶어두지 않고도 유사시 불을 끌 정도의 외화를 구할 수 있게 된다.

우리 경제는 과거 미국과 일본 등 여러 국가와 여러 차례 통화스와프 거래를 체결한 경험이 있다. 그러나 통화스와프를 맺는다는 건 상대적으로 국력이 약한 나라가 국력이 강한 나라에 경제적으로 종속되는 것과 같은 느낌이 있으며, 이를 정치적 목적으로 사용될 우려도 있다. 실제로 한 · 일 간 독도와 위안부 소녀상 등의 정치문제로 통화스와프가 중단된 사례도 있다.

미국의 트럼프 제1기 정부와 중국의 시진핑 정부 간 무역마찰로 중국의 외환위기 위험이 증대될 때, 중국과 일본은 신속하게 움직였다. 오래된 역사적 갈등과 센카쿠열도(중국명 댜오위다오) 국유화로 인해 양국 관계가 급속히 냉각된 상태에서도 2018년 중 · 일 30억 달러의 통화스와프를 새롭게 체결하였다. 중 · 일 간 발생한 이러한 흥미로운 현상은 국제금융시장에서 자국의 경제를 위해서는 영원한 적이 없음을 보여주는 사례이다.

최근 한일 관계의 완전한 회복이라는 취지에서 한국과 일본이 2023년 12월 1일 100억 달러 규모의 통화스와프 계약을 체결했다. 2015년 중단됐던 양국의 통화스와프가 8년 만에 복원됐다. 100억 달러 규모의 통화스와프는 3년간 유효하며 한국의 원화를 일본이 가진 달러화로, 반대로 일본의 엔화를 한국이 가진 달러화로 교환할 수 있다. 100억 달러 한도 내에서 필요할 때 원화를 이용해 달러를 구할 길이 넓어졌다는 의미다. 국제경제 환경이 나빠져서 외국자본이 해외로 유출될 수 있기 때문에 이에 대비할 수 있도록 외화를 많이 보유하는 것이 중요하다. 국가 경제의 안정적 운영을 위해서는 배울 점이 있는 이웃 나라와 항상 좋은 관계를 유지하는 것이 매우 중요하다.

제24장 부(富)의 창출을 위한 규칙들

국가 경제를 호수로 비유한다면 저수량이 많은 호수를 부자 국가로, 저수량이 적은 호수를 가난한 국가로 구분한다. 한 국가의 부(富)의 크기는 호수에 담겨있는 물의 양으로 비유된다. 호수의 물 수위가 평형을 이루는 순간은 드물다. 호수의 수면은 때로는 올라가고 때로는 내려가며 항상 변한다. 물을 풍부히 저장한 국가는 다른 나라 경제를 지배하거나 영향을 주게 된다. 한편, 물을 충분히 저장하지 못한 국가는 다른 나라의 경제력에 의지해야 한다.

아담 스미스는 그의 저서 국부론(1776)에서 국가의 부를 축적하게 할 수 있는 과학적 처방을 주장하였다. 과학적인 처방이란 용도에 맞게 투입물(input)을 넣으면 일정하게 산출물(output)이 발생한다고 기대한다. 아담 스미스의 주장에 따르면 국가는 평화, 까다롭지 않은 조세, 사법 행정을 통한 사회정의 구현 등만을 제공하고 나머지는 개인에게 맡기면 그 국가는 번영하게 된다는 것이다. 국가의 번영은 그 나라의 천연자원도 아니고, 문화적 자산도 아니며, 권력 의식이나 경제적 정치적 희생정신도 아니고, 심지어 군사적 용기도 아닌 제도라는 것이다(Bernstein, 2004).

아담 스미스의 국부론이 발간된 후 250년이 지나는 세월 동안 그의 과학적인 처방에 입각한 시장경제를 채택한 서양 선진국들은 경제적으로 번창하였으며, 아시아에서는 일본과 홍콩, 싱가포르 그리고 한국이 뒤늦게 시장경제를 채택하여 경제적 번영을 누리고 있다. 이에 따라 시장경제 제도가 국가 번영의 원천이라는 것이 분명해졌다.

본 저서에서는 시장경제를 채택한 한국 정부와 기업가들의 기업가정신이 한국경제 성장에 어떻게 영향을 미쳤는지 이론과 사례를 통하여 분석하였다.

선진국과 개발도상국의 경제개발 초기 조건은 크게 다르다. 한국경제 성장의 초기 조건을 사과나무 과수원 사례를 이용해서 정리해 본다. 기존 사과나무를 재배하고 있는 국가를 선진국, 사과나무를 새롭게 심어서 사과 농장을 운영하려는 국가를 개발도상국으로 구분하자. 선진국의 경우에는 잘 가꿔진 사과나무를 관리하면 되지만, 개발도상국은 밭을 개간하고, 사과나무 품종을 골라야 하며, 사과나무가 성숙하는 기간을 기다려야 하는 등 각종 개발 초기에 직면하는 불확실성에 직면하게 된다. 여기서 개발도상국의 사과나무 농장주는 선진국 농장주보다 더 불확실한 초기 조건을 극복하기 위하여 강력한 의지와 리더십, 그리고 운(運) 등이 필요하다.

1960년대 한국 정부는 국민에게 '조국 근대화'의 비전을 제시하면서 역사상 처음으로 체계적인 경제정책의 목표와 전략을 수립하여 추진하였다. 구체적으로 경제성장률, 1인당 국민소득, 수출 목표를 제시하였다. 예를 들면 수출 목표 1억 달러(1964), 10억 달러(1970), 100억 달러(1980, 1977년에 조기 목표 달성)가 제시되었다.

경제개발 계획은 단순히 명료하였다. 제1차 경제개발 5개년계획(1962~1966)은 경제개발을 위한 사회 간접 자본과 기간 설비 확충이었다. 제2차 경제개발 5개년계획(1967~1971)은 식량 자급자족과 공업화 추진에 초점을 맞추고 제3차 경제개발 5개년계획(1972~1976)은 경제자립과 중화학 공장 건설이었다.

경제개발 계획의 목표를 5년 단위로 나누었다는 것은 경제개발 목표와 현실과의 연결 사다리를 만들어 이를 실행하겠다는 의지를 보여준다. 연결 사다리라는 것은 다소 요원해 보이는 궁극적인 장기 목표를 몇 개의 순차적인 단기 목표로 세분하여, 한 기간의 목표 달성이 다음 기간의 목표를 달성하기 위한 과정으로 삼는 것이다. 궁극적인 목표를 세분화함으로써 종합적인 목표의 실현 가능성과 달성 여부를 쉽게 판단할 수 있도록 제도화하는 것이다.

한국경제가 2025년 세계 10위권으로 성장한 것을 보면 한국 정부가 경제성장을 위해서 올바른 정책을 선택했다고 판단된다. 그것이 하나의 통로로 작용하여 내부적으로 오랫동안 잠재되어 있던 대중의 역동성, 경제적 열정 등의 에너지가 분출했다. 오랫동안 잠자고 있었던 '대중의 열정'이라는 저수지에 지도력을 갖춘 박정희 대통령이 불꽃을 붙인 것이다.

대중의 에너지 분출은 거의 비슷한 시기에 다양한 분야에서 나타났다. 농촌 분야에서는 새마을 운동, 산림 녹화 사업, 통일벼 사업 등에서 나타났고, 과학 분야에서는 KIST 설립, 기업 분야에서는 철강, 자동차, 조선, 반도체산업 등에 나타났다.

제조업 강국을 대표하는 철강, 조선, 전자, 자동차산업을 키울 수 있었던 것도 박정희 대통령이 목표를 정하면 능력 있는 전문기술관료(테크노크라트)가 작곡하고, 창업자 정주영 · 이병철 · 박태준 등이 연주하는 삼박자가 잘 맞았던 덕이다. 이 과정에서 정부의 기업가정신과 민간의 기업가정신이 조화롭게 진행되었다. 장기 집권, 인권 문제, 측근들의 부패 등 정치적인 잘못이 없지는 않겠지만, 먹을 것, 입을 것조차 부족했던 당시 상황에서 국가의 미래 좌표를 정하고 추진한 박정희의 등장은 한국 경제에게는 큰 행운이었다.

한국경제 업적을 바탕으로 국가의 부(富)의 창출을 위한 과학적 처방을 정리해 본다. 이미 그 처방이 한국경제 성장을 통해 검증되었다고 판단된다.

국가 경제가 번창하기 위해서는 첫째로, 뚜렷한 비전을 제시할 수 있는 잠재력이 풍부한 리더십이 필요하다. 경제개발을 창조해야 하는 개발도상국의 리더십은 선진국보다 더 큰 노력과 희생이 필요하다. 리더십의 역할은 정원사가 화초를 대하듯 경제에 가장 적합한 성장환경을 만들어 주는 것이다. 특히 개발도상국의 리더십은 경제적 여건 조성과 추가로 경제개발 목표설정과 그에 따른 전략과 전술도 필요하다.

둘째, 국가는 가계나 기업과 같은 민간 주체에게 적절한 인센티브를 제공해야 한다. 민간 주체가 추진하여 얻은 경제적 대가를 국가가 몰수하면 진보는 일어나지 않는다. 앞에서 서술하였지만,

고려의 금속활자와 이조시대 도자기 산업에서 그 사례를 찾아볼 수 있었다. 한편, 민간에게는 재산권의 보호가 선행되어야 하며, 인센티브가 지속될 수 있도록 사법 행정의 제도 확립도 필요하다. 국가가 민간 주체들의 노력 대가를 너무 많이 거두어들이면 혁신 동력도 잃게 된다. 어느 정도가 적정한지는 사회적 합의로 결정되어야 한다.

셋째, 유능한 인재들이 민간 주체의 경제활동에 적극 참여하여야 한다. 교육을 통하여 인적자본을 축적하고, 취득한 지적 · 과학적인 지식이 충분히 활용돼야 한다. 아무리 뛰어난 목수라 하더라도 못이나 톱 없이는 작업을 제대로 할 수 없는 것처럼, 노동자들의 값진 경험과 재능이 민간 주체의 인적자본과 어우러져 생산성을 높여야 한다. 우리 노동자들과 기업이 베트남과 중동에 진출하면서 취득한 경험과 지식이 이후 국토개발과 경제개발의 밑바탕이 되었음을 기억할 필요가 있다.

넷째, 민간 주체들에게 적절한 인센티브와 지적인 도구를 가진 다음에는 자신들의 상품을 수출하고 교환하기 위해 풍부한 금융자본과 넓은 시장이 있어야 한다. 이를 위해서는 자본이 풍부한 부자 국가들의 신뢰를 얻을 필요가 있다. 이러한 측면에서 볼 때 부자 국가인 미국과 일본이 우리 경제의 중요한 파트너가 되었다는 것은 우리에게는 행운이었다.

마지막으로 새로운 상품을 생산하여 홍보하고 신속한 통신과 이 생산물을 나라 전역에 전달할 수 있는 수송이 존재해야 한다. 일본에서 철도가 1872년 처음 개통된 이후 민간경제가 번창하였듯이, 한국도 1960년대 경부고속도로 건설로 경제성장을 가속할 수 있었다. 또한 1988년 올림픽 대회의 성공적인 개최는 전 세계에 우리나라 대외 이미지와 경제를 홍보하는 데 크게 기여하였다.

과학적 합리주의, 금융자본 시장, 효율적인 수송 및 통신의 동력 등이 충분히 갖춰져 있다고 하여도 국내에서 소득 불평등이 악화하고 재산권도 확립되지 않으면 국가의 번영은 제한적일 것이다. 마지막으로 재산권 확립은 자유 시장경제의 필수 조건이다. 재산권이 확립된 상태에서 나머지 제도들이 수립될 때 부가 창출되는 것이다. 이것이 부 창출의 규칙이다.

한국경제의 성공 사례가 경제개발 이론의 발전에 이바지한 부분도 요약해 본다. 첫째, 한국이 수출주도형 경제정책으로 경제성장을 이룩함에 따라 내부 지향 경제정책보다 우월하다는 것이 증명되었다. 특히 방글라데시의 'Desh' 회사의 성공 사례는 수출주도형 경제정책으로 발전한 한국의 경험이 다른 개발도상국에도 전파될 수 있음을 보여주는 좋은 사례이다. 둘째, 한국경제의 성공은 당시 유행하였던 내부 지향 경제정책의 극단적인 선택인 종속이론(dependency theory)이 더 이상 개발도상국에 적용될 수 없다는 것을 확인시켜 주었다. 셋째, 국제무역이론에 따르면 자국은 비교우위가 있는 상품을 특화하여 교역하면 국제 분업의 이익을 얻게 된다. 한국은 경제개발 초기에 풍부한 인적 자원을 이용하여 경공업을 발전시켰지만, 이후 창업자들이 수립한 자본집약적, 기술집약적 산업이 주력 산업이 되었다. 한국의 사례는 국제무역이론의 처방보다는 창업자들이 성공시킨 산업이 국가 산업이 될 수 있음을 증명하였다. 넷째, 경제개발 초기 단계에서는 정부와 민간의 코디네이션이 중요하다는 것이 입증되었다. 한국은 소수 정예 기업이 정부와 민간의 협력 속에서 은근과 끈기로 대내외적인 역경을 극복하고 기술혁신을 통하여 세계시장에서 선전한 것이다.

국가가 이룩한 경제개발의 업적을 생산적으로 활용하는 것은 그 사회의 역량에 달려있다. 국내 여론이나 시민단체들이 정부의 리더십이나 기업가들을 비판하거나 그 업적을 깎아내렸다면 국가의 에너지는 다른 곳으로 이전되었을 것이다. 만일 박정희 대통령 이후의 정부 정책이 철강산업 발전에 저해되는 정책을 세우거나 종사자들에게 불명예가 주어졌다면, 그리고 반도체산업, 자동차산업과 조선산업을 일으킨 창업자들이 재벌 독점이라는 불명예를 얻었다면 이에 따른 사회적인 결과는 심각하였을 것이다. 그러나 최근까지 우리에게 이러한 시행착오가 없었다는 것은 다행스러운 일이다. 우리 사회는 이들의 노고를 인정하고, 이들의 기업가정신을 경제성장에 원동력으로 적극 활용함으로써 한국경제에 도약을 이루게 된 것이다.

왕성한 기업가정신의 발휘만이 경제의 선진화를 가져온다. 이를 위해 기업가정신이 발휘될 수 있는 사회적 분위기가 조성되어야 한다. 과거 기적적인 경제발전을 이루며 우리나라 정부와 창업자들이 보여주었던 기업가정신이 치열한 국제경쟁 시대인 21세기에서도 후배 창업자들에 발현되어 다시금 국가 경제 발전에 이바지하기를 희망한다.

제25장 한국경제 성장을 이끈 원동력들

모든 일의 완성은 시간의 주기에 달렸다. 높은 경제성장조차도 영원히 지속되지 않는다. 세계 여러 나라들을 살펴보면 불운한 시기를 벗어나지 못하는 국가들이 있다. 그러한 나라에서는 국민과 정부의 노력도 잘되지 않고, 제도와 정책이 바뀌어도 재난은 계속된다. 반면 매사가 잘되는 국가들도 있다. 그런 국가들은 조금만 애를 써도 모든 일이 잘된다. 모든 것이 이미 준비되어 있기 때문이다. 앞에서 기술한 바와 같이, 대한민국은 국가정책들이 한 곳으로 집중되어 있었고, 국민의 기대와 자긍심도 높았으며 행운의 별도 빛나고 있었다.

세계 경제학자들도 1960년대 이후 한국이 이룩한 경제성장을 높게 평가하고 있다. 한국의 고도성장을 '한강의 기적'이라고도 하고, 개발도상국 중 자국이 생산한 자동차와 핸드폰을 미국 시장에 수출한 국가는 한국이 유일하다고 칭찬하였다. 세계 역사를 볼 때 짧은 기간에 높은 경제성장을 기록한 국가는 한국이 유일하고 앞으로도 그 사례가 없을 것이다.

한국의 기적적인 경제성장을 이끈 주된 원동력은 무엇이었을

까? 피터 드러커는 "영국이 250년 만에 이뤄낸 것을 한국은 40년 만에 해냈다"라며 "기업가정신의 최고 실천 국가는 의심할 바 없이 한국"이라고 말했다. 당연히 '한강의 기적'을 이룬 실질적 원동력은 산업보국의 정신으로 경제개발계획을 성공적으로 추진한 정부와 민간의 기업가정신이며 묵묵히 따라온 노동자들이다.

한국경제의 기적은 누구도 예측하지 못했던 성과였다. 제1차 경제개발 5개년 계획(1962~1966)이 시행되기 이전인 1961년 일본 정부의 보고서는 한국의 인구과잉, 자원의 부족, 공업의 미발달, 군비 압력, 정치의 졸렬, 민간 자본의 약체, 행정 능력 결여 등 경제성장으로 자립을 이룩하는 것이 절망적이라고 예상하였다. 한국은 가망 없는 나라라는 뜻이었다(오원철, 2006). 일본 정부의 보고서의 예측은 완전히 빗나갔다.

정부는 제1차 경제개발 5개년(1962~1966) 경제성장률의 목표치를 7.1%로 설정했다. 세계은행의 경제학자들은 이 목표치가 잠재성장률보다 너무 높다고 판단하였다. 그러나 목표치보다 높은 8.5%의 경제성장률을 기록하였다. 일부 경제학자들은 1962년부터 1976년 사이 인도 경제성장률이 한국의 경제성장률을 웃돌 것으로 예측하였다. 이러한 예측도 빗나갔다. 이 기간에 한국의 경제성장률은 인도보다 3배 높은 경제성장률을 기록하였다(Easterly, 2001, pp. 206). 1973년 정부에서 제시했던 '80년 1인당 국민소득 1천 달러, 수출 1백억 달러 달성' 목표도 3년 앞당겨 1977년에 달성했다.

1973년 한국은 중화학공업정책을 폈다. 당시 막대한 자금 필요한 중화학 공업화는 여러 나라가 시도했지만 실패했다. 기술과 자본 조달이 어려운 상황에서 한국의 성공 가능성도 회의적이었다. 특히 조선, 석유화학산업은 자본집약적 산업으로, 국제적으로도 위험부담이 큰 산업이었다. 획기적인 수출증대는 더욱더 불가능하다고 미국도 우려했다. 그러나 당시 선진국이 되기 위해서는 중화학 공업을 반드시 육성해야 한다고 판단한 사람은 대통령 박정희와 주변 몇몇 정부 관리들뿐이었다.

1977년 100억 달러 수출을 달성하면서 남북한 군사력 대치는 이미 남한의 판정승으로 결판났다. 한국경제 발전이 경이로운 기록을 달성하면서 남북한 체제경쟁에서 북한을 더 이상 남침야욕을 무디게 하였다. 기술한 바와 같이 한국경제의 기적은 어려운 역경을 극복하고 달성한 한 편의 드라마이다. 한국경제의 기적은 누구도 상상하지 못한 것이다.

손자병법 군형(軍形)에서 나오는 지혜를 보면, 기적의 한국경제 발전은 최선중에 최선을 이룬 것이다.

見勝不過衆人之所知, 非善之善者也. 戰勝而天下曰善, 非善之善者也.(견승불과중인지소지, 비선지선자야. 전승이천하왈선, 비선지선자야.)

> 승리를 예측하는 능력이 중인들이 알고 있는 수준에 불과하다면 최선 중의 최선이 아니다. 싸움에 이기고 나서야 세상 모든 사람이 "잘했다"라고 한다면 이것도 최고 수준은 못 된다.

기적의 한국경제의 업적을 보면서 1894년 6월 일본 나가사키에서 출발해 부산에 도착한 오스트리아 여행자 '헤세 바르텍'의 기행문을 소개한다. 헤세 바르텍은 구한말(舊韓末)에 한반도를 여행하면서 당시 조선의 암담한 사정을 다음과 같이 기록하고 있다.

> 조선인들의 내면에는 아주 훌륭한 본성이 들어 있다. 진정성이 있고 현명한 정부가 주도하는 변화된 상황에서라면, 이들은 아주 짧은 시간에 깜짝 놀랄 만한 것을 이루어 낼 것이다. 물론 이들의 이웃인 잽싸고 기민한 일본인들처럼 빠르게 진행되지는 않더라도, 한때 이들의 군주국이었던 중국보다는 훨씬 빠를 것이다(헤세 바르텍, P 232).

헤세 바르텍이 예견한 현명한 정부는 본 저서에서 소개하는 박정희 정부가 아니겠는가? 그 판단은 독자들에게 맡긴다.

한편, 1911년과 1915년에 조선을 방문한 독일인 베버 신부는 구한말 조선인의 문화에 깊은 감명을 받았다. 특히 인상 깊게 본 조선의 문화는 공동체 문화인 품앗이, 조상과 어른들에 감사와 존경, 가족을 지키기 위해 묵묵히 짐을 지는 아버지의 무한한 책임감, 자식을 위해 기꺼이 자신을 희생하는 어머니의 사랑 등이었다.

헤세 바르텍과 베버 신부는 구한말 한국 문화에 잠재된 고유 전통과 함께 근면 성실함, 신뢰와 같은 자질들을 발견했다. 기술한 바와 같이 한국경제의 성장 과정을 통해 볼 때, 훌륭한 정부와 기업가들의 기업가정신이 한국 문화의 장점이 잘 실현될 수 있도록 올바른 정책을 시도하면 헤세 바르텍의 예견과 같이 경제는 도약할 수밖에 없다. 고유한 문화 전통, 훌륭한 지도자의 리더십 그리고 기업가들의 기업가정신이 한국경제 성장의 원동력이다.

참고문헌

강광하 · 이영훈 · 최상오, 『한국 고도성장기의 정책결정체계』, 한국개발연구원, 2008.
강진구, 『삼성전자 신화와 그 비결』, 고려원, 1996.
김용삼, 『한국 자본주의의 개척자들』, 월간조선사, 2003.
김영섭, 『과학대통령 박정희의 리더십』, MSD미디어, 2010.
권영배, 『한국의 베트남 파병이 국민경제에 미친 효과에 관한 연구』, 경성대학교 무역학과 석사학위논문, 1996.
니시나까 쓰토무, 『운을 읽는 변호사』, 알투스, 2017.
박복영, 채 욱, 이제민, 이 근, 이상철, 『한국경제발전경험의 대(對)개도국적용 가능성 - 아프리카에 대한 시사점을 중심으로』, 대외정책연구원(KIEP) 연구보고서 07-13, 2007.
송병락, 『한국경제의 길』, 박영사, 2006.
오원철, 『박정희는 어떻게 경제강국을 만들었나』, 동서문화사, 2006.
오원철, 『에너지정책과 중동진출』, 한국형경제정책연구소, 1997.
오원철, 『한국형 경제정책 (1)』, 한국형경제정책연구소, 1995.
임원택 외 9인, 『한국경제의 이해』, 비봉출판사, 1987.
정주영, 『아 땅에 태어나서』, 솔, 1998.
정주영, 『시련은 있어도 실패는 없다』, 제3기획, 1991.
정주영, 『아산 정주영 연설문집』, 울산대학교, 1985.
현대중공업, 『현대중공업 30년사』, 현대중공업, 1992.
재무부 · 한국산업은행, 『한국외자도입 30년사』, 1993.
정성진, "한국전쟁, 베트남전쟁과 영구구비경제," 『경제와 사회』, 통권46호, 2000년여름.

정홍식, 『한국IT정책 20년』, 전자신문사, 2007.
조남준, "三星電子의 巨大한 세계," 『월간조선』, 2002. 6.
조재호, "3저 효과와 경제정책 논쟁," 『경제논집』, 서울대학교, 제33권 3호, 1994.
조재호, "울산경제의 장·단기 성장예측," 『경제학 연구』, 제56권 제2호, 2008.
조재호, "베트남 파병과 한국경제성장," 『사회과학연구』, 50집1호, 강원대학교 사회과학연구원, 2011.
조재호, "외국인직접투자가 울산경제에 미친 영향분석," 『한국지역경제연구』, 제24집, 2013.
조재호, "아산 정주영, FDI 그리고 창조경제," 『경영사학』, 제28집 제2호, 2013.
조재호, "우리나라 7대 광역시 도시가구의 소득불평등에 대한 실증적 연구," 『지방정부연구』, 제21권 제4호, 2018.
조재호. "우리나라 7대 광역시와 세계 770개 도시 경쟁력 비교분석," 『지역연구』, 제33권 4호, 2017.
황태경, 『한국 자본주의의 개척자들』, 월간조선사, 2003.
헤세 바르텍(Hesse Wartegg), 『조선, 1894년 여름』, 책과 함께, 2015.
佐野孝治, "韓國經濟へのベトナム戰爭の影響," 三田學會雜誌, 84券4号, 1992年1月.
朴根好, 韓国の経済発展とベトナム戦争, 御茶の水書房, 東京, 1993.
재무부 · 한국산업은행, 『한국외자도입 30년사』, 1993.
Acemoglu, Daron, Simon Johnson, and James A. Robinson, "The Rise of Europe : Institutional Change and Economic Growth," American Economic Review, June 2005.
Amsden, Alice H., Asia's Next Giant: South Korea and Late Industrialization, Oxford University Press, New York and Oxford, 1989.
Bai, Chong-en, Chang-Tai Hsieh, and Yingyi Qian, "The Return to Capital in China," Brookings Papers on Economic Activity, 2006.
Baldwin, Frank, America's Rented Troops: South Koreans In Vietnam, BCAS, 1975.
Banerjee, Abhijit and Esther Duflo, "The Economic Lives of the Poor," Journal of Economic Perspectives, 21(1), pp.141-167, 2006.
Baumol, William J., "Entrepreneurship: Productive, Unproductive, and Destructive," Journal of Political Economy, vol.98, 1990.

Berkowitz, Daniel, Katharina Pistor, and Jean-Francois Richard, "Economic Development, Legality, and the Transplant Effect," European Economic Review, 47(1), pp.165-195, February 2003.

Bernstein, William, The Birth of Plenty,Wiley, 2004.

Bosworth, Barry, and Susan M. Collins, "The Empirics of Growth: An Update," Brookings Papers on Economic Activity, 2003: 2.

Bourguignon, F. and C. Morrison, "Inequality Among World Citizens", American Economic Review, 92 (4), pp.727-744, 2002.

Broom. D, Canning D, and Sevilla J, "The Effect of Health on Economic Growth: Production Approach," World Development Vol.32, No 1, pp.1-13, 2004.

Cador, Olivier, Céline Carrère, and Vanessa Strauss-Kahn, "Export Diversification: What''s behind the Hump?" November 2007.

Caselli, Francesco, "Accounting for Income Differences Across Countries," chapter 9 in the Handbook of Economic Growth Vol. 1A, P. Aghion and S. Durlauf, eds., North Holland, 2005.

Celasun, Merih, and Dani Rodrik, "Debt, Adjustment, and Growth: Turkey." InSachs and S. Collins(eds.), Developing Country and Economic Performance, Vol.3, Country Studies: Indonesia, Korea, Philippines, Turkey, University of Chicago Press, 1989.

Chaudhury, Nazmul; Hammer, Jeffrey; Kremer, Michael; Muralidharan, Karthik; and Rogers, F.Halsey, "Missing in Action: Teacher and Health Worker Absence in Developing Countries," Journal of Economic Perspectives, 20:1, pp.91-116, Winter 2006.

Chen, Shaohua, and Martin Ravallion, "How Have the World''s Poorest Fared since the Early 1980s," The World Bank Research Observer, vol. 19, no. 2, Fall 2004.

Cho, Jae Ho, "External Debt and Policy Controversy," Southern Economic Journal, Vol 62, No 2, 1995.

Dasgupta, Partha and Debraj Ray, "Inequality as a Determinant of Malnutrition and Unemployment: Theory," The Economic Journal, Vol. 97, pp.1011-1034, 1986.

Deaton, Angus, "Global Patterns of Income and Health: Facts, Interpretations, and Policies", WIDER Annual Lecture, September 2006.

Deaton, Angus, "Income, Health, and Wellbeing around the World: Evidence from the Gallup World Poll," Journal of Economic Perspective, Vol. 22, No.2, pp.53-72, Spring 2008.

Deininger, K., and Squire, L. "A New Data Set Measuring Income Inequality," The World

Bank Economic Review, Vol. 10, No. 3: 565-591, 1996

DeLong, Brad, ""India since Independence: An Analytic Growth Narrative," in Dani Rodrik, ed., In Search of Prosperity: Analytic Narratives of Economic Growth, Princeton, NJ, Princeton University Press, 2003.

Easterly, William, The Elusive Quest For Growth, The MIT Press, 2001.

Easterly, William, Michael Kremer, Lant Pritchett and Lawrence H. Summers, "Good Policy or Good Luck? Country Growth Performance and Temporary Shocks," Journal of Monetary Economics 32(3), pp.459-483, 1993

Edward Miguel and Michael Kremer, "Worms: Identifying Impacts on Education and Health in the Presence of Treatment Externalities," Econometrica 72(1), pp.159-217, January 2004.

Ekanayake, E.M., and Chatrna, Dasha, "The Effect of Foreign Aid on Economic Growth in Developing Countries," Journal of International Business and Cultural Studies, Vol. 3, 2010.

Feeny, S. and M. McGillivray, "Aid Allocation to Fragile States: Absorptive Capacity Constraints," Journal of International Development, vol.20, no.7, pp.1031-1050, 2008

Fieldhouse, D.K., The West and the Third World: Trade, Colonialism, Dependence, and Development, Blackwell Publishers, Malden Massachusetts, 1999.

Fieldhouse, Black Africa 1945-1980: Economic Decolonization and Arrested Development, London, 1986.

Glaeser, E., R. La Porta, and F. Lopez-de-Silanes, and A. Shleifer, "Do Institutions Cause Growth?"Journal of Economic Growth, September, 2004.

Jones, Charles I., Introduction to Economic Growth, W.W. Norton, 2002, chaps. 2, 3, and 8.

Hall, Robert E. and Charles I. Jones, "Why Do Some Countries Produce So Much More Output Per Worker Than Others?" The Quarterly Journal of Economics 114, pp.83-116, 1999.

Hausmann, Ricardo, Lant Pritchett, and Dani Rodrik, "Growth Accelerations," Journal of Economic Growth, 10(4), pp.303-329, December 2005.

Hausmann, Ricardo and Dani Rodrik, "Economic Development as Self-Discovery," Journal of Development Economics, December 2003.

Hausmann, Ricardo, Jason Hwang, and Dani Rodrik, "What You Export Matters," Journal of Economic Growth, 2007.

Hoff, Karla and Joseph Stiglitz, "Modern Economic Theory and Development," in G.M. Meier and J.E. Stiglitz, eds., Frontiers of Development Economics, New York, Oxford University Press, pp.389-459, 2001

Holcombe, Randall, "Entrepreneurship and Economic Growth" Quarterly Journal of Austrian Economics Vol.1, No.2, 1998.

Hsieh, Chang-Tai and Peter Klenow, "Relative Prices and Relative Prosperity," American Economic Review, June 2007.

Hsieh, Chang-Tai and Peter J. Klenow, "Misallocation and Manufacturing TFP in China and India," NBER Working Paper No. 13290, August 2007.

Imbs, Jean, and Romain Wacziarg, "Stages of Diversification," American Economic Review, 93(1), pp.63-86, March 2003.

Jensen, Robert T. and Nolan Miller, Do Consumer Price Subsidies Really Improve Nutrition? Kennedy School Working Paper No. RWP 08-025, 2008.

Johnson, Simon, John McMillan, Christopher Woodruff, "Property Rights and Finance," The American Economic Review, Vol. 92, No.5, 2002.

Jones, B. and Olken, B., "The Anatomy of Start-Stop Growth," The Review of Economics and Statistics, 2007.

Kaufmann, Daniel, Aart Kraay, and Massimo Mastruzzi, "Governance Matters VI: Governance Indicators for 1996-2006," World Bank, July 2007.

Kirzner, Israel M., Perception, Opportunity, and Profit Studies in the Theory of Entrepreneurship, The University of Chicago Press, 1979.

______, Competition and Entrepreneurship, The University of Chicago Press, 1972.

Knight, Frank H., Risk, Uncertainty, and Profit, Hart, Schaffner & Marx; Houghton Mifflin Company, 1921.

Kochhar, Kalpana, Utsav Kumar, Raghuram Rajan, Arvind Subramanian, and Ioannis Tokatlidis, "India"s Pattern of Development: What Happened, What Follows," NBER Working Paper 12023, February 2006.

Kortum, Samuel and Josh Lerner, "Assessing the Contribution of Venture Capital to Innovation," The Rand Journal of Economics, Vol.31, No.4. 2000.

Kuznets, "Economic Growth and Income Inequality." The American Economic Review, 45(1): 1-28, 1955.

Lakner, C and Milanovic, B. "Global Income Distribution: From the Fall of the Berlin Wall

to the Great Recession," The World Bank Economic Review: 1-30, 2015.

Lau, Lawrence J., Yingyi Qian, and Gerard Roland, "Reform Without Losers: An Interpretation of China's Dual-Track Approach to Transition," The Journal of Political Economy, Vol. 109, No. 1. pp.120-143, 2000.

Lempert, David, "A Demographic-Economic Explanation of Political Stability: Mauritius

as a Microcosm," Eastern Africa Economic Review, Vol 3: 77-90, 1987

Lin, Justine, "Economic Development and Structural Change," Lecture, Cairo University, Cairo, Egypt. November 2009.

Lucas, Robert, "Why Doesn't Capital Flow from Rich to Poor?" American Economic Review 80, pp.1-13, 1990.

Maddison, Angus, The World Economy: A Millennial Perspective, OECD Development Centre, Paris, OECD, 2001. North-Holland, 2009.

Mankiw, N. Gregory, David Romer, David N. Weil, "A Contribution to the Empirics of Economic Growth," The Quarterly Journal of Economics, 107(2), pp.407-437, May, 1992.

Matsuyama, Kiminori, "Agricultural Productivity, Comparative Advantage, and Economic Growth," Journal of Economic Theory, pp. 317-334, December 1992.

Milanovic, Branko, Global Inequality: A New Approach for the Age of Globalization. Harvard University Press, 2016

Murphy, Kevin M., Andrei Shleifer, and Robert W. Vishny, "Industrialization and the Big Push," Journal of Political Economy, Vol. 97 (5), pp.1003-26,

1989.

North, Douglass C., Institutions, Institutional Change and Economic Performance, New York, Cambridge University Press, 1990.

Obstfeld, Maurice, "International Finance and Growth in Developing Countries: What Have We Learned?" Commission on Growth and Development, Washington, DC, 2008.

Oded Galor and Andrew Mountford, "Trading Population for Productivity: Theory and Evidence," Review of Economic Studies, 75(4), pp.1143-1179, October 2008.

Olson, Mancur, "Big Bills Left on the Sidewalk: Why Some Nations Are Rich, and Others Poor." Journal of Economic Perspectives, vol. 10, no. 2, 1996.

Pande, Rohini and Chris Udry, "Institutions and Development: A View from Below", forthcoming in the Proceedings of the 9th World Congress of the Econometric Society, edited by R. Blundell, W. Newey, and T. Persson, Cambridge University Press.

Papaioannou, Elias and Gregorios Siourounis, "Initial Factors Behind the Third Wave of Democratization," Working Paper, 2007.

Pritchett, Lant, "Divergence, Big Time," Journal of Economic Perspectives, p.3-17, Summer 1997.

Qian, Yingyi, "How Reform Worked in China," in D. Rodrik, ed., In Search of Prosperity: Analytic Narratives of Economic Growth, Princeton, NJ, Princeton University Press, 2003.

Qian, Yingyi, "The Process of China's Market Transition (1978-1998): The Evolutionary, Historical, and Comparative Perspectives." Journal of Institutional and Theoretical Economics, 156(1), pp.151-171, March 2000.

Ray, Debraj, "Development Economics" Princeton, NJ: Princeton University Press, pp.272-279, 1998.

Rodrik, Dani, "Getting interventions right: how South Korea and Taiwan grew rich." Economic Policy, Vol. 10 Issue 1, pp.55-107, April 1995.

Rodrik, Dani and Arvind Subramanian, "From 'Hindu Growth' to Productivity Surge: The Mystery of the Indian Growth Transition," IMF Staff Papers, vol. 52, no.2, 2005.

Rodrik, Dani, Arvind Subramanian, and Francesco Trebbi, "Institutions Rule:

The Primacy of Institutions over Geography and Integration in Economic Development" Journal of Economic Growth, vol.9, no.2, June 2004.

Rodrik, Dani, "Where Did All the Growth Go? External Shocks, Social Conflict and Growth Collapses," Journal of Economic Growth, December 1999.

Rodrik, Dani, "Growth after the Crisis," September 2009.

Rosenstein-Rodan, Paul N., "Problems of Industrialization of Eastern and South - Eastern Europe", Economic Journal, 1943.

Salim Uddin & Mohammed Abu Jahed. Garment Industry: A Prime Mover of the Socio Economic Development of Banladesh, The Cost and Management. Vol.35 No.1, 2007.

Schumpeter, Joseph A., Capitalism, Socialism, and Democracy, Harper & Brothers Publishers, New York, 1942.

Schumpeter, Joseph A. Economic Theory and Entrepreneurial History, Transaction publishers, New Brunswick and Oxford, (Reprinted from Change and the Entrepreneur, 1949, 63-84), 1949.

Simonsen, Mario Hanrique, "Price Stabilization and Income Policy: Theory and Brazilian Case Study." In Michael Bruno et al., (eds), Inflation Stabilization: The Experience of Israel, Argentina, Brazil, Bolivia, and Mexico, Cambridge: MIT press, 1988.

Subramanian, Shankar and Angus Deaton, "The Demand for Food and Calories," Journal of Political Economy, Vol. 104 (1), pp.133-62, 1996.

Svensson, Jakob, "Eight Questions about Corruption," Journal of Economic Perspectives, 19:3, pp. 19-42, 2005.

Timothy Besley and Maithreesh Ghatak, "Property Rights and Economic Development," in D. Rodrik and M. Rosenzweig, Handbook of Development Economics, vol. 5, North-Holland, 2009.

Todd, Daniel, The World Shipbuilding Industry, Taylor & Francis, 1985.

Weil, David, "Accounting for the Effect of Health on Economic Growth," Quarterly Journal of Economics, 2007.

Werlin, Herbert Ghana and South Korea: Lesson from World Bank case studies, Public Adminstration and Development, Vol. 11. pp.245-255, 1991.

Whyte, Martin King, "A Sociological Perspective on China's Development Record," Department of Sociology, Harvard University, November 2007.

World Bank, Growth in the 1990s Learning from a Decade Reform, 2005.

Young, Alwyn, "A Tale of Two Cities: Factor Accumulation and Technical Change in Hong Kong and Singapore," NBER Macroeconomics Annual, Cambridge, MA, MIT Press for NBER, 1992.

Zakaria, Fareed, The Future of Freedom: Illiberal Democracy at Home and Abroad, W.W. Norton & Company, 2003.